W0199313

CHAMPIONS COACH

Dein privater Tennistrainer

powerplay Verlag
Markus Hornig

Zum Autor:

Markus Hornig wurde am 30.11.1964 in Sulzbach-Rosenberg geboren. Mit 14 Jahren wechselte er vom TC Hahnbach zum Bundesligisten TC Amberg am Schanzl. 1990 absolvierte er als jüngster Lehrgangsteilnehmer in Deutschland die A-Trainer-Lizenz des DTB.

Berufliche Stationen:
seit 1996 Cheftrainer beim L.T.T.C Rot-Weiß Berlin

- in diesem Zeitraum mehr als 30 Berliner-Meister-Titel (Jugend, Herren u. Damen; Einzel, Doppel u. Mannschaften)
- unter seiner Regie schafften in den vergangenen vier Jahren sechs Rot-Weiß-Nachwuchsspieler den Sprung auf die ATP-Weltrangliste (Seetzen, Jeschonek, Grünes, Uebel, Shvets, Stronk) – so viele wie in keinem anderen deutschen Club

7 Jahre Bundesliga-Coach:

- TC Waldau Stuttgart, HTV Hannover (2 Jahre mit Nicolas Kiefer), Rot-Weiß Berlin

3 Jahre Proficoach ATP-Tour:

- Markus Zoecke (ATP-Weltrangliste: 48), Christian Saceanu (65), Martin Sinner (42), Bernd Karbacher (22), Lars Rehmann (85)

3 Jahre Mitglied des Lehrteams im Tennis Verband Berlin-Brandenburg im Rahmen der B- und C-Trainer-Ausbildung.

EINLEITUNG

Für wen ist dieses Buch ?

Auch nach der Ära Becker/Graf ist Tennis in Deutschland ein sehr beliebter Volkssport. Tennis zählt zu den anspruchsvollsten Sportarten und die hohen Anforderungen an Technik, Taktik, Kondition und Psyche sind ungemein komplex.

Die Ära Graf/Becker auf ihrem Höhepunkt: 1989 sichern die beiden deutschen Superstars die Einzeltitel in Wimbledon.

Im Unterschied zu Mannschaftssportarten (Fußball, Basketball, Hockey etc.) ist man in der Individualsportart Tennis ganz auf sich allein gestellt. Sind z. B. beim Fußball die einzelnen Aufgaben klar verteilt, so muss ein Tennisspieler gewissermaßen **„immer alles alleine"** machen. Genau dies, in Verbindung mit dem angesprochenen, komplexen Anforderungsprofil, macht Tennis so schwierig und bis man es zu einem erfolgreichen Turnierspieler gebracht hat, ist neben dem Talent hoher Aufwand an Training nötig.

Da man beim Tennis, wiederum im Unterschied zu Mannschaftssportarten, in der Regel auch alleine trainiert, die Kosten aber ungleich höher sind als in den meisten anderen Sportarten, bleibt für viele ein individuell zugeschnittenes, leistungsorientiertes Training, mit entsprechendem Umfang bei einem qualifizierten Trainer, meist ein unrealisierbarer Traum. Wenn man nicht von Anfang an in ein Fördersystem (Vereins-, Stützpunkt-, Bezirks- oder Landestraining) gelangt, ist man darauf angewiesen, „trainingsmäßig" mehr oder weniger „alleine klar zu kommen". So gesehen kann man im Tennis also nicht unbedingt von Chancengleichheit sprechen. Da Tennis eine sehr trainingsintensive Sportart ist und es im Durchschnitt mindestens 10 Jahre dauert, bis man seinen Leistungszenit erreicht, kann man nur jedem Spieler ans Herz legen, sich selbst intensiv und gezielt mit den Grundlagen für modernes und erfolgreiches Training zu beschäftigen.

Im Tennis ist ein individuelles und angemessenes Training oft ein unrealisierbarer Traum.

Hier gelangt man zu dem Grundgedanken für die Entstehung von CHAMPIONS COACH.

CHAMPIONS COACH ist ein Ratgeber, Leitfaden und Handbuch für Fragen zum Thema Leistungstennis und Leistungstraining. Es richtet sich primär an Spieler, die Tennis wirklich „leistungsorientiert" betreiben. Leistungsorientiert bedeutet in diesem Zusammenhang, dass man mehrmals in der Woche Tennis spielt, an Verbandsspielen und Turnieren teilnimmt, und ein gesundes Maß an Ehrgeiz und Motivation besitzt, seine persönliche Leistungsgrenze zu entdecken.

CHAMPIONS COACH ist ein Ratgeber für Leistungsspieler.

Für Trainer ist CHAMPIONS COACH genauso wertvoll, wie für Jugend- und Nachwuchsspieler, die ernsthaft darüber nachdenken, nach Beendigung der Schule den Versuch zu wagen, Tennis professionell zu spielen.

Champions Coach vermittelt die Grundlagen auch ohne die Anleitung eines Trainers, professionell trainieren zu können.

CHAMPIONS COACH vermittelt die wichtigsten Grundlagen, Zusammenhänge und Prinzipien von modernem Tennistraining. Dabei sind Konzeption, Aufbau und Stil des Buches so gewählt, dass sie vor allem auch für Jugend- und Nachwuchsspieler verständlich und motivierend zugleich sind. Das übergeordnete Ziel ist es die Spieler dahin zu bringen, selbstständig und eigenverantwortlich, sozusagen in „Eigenregie" zu trainieren.

Kurz: CHAMPIONS COACH ist für jedermann ein „Standardwerk", der sich mit Leib und Seele der Faszination Tennis verschrieben hat.

Wenn Sie sich dieses Buch gekauft haben, dann gehören Sie wahrscheinlich zu einer der drei folgenden Kategorien:

Das „Talent"

Um den Tennis-Olymp erklimmen zu können, benötigt man eine klare Strategie.

Du bist jung und spielst bereits seit dem du denken kannst Tennis. Tennis ist deine große Leidenschaft und ein Leben ohne Tennis wäre für dich nicht lebenswert. Du betreibst Tennis als Leistungssport, spielst in einer Mannschaft und nimmst an Turnieren teil. Du bist ehrgeizig, zielstrebig und engagiert. Deine Turnierergebnisse können sich sehen lassen. Du kletterst kontinuierlich die Ranglisten nach oben, sowohl auf Club-, Verbands- und nationaler Ebene. Du malst dir schon aus, nach Beendigung der Schule Profi zu werden und freust dich schon diebisch auf den Augenblick, wenn dein Name zum erstenmal auf der Weltrangliste erscheint.

Nun hast du dir dieses Buch gekauft um konkrete und hilfreiche Tipps und Tricks aus der Welt des Profitennis zu bekommen. Jetzt kannst du es kaum erwarten, dass dieses Vorwort endlich ein Ende hat und du sofort mit der Vorbereitung auf deine „Grand-Slam-Karriere" beginnen kannst.

Der Übungsleiter/Clubtrainer

Talentierte Youngsters sind die Zukunft eines jeden Clubs.

Sie sind ein engagierter und motivierter Trainer, Traineranwärter oder „Hobbycoach". Bei Ihrer Arbeit im Verein trainieren Sie einen oder mehrere auffallend begabte Jugendliche. Sie denken: „Aus denen könnte einmal etwas werden!" Um diese talentierten Youngsters auch angemessen fördern zu können, sind Sie schon seit langem auf der Suche nach geeigneter Fachliteratur, mit den entsprechenden Infos, Tipps und Strategien, an denen Sie sich orientieren können, um aus den Talenten auch erfolgreiche Spieler zu entwickeln.

Die „typischen" Tenniseltern

Die Eltern von Anna Kournikova

Sie haben einen sehr talentierten und motivierten Sprössling, von dem jeder sagt: „Der kann mal in Boris' oder Steffis Fußstapfen treten!" Sie unterstützen Ihren Nachwuchs so gut Sie nur können mit der Finanzierung von Trainerstunden, als Chauffeur, Ratgeber, Psychologe, „Blitzableiter" usw. Sie haben Ihr ganzes Privatleben auf die Karriere Ihres Zöglings abgestimmt. Ihre Wochenenden, genauso wie Ihren Jahresurlaub, verbringen Sie überwiegend auf den Turnieren in ganz Deutschland. Sie wissen, dass Sie kein Fachmann sind, interessieren sich aber trotzdem ungemein für das Leistungstennis. Sie würden sich gerne einen besseren Kenntnisschatz aneignen, um sich eine fundierte Meinung über bestimmte Sachverhalte bilden zu können. Das hat Sie bewogen, Ihr Geld in dieses Buch zu investieren.

Vieles ist einfach, (...wenn man es weiß!)

Umgekehrt heißt dies aber auch, dass man sich selbst durch Unwissenheit oft unnötige und unüberwindbare Hindernisse in den Weg stellt.

Zusammenhänge, Gesetzmäßigkeiten, theoretische Grundlagen und Prinzipien zu durchschauen und zu verstehen, bedeutet Macht und Kontrolle. Nur wer die Macht und die Kontrolle über sein eigenes Handeln besitzt, kann erfolgreich sein.

Wer sich im Tennis nicht gewissenhaft mit den Fragen nach dem „**Was** und **Wie**" auseinandersetzt, also: „Was genau und Wie muss ich eigentlich trainieren, um ein erfolgreicher Spieler werden zu können?", hat kaum eine

Chance zu erfahren, wo letztendlich seine persönliche Leistungsgrenze liegt.

In meiner mehr als 10-jährigen Arbeit mit Profis und Nachwuchsspielern bin ich immer wieder aufs Neue erstaunt, welche unterschiedlichen, unsicheren und zögerlichen Antworten man auf Fragen zum Thema Training erhält. Es ist die Ausnahme, und leider gilt das auch nicht selten für Profis der ATP- und WTA-Tour, dass wirklich klare, detaillierte Kenntnisse und Vorstellungen zu grundlegenden Fragen, wie z. B.: Wie trainiere ich zielgerichtet? – Wie baue ich mein Training auf? – Mit welchen Übungen kann ich welche Schwächen oder Stärken trainieren? – Wie oft muss ich einen Schlag wiederholen, damit er sicher wird? etc. vorhanden sind.

Selbst Profis sind nur selten in der Lage, ihr Training selbstständig zu organisieren und professionell durchzuführen.

Mit anderen Worten: Die Spielerinnen und Spieler erwecken teilweise den Eindruck, etwas „überfordert und verunsichert" zu sein, wenn es darum geht das Training eigenständig, also ohne die Unterstützung eines Trainers, zu organisieren. Da man im Tennis bekanntlich des Öfteren auf sich allein gestellt ist – nicht jeder Spieler wird rund um die Uhr von einem kompetenten Trainer betreut – wäre es schon sinnvoll und angebracht, wenn jeder Spieler wenigstens über ein gewisses, fundamentales Know how zum Thema „Wie trainiere ich selbstständig und professionell?" verfügen würde.

Leider ist diese Anforderung im Alltag nicht zufriedenstellend erfüllt. Doch wäre es zu einfach, den Spielerinnen und Spieler dafür allein den „Schwarzen Peter" zuzuschieben. Höchstwahrscheinlich hat sich noch nie jemand die Mühe gemacht, ihnen klar und deutlich vor Augen zu führen, welche Grundkenntnisse man im Leistungstennis einfach verinnerlichen und aus dem „Effeff" beherrschen muss, um Erfolg haben zu können.

Manchmal kann man die Youngsters mit Schneeflocken vergleichen, die orientierungs- und führungslos durch ihr Tennisleben treiben, ohne eine lenkende und steuernde Hand. Dies kann einem in der Seele weh tun, vor allem wenn man sieht, welch riesiges Engagement und zeitlichen Aufwand sie in ihre Karriere investieren, und mit welcher Hingabe und Aufopferungsbereitschaft sie tagtäglich auf dem Platz arbeiten. Leider kann man am Ende nicht selten beobachten, dass sich bei den Spielern im Laufe der Jahre Enttäuschung und Frustration breit machen, wenn sie erkennen müssen, dass sie nicht so weit kommen, wie sie sich das eigentlich vorgestellt haben. Die meisten werden nie erfahren, wie erfolgreich sie eigentlich hätten werden können. Wie oft habe ich als Trainer von „fertigen" Spielern schon den Satz gehört:

„Hätte ich das doch schon alles früher gewusst!“

Die zweifelsohne bestehende Nachfrage an grundlegenden und verständlichen Informationen zum Thema „Wie trainiere ich selbstständig?“ und „Welche Grundlagen muss ich als Spieler einfach kennen, um an meine Leistungsgrenze stoßen zu können?“ war für mich der Ausgangspunkt und die Motivation CHAMPIONS COACH zu schreiben. CHAMPIONS COACH soll als Ratgeber und Leitfaden behilflich sein, etwas Licht in diesen „Dschungel der Unwissenheit“ zu bringen, so dass am Ende auch jeder überzeugt sagen kann: „Vieles ist einfach, und jetzt weiß ich es!

Wie ist CHAMPIONS COACH aufgebaut?

CHAMPIONS COACH unterscheidet sich in vielerlei Hinsicht von herkömmlichen Tennisfachbüchern. In erster Linie handelt es sich um ein Trainings- und Praxisbuch. Damit ist gemeint, dass sich die Inhalte aller Kapitel letztendlich immer auf das praktische Training auf dem Platz beziehen. Alle Ausführungen, sowohl im Theorie- als auch im Praxisteil zielen also darauf ab, das praktische Training auf dem Platz zu optimieren. **Deswegen sollte CHAMPIONS COACH seinen Platz in der Tennistasche haben und nicht zu Hause in irgendeinem verstaubten Regal herumliegen!**

CHAMPIONS COACH ist ein Trainings- und Praxisbuch.

Eine erfolgreiche Praxis stützt sich bekanntlich immer auf ein solides theoretisches Fundament, nach dem Motto: **„Theorie ist nicht alles, aber ohne Theorie ist alles nichts!“** Insofern erklärt der erste Teil des Buches – der Theorieteil – in abgeschlossenen und voneinander unabhängigen Kapiteln, die unverzichtbaren trainingstheoretischen Grundlagen für ein modernes Tennistraining.

„Trainingsbaukasten“ heißt der übergeordnete Begriff des sich anschließenden Praxisteils. Er setzt sich aus einzelnen sogenannten Bausteinen zusammen, die nach technisch-taktischen Schwerpunkten gegliedert sind, und in denen sich jeweils untergeordnet die einzelnen Trainingsformen befinden.

Durch diesen logischen und übersichtlichen Aufbau sollten keinerlei Probleme bei der Auswahl der Trainingsformen auftreten.

„CHAMPS COACH SYSTEM“ ist die Bezeichnung für ein neu entwickeltes, innovatives Trainingsorganisationssystem. Damit hält man ein einfach zu bedienendes Instrument in der Hand, mit dem man die Trainingseinheiten durchdacht und zielgerecht planen und die anschließende praktische Umsetzung der einzelnen Trainingseinheiten optimal steuern kann.

... zeigt eine klare und unmissverständliche Strategie, wie man das Thema Leistungstraining konkret angeht.

Wodurch zeichnet sich CHAMPIONS COACH aus?

Neben der Nutzung des Mediums Internet, worauf im Anschluss an die Beantwortung dieser Frage gesondert eingegangen wird, geht CHAMPIONS COACH bei der Vermittlung des Wissens einen hochmodernen und zeitgemäßen Weg. Dadurch soll beim Leser echtes Interesse und Motivation geweckt werden, sich intensiv und fundiert mit dem Thema Tennistraining und allem, was damit zusammenhängt, auseinanderzusetzen. Der Leser soll klar und unmissverständlich erkennen, welche Grundlagen für ein erfolgreiches Tennistraining wirklich wichtig sind und somit lernen Eigenverantwortung für sein Tennis zu übernehmen.

Im Folgenden sind die für „CHAMPIONS COACH“ wichtigsten charakteristischen Methoden zur Vermittlung des Wissens kurz vorgestellt:

1. INTERNET:
www.champions-coach.de
(vergleiche nächstes Kapitel)

2. BIG POINTS:
Zusammenfassung der wichtigsten Erkenntnisse; kurze Inhaltsangaben

3. CHAMPIONS COACH:
speziell entwickeltes System zur Trainingsorganisation und Trainingssteuerung

4. FOTOS und SCHLAGABLAUFSERIEN:
ausgewählte Fotos von Topspielern zur Demonstration technischer Details

„CHAMPIONS COACH: 1. Internet-Tennis-Academy"

Idee

Die Frage ob ein Fachbuch auch im Zeitalter der sogenannten „Neuen Medien" überhaupt noch zeitgemäß ist, kann nur mit einem ganz klaren „Ja" beantwortet werden. Allerdings kann der Wert der Buches erheblich gesteigert werden, indem man sich der Vorteile der sogenannten Neuen Medien, speziell dem Internet, bedient.

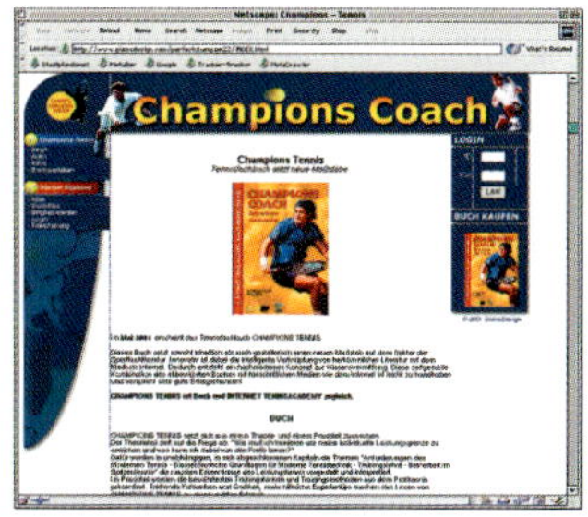

In Fachbüchern geht es ja bekanntlich immer darum, Zusammenhänge, Prinzipien und Grundlagen zu erklären und verständlich zu machen. Ziel ist es immer, Wissen zu vermitteln, was in einem Buch ja bekanntlich nur über das geschriebene Wort erfolgen kann. Gerade auf dem Sektor der Darstellung von Wissen bietet das Internet höchst faszinierende und innovative Möglichkeiten. Vor diesem Hintergrund ist die Kooperation zwischen CHAMPIONS COACH und der Medienfirma „Vision Gate" entstanden. Mit der Idee, die „1. Internet-Tennis-Academy" ins Leben zu rufen.

Marius Jubin ist hauptverantwortlich für alle technisch-organisatorischen Belange im Rahmen der 1. Internet-Tennis-Academy. Ohne ihn wäre ihre Gründung und die Organisation nicht möglich gewesen.

Durch eine intelligente Verknüpfung des traditionellen Buches mit dem Medium Internet, wird auf dem Gebiet der Sportfachliteratur ein neuer Maßstab gesetzt. Zum erstenmal werden gleichzeitig die Vorteile zweier Medien, nämlich Buch und Internet genutzt. Damit entsteht eine hochmoderne und innovative Form der Wissensvermittlung. Somit ist es möglich, die im Buch behandelten Themen durch Videostudien, 3D-Bilder, Foren etc. weiter zu veranschaulichen. Außerdem werden in sogenannten „Exkursen" im Buch angesprochene Themen vertieft. Die neusten Erkenntnisse aus der Welt des modernen Trainings können stets ins Netz gestellt werden, so dass das Buch, durch Infos aus dem Internet ständig mit dem neusten und aktuellsten Wissen erweitert wird. Über die homepage www.champions-coach.de wird es auch möglich sein, direkt mit dem Autor und später mit einem ganzen Expertenteam in Kontakt zu treten und so einen Meinungsaustausch zu betreiben.

Durch www.champions-coach.de bleibt Ihr Buch immer auf dem aktuellsten Wissensstand.

Benutzerinfos

Um an der 1. Internet-Tennis-Academy teilnehmen zu können, muss man im Besitz des Buches sein. Im Inneren dieses Buches finden Sie ihre persönliche Buch-ID. Diese geben Sie auf unserer Homepage www.champions-coach.de ein und stellen somit Ihren privaten Members-Bereich frei!

Nachdem man sich zum ersten Mal mit seinem persönlichen Account angemeldet hat, kann man seine Zugangsdaten ändern. So erhält man einen eigenen Benutzerbereich, den man beliebig verwalten kann.

Ein Newsletter bringt die neuesten Infos zum Thema Profitennis direkt nach Hause.

Besondere Features der Members sind natürlich das große Tennis-Forum, in dem sich alle Besitzer dieses Buches in Sachen Tennis untereinander austauschen und Fragen stellen können. Ein in regelmäßigen Zeiträumen erscheinender Newsletter bringt zudem noch Insider-Informationen aus der Tennisszene. Jedes Mitglied, das den Newsletter empfangen will, muss nur in seinem Benutzerbereich seine Email-Adresse eingeben und erhält dann kostenlos aktuelle Informationen. Es wird sogar möglich sein, online Trainingspläne zusammenzustellen.

Viele Wege führen nach Wimbledon – kein Patentrezept

Jeder, der Tennis mit dem Ziel betreibt, ein Maximum aus seinen Fähigkeiten herauszuholen, stellt sich irgendwann einmal die Frage, welchen Weg er denn genau einschlagen muss, um sein persönliches Limit erreichen zu können. Leider ist es nicht so einfach, auf dieses Anliegen eindeutige Antworten zu finden. Vielmehr ist man erstaunt, wieviele unterschiedliche Meinungen und Ansatzpunkte man von den sogenannten Experten erhält.

Bedauernswerterweise gehen Trainer, die im Profitennis arbeiten und jahrelange Erfahrungen auf der ATP- und WTA-Tour gesammelt haben, sehr selten unter die Autoren und stellen ihr Wissen und ihre Erfahrung leider nicht dem breiten Publikum zur Verfügung. Doch genau sie sind es, die international den Überblick und Vergleichswerte haben. Denn wer ist schon in der Lage, zwischen den verschiedenen Trainingssystemen, beispielsweise in den USA, Spanien, Schweden, Tschechien oder Australien zu unterscheiden?

Die Ideologie eines Trainings von Nick Bollettieri (Agassi, Seles, Haas) könnte kaum in einem krasseren Widerspruch zur A-Trainer-Ausbildung (höchste Trainerlizenz in Deutschland) des Deutschen Tennisbundes (DTB) stehen.

Waren seine harten Drill- und Schleifmethoden das Beste, was einem Andre Agassi passieren konnte, so wäre diese Art zu trainieren für einen Michael Stich sicherlich ein Grund gewesen, den Tennisschläger an den Nagel zu hängen. Die Ideologie des spanischen Trainings, mit ihren typisch langen und monotonen Schlagserien, ist in Deutschland ebenfalls nicht unumstritten, aber erwiesenermaßen erfolgreich (Moya, Corretja, Ferrero). Wiederum im Gegensatz zur spanischen Tennismentalität steht die typisch australische Auffassung des reinen „Serve-and-Volley-Spiels, die in den letzten Jahrzehnten immer wieder hervorragende Spieler hervorgebracht hat. Patrik Rafter und Marc Philippoussis sind auch heute zwei erfolgreiche Vertreter dieses Spielsystems.

Andre Agassi und Michael Stich bei den US Open 1994.

Schon diese kurze Betrachtung zeigt, wie vielfältig und unterschiedlich die Ansätze zum professionellen Tennis und Tennistraining sind. Leider erhält man keine eindeutigen oder gar wissenschaftlich fundierten Antworten auf die Frage nach der ultimativen Trainingsmethodik, mit der man Wimbledonsieger wie am Fließband produzieren könnte. Das ist auch irgendwie logisch, denn Menschen sind Individuen und keine Maschinen. So unterschiedlich die Menschen sind, so unterschiedlich sind auch ihre Auffassungen vom eigentlichen Spiel des Tennis. So haben Persönlichkeit und Charaktereigenschaften einen entscheidenden Einfluss auf das Spielsystem. Der eine möchte möglichst schnell zum Punktgewinn kommen, indem er bei jeder sich bietenden Möglichkeit versucht, einen Winner zu schlagen oder ans Netz zu stürmen, wogegen der andere mit einer Engelsgeduld an der Grundlinie auf die Fehler des Gegners wartet.

Im Tennis gibt es sehr viele unterschiedliche, zum Teil gegensätzliche Ansätze zum Thema Leistungstraining.

Vor diesem Hintergrund stellt sich demnach die Frage, wo denn nun „das Geheimnis" liegt, dass bei augenscheinlich gleichem Talent, der eine den sogenannten „Durchbruch" schafft und der andere nicht? Da man darauf auf Anhieb keine eindeutige Antwort findet, macht es Sinn, diese Frage mal etwas genauer unter die Lupe zu nehmen. Denn wer mit seinem Tennis wirklich voran kommen will, der sollte schon einen erweiterten Überblick über seine komplexe Sportart haben.

Viele verschiedene Wege führen zum Erfolg

„Das Getriebe muss funktionieren“: Die 4 Zahnräder des Tennis

Tennis ist ja bekanntermaßen eine enorm komplexe Sportart. Damit ist gemeint, dass das Anforderungsprofil extrem vielfältig ist und dem Spieler eine ganze Reihe von zum Teil sehr unterschiedlichen Fähigkeiten abverlangt werden. Man spricht hierbei auch von den so genannten „4 Säulen“ des Tennis, die man auch als vier ineinandergreifende Zahnräder bezeichnen könnte.

Diese vier Zahnräder müssen reibungslos und harmonisch ineinandergreifen, um Topleistungen möglich zu machen.

Auf den ersten Blick besteht Tennis aus Technik, also aus dem ursprünglichen „Wie schlage ich den Ball über das Netz und gleichzeitig ins Feld?“. Beherrscht man die Technik „einigermaßen“, geht es sofort um Taktik, also „Wohin spiele ich den Ball?“. Eine wesentliche Rolle spielen natürlich auch die körperlichen Fähigkeiten, also die Kondition. Das wird klar, wenn man bedenkt, dass es im Tennis generell keine zeitliche Begrenzung gibt und ein Match im Davis-Cup oder bei einem Grand-Slam-Turnier schon mal länger als vier Stunden dauern kann.

Ab einer gewissen Spielstärke ist die Psyche der alles entscheidende Faktor. Sie bestimmt, ob ein Spieler im Ernstfall tatsächlich in der Lage ist, sein Potential auch unter extremen Stressbedingungen auszuschöpfen oder ob ihm bei wichtigen Matches die Nerven einen Strich durch die Rechnung machen.

Betrachtet man Tennis unter dem Aspekt dieser kurz angerissenen vier Zahnräder, so wird auch klar, dass diese sich gegenseitig bedingen und beeinflussen. So ist ohne fundierte Technik kein variables taktisches Spiel möglich. Ein körperlich nicht austrainierter Spieler kann kein 5-Satz-Match gewinnen und kein Spieler kann ein Turnier für sich entscheiden, wenn ihm bei wichtigen Punkten ständig Doppelfehler unterlaufen oder wenn er bei Breakpoints keinen Return ins Spiel bringt.

Diese vier Teilbereiche sollten immer optimal aufeinander abgestimmt sein sowie harmonisch und reibungslos wie Zahnräder einer bestens funktionierenden Maschine ineinandergreifen.

„Nicht nur die Technik zählt!"

Um ein echter Champion werden zu können, sind eine ganze Reihe verschiedenartiger Grundvoraussetzungen notwendig. Einen kurzen Überblick über die enorme Vielfältigkeit Einfluss nehmender Faktoren zeigen die folgenden, kurz erläuterten Beispiele.

Übergeordnet und gewissermaßen als Grundstein für alle anderen Bereiche, spielt die Einstellung des Spielers, also sein **Persönlichkeitsprofil**, die dominierende Rolle. Hier sind vor allem Tugenden wie Motivation, Konzentration, Zielstrebigkeit, Professionalität, Fähigkeit zur Selbstkritik, Umgang mit Niederlagen, emotionale Kontrolle etc. gemeint. Jeder, der sich als Ziel setzt, den Gipfel des Tennisolymps zu erklimmen, sollte sich darüber im Klaren sein, dass dies nur dann Aussicht auf Erfolg hat, wenn man bereit ist, Tennis absolut in seinen Lebensmittelpunkt zu stellen und seinem Sport alles andere unterzuordnen. Neben dem aufwändigen Training und den zeitintensiven Turnierreisen bleibt da sehr wenig Zeit für Freunde, eine Beziehung oder Hobbys. Nicht jeder ist wirklich bereit, diesen hohen Preis zu bezahlen.

... und die Charaktereigenschaften eines Spielers sind die grundlegende Basis für den Erfolg.

Eine dominierende Rolle spielt die **Qualität des Trainers**. Einen wirklich qualifizierten, erfahrenen und motivierten Trainer zu finden, ist heutzutage fast so schwierig, wie die berühmte Suche nach der Stecknadel im Heuhaufen. Denn zu dem Anspruch an die fachliche Komponente kommt hinzu, dass es für den Trainer, gerade bei den jungen Spielern, nicht nur mit dem Training auf dem Platz getan ist, sondern dass er mit zunehmender Spielstärke seines Schützlings immer mehr in die Rolle des Betreuers, des psychologischen Beraters, des Mentors, der Vertrauensperson, oft sogar in eine „Elternersatzperson" rückt. Gerade im Jugendalter entwickelt und formt sich die Persönlichkeit des Einzelnen und prägen sich die Charaktereigenschaften aus. Somit sollte sich jeder Trainer speziell in dieser Zeit seiner Vorbildfunktion gegenüber Jugendlichen bewusst sein.

Ein Trainer hat viele Funktionen. Günther Bosch z. B. war für Boris Becker nicht nur Coach, sondern auch Bezugsperson.

Neben der Qualität spielt natürlich auch die persönliche Motivation des Trainers eine entscheidende Rolle. Inwieweit ist er bereit, seinen Spieler zu unterstützen? Inwiefern ist es auch seine eigenes Interesse, dass der Spieler seine Leistungsgrenze erreicht? Hier sind vom Trainer viel Energie, Zeit und Idealismus gefordert, wobei nicht jede Minute den Eltern, dem Verband oder dem Verein in Rechnung gestellt werden kann.

Schon anhand dieser zwei Punkte (Einstellung des Spielers und Qualität des Trainers) kann man ersehen, dass sowohl Coach als auch Spieler eine ganze Reihe von Persönlichkeitseigenschaften mitbringen müssen. Jetzt gilt es, „nur noch" den richtigen Draht zueinander zu finden.

... spielt besonders bei jungen Spielern eine sehr prägende Rolle.

Ein nicht hoch genug einzuschätzender Faktor ist das **persönliche Umfeld** eines Spielers. Vor allem bei Kindern und Jugendlichen spielen die Eltern eine prägende Rolle. Meist haben diese recht wenig Ahnung von der Materie, denken aber, sie hätten den Tennissport „erfunden" und gehen dementsprechend mit ihren Kindern um. Oft hat man tatsächlich den Eindruck, die Tenniserfolge ihrer Zöglinge sind für das Seelenwohl der Eltern wichtiger als die eigene Gesundheit oder finanzielles Wohlergehen. Nicht selten erlebt man, dass Eltern ihren Kindern, ob bewusst oder unbewusst, nach Niederlagen ihre Zuneigung entziehen und sie direkt oder indirekt als Versager hinstellen nach dem Motto: „Da bezahlen wir die teuren Trainerstunden, mimen täglich den Chauffeur, und du spielst wie der letzte Mensch!"

Steffi Graf und Brad Gilbert sind zwei wichtige Personen aus dem persönlichen Umfeld von Andre Agassi.

Kinder und Jugendliche können sich gegen solche Vorwürfe (noch) nicht wehren, doch der Frust staut sich natürlich über die Jahre hinweg an, und man muss sich nicht wundern, wenn sehr begabte Jugendliche plötzlich von heute auf morgen im „Rebellenalter" von 16 oder 17 den Schläger an den Nagel hängen. Was hier vielleicht etwas drastisch klingt, ist leider in der Realität nur allzu häufig anzutreffen und unterstreicht die immens wichtige Bedeutung eines verständnisvollen Elternhauses für die Entwicklung einer Tenniskarriere. Eltern sollen die Karriere ihrer Kinder natürlich unterstützen und fördern, aber bitte nicht durch Druck, Androhung von Strafe oder gar Liebesentzug!

... erfordert ein anderes Persönlichkeitsprofil als eine Mannschaftssportart.

Berücksichtigt werden muss auf jeden Fall auch, dass Tennis eine **Individualsportart** ist. Eine solche Sportart erfordert ein anderes Persönlichkeitsprofil als ein Mannschaftssport. Dass Tennisspieler als maßlose Egoisten gelten, ist so leicht nicht von der Hand zu weisen. Nicht nur auf dem Platz sind sie Einzelkämpfer, man denke vor allem auch an die ersten Schritte beim Einstieg in das Profigeschäft, wo es oft unumgänglich ist, sich bei Sattelites oder Futures ganz alleine in den letzten Winkeln der Welt gegen eine Armada von Gegnern „durchzukämpfen".

Spieler = Einzelkämpfer

Da liegt der Vergleich, dass der Stärkere den Schwächeren „frisst“ (besiegt) und am Schluss nur einer „überlebt“ (Turniersieger), nicht weit entfernt. Man sollte sich dieser Tatsache schon bewusst und sich selbst gegenüber ganz ehrlich sein, ob man sich das wirklich zutraut und antun möchte.

Eine ziemlich kostenintensive Angelegenheit: Tennis als Profisport.

Unumstritten ist auch, dass Tennis nicht gerade zu den preiswerten Sportarten gehört. Zwar hat sich Tennis im vergangenen Jahrzehnt zu einem sehr beliebten Volkssport entwickelt, dennoch ist es für den, der Tennis wirklich als Leistungssport betreibt, sehr **kostenintensiv**.

Das beginnt bei den oft überzogenen Trainerkosten, Ausgaben für Material und Ausrüstung und geht weiter mit finanziellen Aufwendungen für Turniere, Reisen oder Trainingslager. Über die Jahre hinweg können damit Summen entstehen, die sich nicht selten im 6-stelligen Bereich bewegen. Und das ohne jegliche Garantie auf Erfolg!

Ohne Freude an seinem Sport kann man keine Höchstleistungen erbringen.

Bei all den kurz angerissenen Aspekten darf der wichtigste nicht außer Acht gelassen werden: Der **Spaß und die Freude** des Spielers an seinem Sport!

Wenn der Sportler das Training nicht ernst nimmt, die Wettkämpfe nicht liebt, wenn er sich ein Leben ohne seinen Sport nicht vorstellen kann, sind Höchstleistungen nicht möglich. Dies kann vor allem in Phasen des ausbleibenden Erfolges oder während langwieriger Verletzungspausen zur Belastung werden.

Das sind nur einige Aspekte, die jeder Spieler bedenken sollte, der das Ziel hat, Tennis „professionell“ zu betreiben. Aus diesem Blickwinkel wird ersichtlich, wieviele „außenstehende Bedingungen“, die mit Talent, Vorhand, Rückhand und Aufschlag nichts zu tun haben, Einfluss auf die Entwicklung einer Tenniskarriere nehmen. Dass diese Faktoren immer einem ständigen Wandel unterliegen, macht eine Leistungsprognose für die Zukunft nicht gerade leichter.

Nur wenn viele externe Faktoren stimmen, kann ein Top-Talent auch zu einem Top-Spieler reifen

Muskeln, Energie, Technik: Tennis im Wandel der Zeit

In kaum einer anderen Sportart hat sich im vergangenen Jahrzehnt eine derart rasante Entwicklung vollzogen wie im Tennis. Das gesamte Spiel ist so schnell, dynamisch und athletisch geworden, dass sogar schon Regeländerungen diskutiert werden, mit dem Ziel die Ballwechsel wieder langsamer und damit attraktiver zu machen.

Die Grundlinienschläge werden heute möglichst nah an, bzw. vor der Grundlinie getroffen.

Zunächst einmal ist die Frage interessant, wo denn im Einzelnen die Ursachen für diese enorme Entwicklung liegen. Von Bedeutung sind dabei vor allem die Faktoren, die den Spieler unmittelbar als Athlet betreffen, also nicht Material, Bodenbelag, etc. .

Nach Betrachtung der einzelnen Faktoren lässt sich daraus sehr gut ersehen, welche Anforderungen ein Spieler in Zukunft erfüllen muss, um ein erfolgreicher Spieler werden zu können.

Aus dem Vergleich des Profitennis von 1990 und heute ergeben sich folgende Erkenntnisse:

1. **Das Tempo, also die Härte, mit denen die Bälle heute geschlagen werden ist ungleich höher als noch vor 10 Jahren.**

   a. „Die Bälle werden heute „sehr früh" getroffen!"

Ein wesentliches Kennzeichen des modernen Tennis besteht darin, dass die Spieler die Bälle generell sehr nahe an oder sogar vor der Grundlinie – also „im Feld" – schlagen.

Es wird angestrebt jeden einzelnen Ball bereits im aufsteigenden Ast der Flugkurve bzw. um den sog. „Umkehrpunkt" oder **Kulminationspunkt** zu treffen.

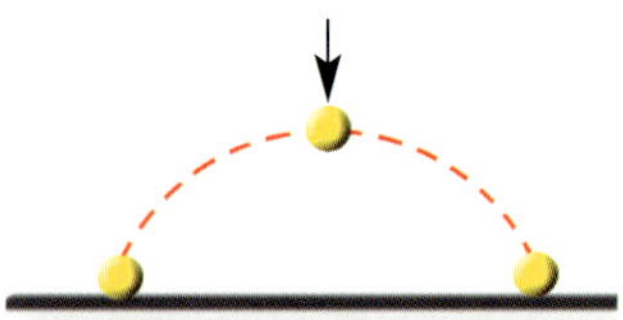

... ist der höchste Punkt (Umkehrpunkt), den der Ball nach Aufsprung in der anschließenden Flugkurve erreicht. Er unterteilt die Flugkurve in einen „aufsteigenden" und „abfallenden" Ast.

   b. „Die Bälle werden nur noch mit relativ wenig Topspin geschlagen!"

Die zweite Ursache für die enorme Tempoentwicklung liegt darin, dass mit relativ wenig Drall geschlagen wird. Dadurch entsteht mehr Druck, die Flugbahn über das Netz ist flacher, und dem Gegner bleibt somit wesentlich weniger Zeit zu reagieren.

2. **Die Beinarbeit hat noch mehr an Bedeutung gewonnen.**

Um die eben erörterte Anforderung, die Bälle möglichst früh und nahe an der Grundlinie zu schlagen, erfüllen zu können, ist eine außerordentlich gute Beinarbeit nötig.

Je schneller das Spiel ist, desto größer ist die Anforderung an die Beinarbeit.

Das Schlagen des Balles um den Kulminationspunkt, bzw. im aufsteigenden Ast der Flugkurve mit relativ wenig Drall, ist nur dann sicher und kontrolliert möglich, wenn sich der Körper (Körperschwerpunkt) im Moment des Treffens im idealen Abstand hinter dem Treffpunkt befindet und dies oft unter extremen Zeitdruck. Da dieser Abstand nur über die kleinen, flinken Schritte der Beinarbeit reguliert werden kann, ist klar, wie ausschlaggebend die Beinarbeit bei diesem hohen Tempo geworden ist.

3. Die Technik aller Schläge ist extrem „körperbetont" .

Bei den einzelnen Schlägen wird stets die Muskulatur des ganzen Körpers beansprucht.

Wenn man heute Profis bei der Ausführung ihrer Schläge beobachtet, hat man den Eindruck, dass sie sich fast in die Schläge „hinein katapultieren" bzw. in den Schlag „hinein rotieren".

Bei der Schlagvorbereitung wird ein hohes Maß an Energie (vor allem in den Beinen und im Rumpf) aufgebaut, die dann durch das „Hineinrotieren" in den Schlag mit einer immensen Körperdynamik auf den Ball übertragen wird.

So gesehen hat sich Tennis zu einer Ganzkörpersportart weiterentwickelt . Die Zeiten, dass Tennis ganz locker nur aus Schulter und Arm gespielt werden kann, gehören schon lange der Vergangenheit an.

4. Der Return hat sich zu einer „offensiven Waffe" entwickelt.

Mit dem Return werden viele direkte Punkte erzielt.

Hatte der Return früher die Bedeutung, den Aufschlag des Gegners zurückzuspielen, so wird heutzutage versucht bereits mit dem Return direkte Punkte (Returnwinner) zu erzielen. Somit hat sich der Return in der Tennisphilosophie vom lediglichen Rückschlag des Aufschlags zu einer regelrechten Waffe entwickelt.

5. Der Aufschlag hat noch mehr an Dominanz gewonnen.

Mit dem 2. Aufschlag sollte man dem Gegner keine Chance gewähren, einen offensiven Return zu spielen.

Die Entwicklung des Returns in Richtung Gewinnschlag hat natürlich auch eine maßgebliche Konsequenz für den Aufschlag. Vor allem der 2. Aufschlag ist extrem wichtig geworden. Die Quote der gewonnenen Punkte, die über den 2. Aufschlag begonnen werden, hat eine hohe Aussagekraft über die Qualität dieses Aufschlages.

Marat Safin: einer der besten Athleten der ATP-Tour.

6. Der athletische Bereich ist noch entscheidender geworden.

Auf konditionellem Gebiet sind die Spieler in den letzten Jahren am dichtesten zusammengerückt. Man findet unter den Top-100 der ATP-Weltrangliste kaum einen Spieler, der nicht topfit ist. Die ganzjährige Saison mit 30 – 35 Turnieren kann niemand bestehen, der körperlich nicht austrainiert ist. Die bereits angesprochene körperbetonte Technik stellt ebenfalls einen ungleich höheren Anspruch an die körperliche Fitness als noch vor wenigen Jahren.

Den Körper durch ein regelmäßiges Kraft-, Ausdauertraining und Gymnastikprogramm fit und gesund zu halten ist auch aus Gründen der Verletzungsprophylaxe ein unverzichtbarer Aspekt für jeden Spieler geworden. Jeder Tag, den man verletzungsbedingt nicht seinem Tennis widmen kann, ist ein verlorener Tag.

In der Ganzjahressportart Tennis muss man sich jede Woche auf das Neue gegen die Konkurrenz durchsetzen.

7. Der Konkurrenzkampf und Selektionsprozess sind härter geworden.

Seit der Öffnung der Grenzen der ehemaligen Ostblockstaaten und der damit verbundenen Reisefreiheit für die Spieler aus diesen Nationen ist die Konkurrenz noch größer geworden ist. Noch vor 10 Jahren wurden um die 800 Tennisprofis auf der ATP-Rangliste geführt, heute sind es mehr als doppelt so viele. Der Weg „nach oben" damit nicht gerade leichter.

Schon im Kinder- und Jugendbereich ist eine sehr hohe Dichte an guten Spielern anzutreffen, wodurch schon in jungen Jahren ein unglaublicher Konkurrenzkampf selbst bei erst 12-Jährigen herrscht.

Diese kurz beschriebenen Merkmale des modernen Tennis, sowie die im Kapitel „Nicht nur die Technik zählt" aufgeführten Erkenntnisse, machen deutlich, wie hoch und vielfältig die Anforderungen an einen Spieler sind.

Man erkennt, das neben der Technik eine ganze Reihe von externen Gegebenheiten stimmen müssen. Trotzdem bleibt eine solide und gut funktionierende Technik immer noch das „Herz" eines Spielers. Damit sich die Technik möglichst ideal entwickeln kann, sollten Sie Ihre Aufmerksamkeit gezielt auf das Kapitel Biomechanik richten. Dort werden einige „Geheimnisse" gelüftet, ohne deren Kenntnis es nicht möglich ist, seine Schläge zu optimieren.

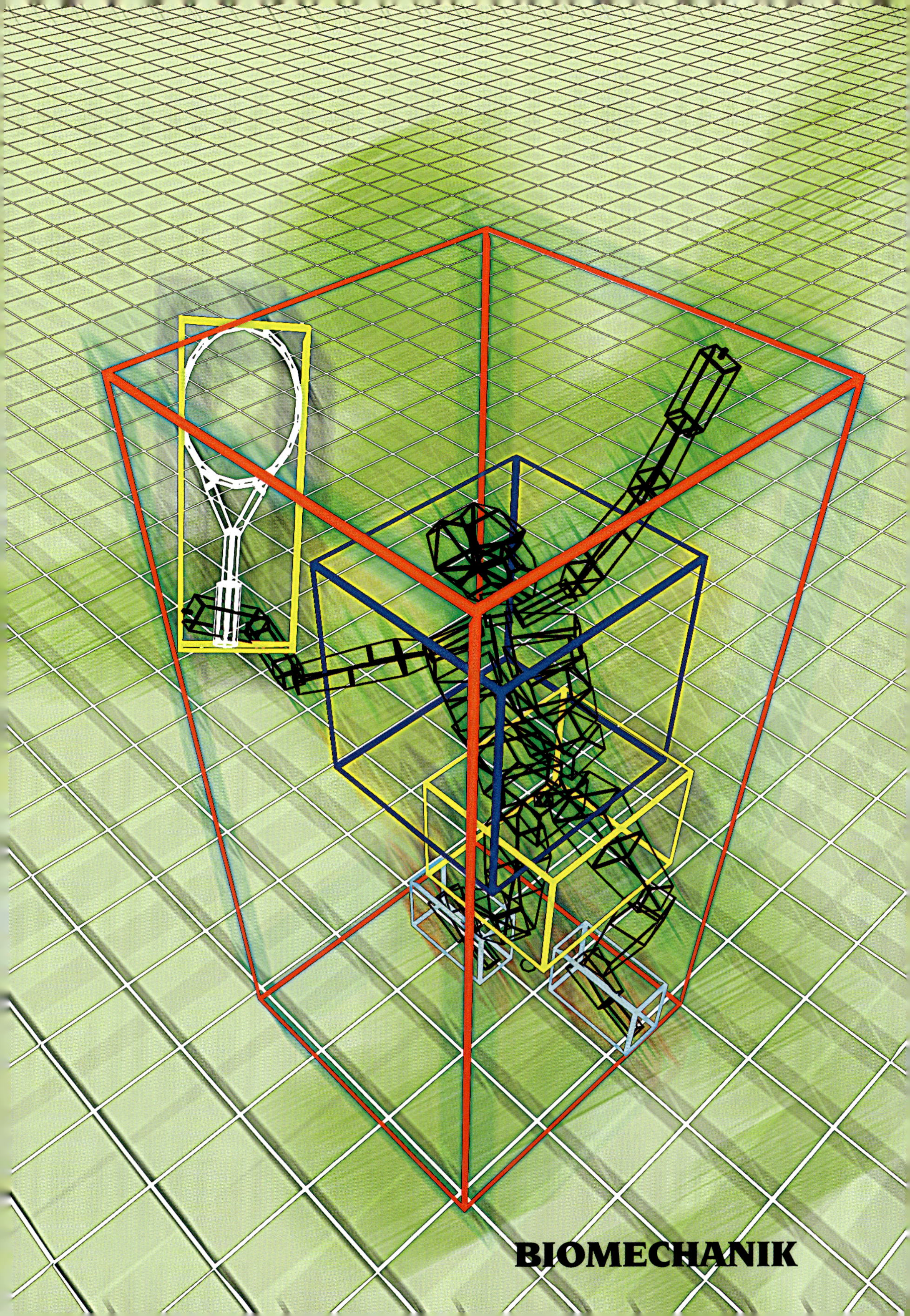
BIOMECHANIK

BIOMECHANIK

Grundlage der modernen Tennistechnik

Um die Grundlagen und Voraussetzungen einer modernen Tennistechnik wirklich verstehen und einordnen zu können, ist es an dieser Stelle unumgänglich, ein wenig Theorieunterricht zu integrieren. Doch ich verspreche Ihnen jetzt schon, dass Ihnen dieser kleine Ausflug in die Wissenschaft Spaß machen und von sehr großem Nutzen sein wird. Am Ende dieses Kapitels werden Sie sagen: „Es war höchste Zeit, dass mir mal jemand diese elementaren Grundlagen und Zusammenhänge einer modernen Schlagtechnik auf so unkomplizierte, interessante und verständliche Art und Weise erklärt hat. Die Technik aus dem Blickwinkel der Biomechanik zu betrachten, hat mir einen enormen Nutzen für das Verständnis meiner eigenen Schläge gebracht. Jetzt sehe ich mein Tennis in einem völlig anderem Licht!"

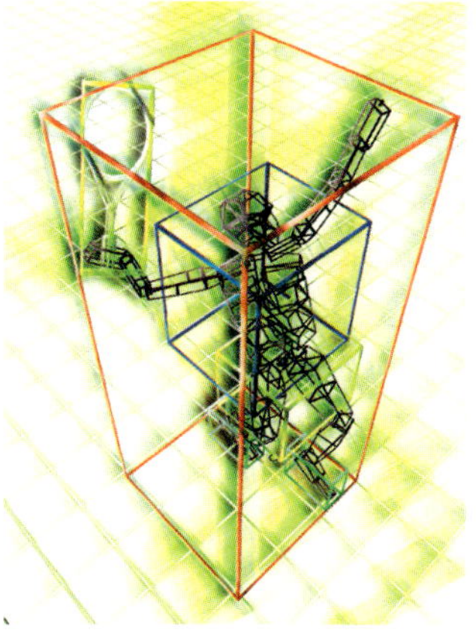

Die Biomechanik begründet die moderne Tennistechnik.

Wenn man mal ehrlich und selbstkritisch mit sich selbst ist, kann es ja im Prinzip auch nicht angehen, dass man Woche für Woche zahlreiche Stunden auf dem Tennisplatz verbringt, ohne sich wirklich 100%ig darüber im Klaren zu sein, wie die Schläge im Detail eigentlich funktionieren. Schließlich sind Vorhand, Rückhand oder Aufschlag vom ersten bis zum letzten Tag Teil des eigenen Tennisspiels. Sie drücken auf ganz spezielle Art die Persönlichkeit und Individualität des Spielers aus und sind so etwas wie eine **persönliche Handschrift**. Jeder Schlag ist so individuell und einzigartig, dass es keinen zweiten Spieler auf der Welt mit genau der selben Schlagtechnik gibt.

Jeder Spieler hat seine ganz individuelle Technik. Es gibt auf der Welt keine zwei Spieler mit exakt denselben Schlägen.

Bei der Betrachtungsweise seiner Schlagtechnik drängt sich der Vergleich mit den eigenen Kindern förmlich auf. Diese begleiten einen ebenfalls durch das ganze Leben, und je nachdem wie man sie „erzieht" und sich „um sie bemüht", bereiten sie einem Frust oder Freude. In ähnlicher Weise verhält es sich auch mit unseren Tennisschlägen. Man sollte stets „liebevoll und fürsorglich" mit ihnen umgehen und immer darauf bedacht sein, sie weiterzuentwickeln und zu perfektionieren, so dass sie einem letztendlich mehr Freude als Frust bereiten!

Die Unterschriften von Pete Sampras, Boris Becker und Steffi Graf: Jede ist so individuell wie das Tennisspiel der Superstars.

Doch dafür benötigt man Kenntnisse und Wissen, d. h. man muss sich im Klaren sein, mit welchen „Erziehungsmaßnahmen" und nach welchen Richtlinien man diese

Aufgabe angeht. Und genau hier liegt die Wurzel für ein großes Übel: Bei nicht wenigen Spielern stößt man auf ein nicht gerade geringes Maß an Verunsicherung, wenn man sie etwas konkreter nach Details ihrer eigenen Schlagtechnik befragt. Wenige Spieler sind in der Lage, ihre Schläge wirklich fachgerecht zu analysieren, um den Hebel dann auch an der richtigen Stelle ansetzen zu können, wenn ein Schlag an einem Tag mal nicht wie erhofft gelingt. Schon mit einer so simplen Frage wie: „Wo genau liegt bei der Vorhand der Treffpunkt?" löst man meist Unsicherheit und Selbstzweifel aus. Wenn Spieler gefragt werden, wie groß ihr fachliches Wissen über schlagtechnische Details tatsächlich ist, erntet man von einer großen Mehrheit unwissendes Achselzucken. Wie aber soll man seine Schläge verbessern und stetig weiterentwickeln, wenn man keine präzise Vorstellung davon hat, welche schlagtechnischen Details für einen idealen Schlag wichtig oder weniger wichtig sind? und nach welchen Grundsätzen und Methoden man die Weiterentwicklung und Optimierung seiner Technik angehen könnte?

Vielen Spielern mangelt es an Basiswissen für das Verständnis einer modernen Tennistechnik.

Damit konkret zum Thema, nämlich dem Zusammenhang zwischen Tennistechnik und der Biomechanik. Um bei dem Beispiel mit der Erziehung von Kindern zu bleiben, kann man die biomechanischen Prinzipien in gewisser Weise auch als die „Erziehungsrichtlinien" für seine Schläge betrachten. Diese „Erziehungsrichtlinien" sind für alle Spieler auf dieser Welt einheitlich und verbindlich. Im Hinblick auf diese „Erziehung" (= technische Entwicklung + Optimierung) seiner Schläge, muss man einfach einige wenige, aber sehr wesentliche Grundlagen kennen, um das Potential seiner Schläge wirklich ausschöpfen zu können.

Die Biomechanik liefert die Grundkenntnisse, um aus seiner Schlagtechnik ein Maximum heraus holen zu können.

Ziel dieses Kapitels ist es, eine kompakte Grundlage für ein besseres Verständnis technischer Abläufe und Zusammenhänge in seinen Schlägen zu entwickeln. Dem Spieler soll es damit leichter fallen, die eigenen Schläge besser zu analysieren und damit auch zu optimieren. Es wäre doch gelacht, wenn man seine Schläge, die man in seinem Tennisleben so viele hunderttausend Mal übers Netz spielt, nicht besser in den Griff bekommen könnte!

Zuerst muss man sich natürlich fragen, was sich denn konkret hinter dem so kompliziert klingenden Begriff „Biomechanik" verbirgt? Damit können wahrscheinlich nur die wenigsten auf Anhieb konkret etwas anfangen.

Zugegeben, dieses Gebiet ist nicht ganz einfach zu erklären, da viele unterschiedliche Teilgebiete aus der Physik, Mechanik, Dynamik, Bewegungslehre sowie aus der Anatomie des Menschen in einem einzigen Begriff zusammenfließen. Somit ist jetzt der Zeitpunkt gekommen, etwas Licht in dieses so wichtige, aber fast sträflich vernachlässigte Teilgebiet der Tennislehre zu bringen.

„Bio" + „Mechanik"

Der Begriff Biomechanik setzt sich aus zwei Wortstämmen zusammen, nämlich aus „Bio" und „Mechanik". Mechanik ist die Lehre von den Kräften und ihre Wirkungen auf starre und deformierbare Körper. Der Begriff „Bio" leitet sich ab aus dem griechischen Wort „Bios" und bedeutet „das Leben".

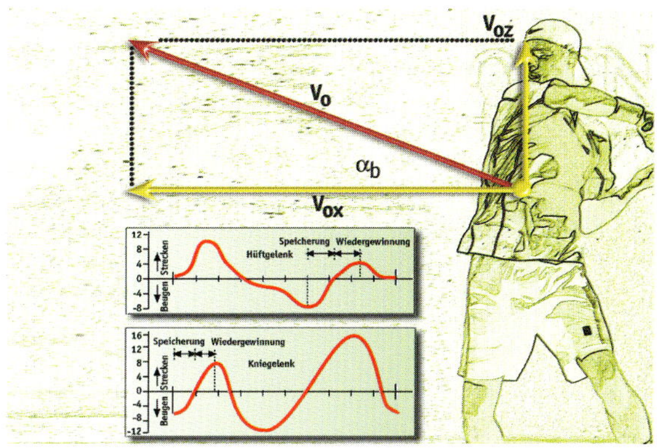

In der Biomechanik werden Einflussgrößen auf die sportliche Bewegung gemessen und analysiert.

In der „Biomechanik" geht es darum, den Einfluss von Kräften und Bewegungen auf den menschlichen Körper im Rahmen der sportlichen Bewegung zu untersuchen und zu beschreiben. Es werden also sportliche Techniken, im Tennis somit die einzelnen Schläge analysiert. Ziel ist es, Ursachen zu erforschen, die dafür verantwortlich sind, warum eine Technik erfolgreich ist oder nicht. Anhand dieser Ergebnisse lassen sich dann ganz konkrete Ansatzpunkte für die Weiterentwicklung, bzw. die Optimierung der Technik ableiten. Man erhält so konkrete Informationen und Details zu technischen Bewegungsabläufen, wie z. B.:

Die Biomechanik beschreibt den Einfluss von Kräften und Bewegungen auf den menschlichen Körper im Rahmen der sportlichen Bewegungsabläufe. Mit den gewonnenen Resultaten kann die Schlagtechnik besser beschrieben und analysiert werden.

- Wo liegt der ideale Treffpunkt bei den einzelnen Schlägen?
- Welche Grundvoraussetzungen beeinflussen das Timing eines Schlages?
- Wie kann man härter schlagen, ohne Kontrolle einzubüßen?
- Welche Muskelgruppen sind für eine hohe Beschleunigung des Schlägers verantwortlich?

Ziel ist es nun, die gewonnenen Erkenntnisse aus der Biomechanik in die Perfektionierung der eigenen Schläge einfließen zu lassen, um somit das Hauptanliegen der Biomechanik zu erfüllen, nämlich:

„So kann ich meine Technik optimieren, d. h. ein Maximum aus meinen einzelnen Schlägen herausholen!"

Wenn man sich klar macht, dass Tennis zu einer der technisch anspruchvollsten Sportarten überhaupt zählt (es muss ein sehr schnell ankommender Ball meist unter einem extremen Zeitdruck, oft im Laufen und möglichst platziert über das Netz geschlagen werden), wird deutlich, dass die aus der Biomechanik gewonnenen Erkenntnisse nicht hoch genug bewertet werden können.

Um die folgenden biomechanischen Prinzipien leichter verstehen zu können, muss zuerst kurz auf den Begriff der **Ablaufanalyse** eingegangen werden.

Der Wimbledon-Sieger 1996 Richard Krajicek bei einem Rückhand-Return.

Ablaufanalyse: Die Beschreibung der Schläge

Wie das Wort Ablaufanalyse schon vermuten lässt, geht es dabei darum, die zeitlichen und räumlichen Abläufe eines Schlages zu beschreiben und zu analysieren. Damit man bei dieser Analyse „eine Sprache spricht" und der eine auch versteht was der andere meint, hat man den Schlag grundsätzlich in 3 Phasen unterteilt, nämlich einer Aushol-, Schlag- und Ausschwungphase.

Folgende Zusammenhänge und Fachbegriffe sollten mit der Betrachtung der Skizzen (rechts) klar werden:

Die Ablaufanalyse unterteilt den Schlag in Aushol-, Schlag- und Ausschwungphase. Damit können räumliche und zeitliche Details zur Technik eindeutig beschrieben, zugeordnet und analysiert werden.

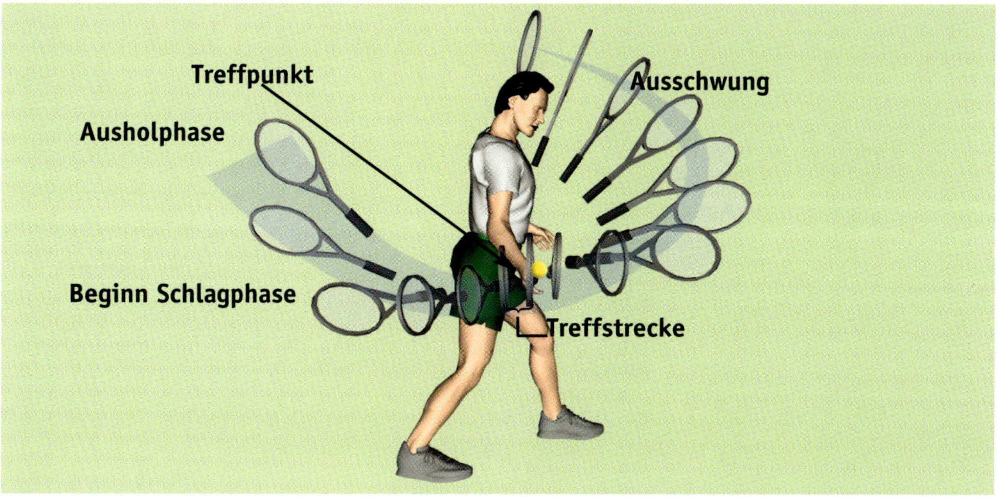

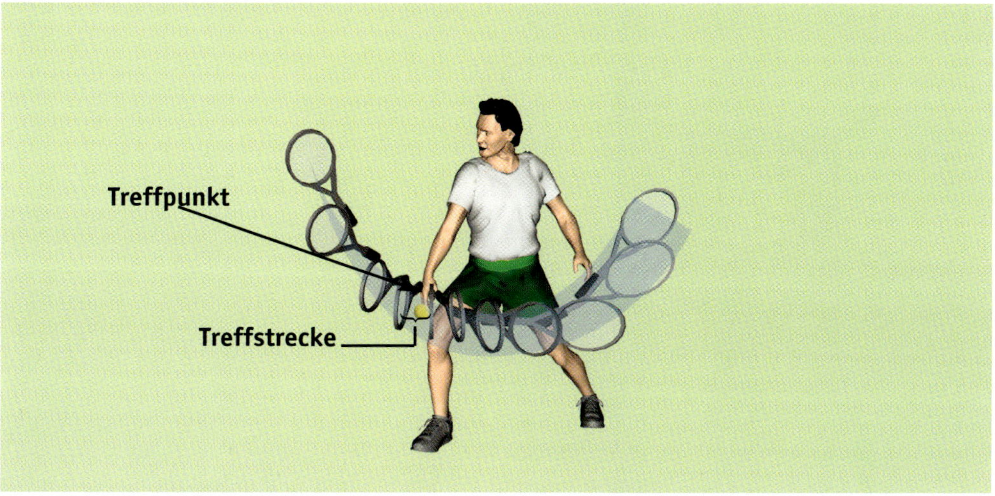

1. Die **Ausholbewegung** des Schlägers entspricht dem Zurückführen des Schlägers und der Drehung der Schulterachse zum ankommenden Ball.
2. Am sogenannten Umkehrpunkt endet die Ausholphase und geht fließend in die Schlagphase über. Mit Beginn der **Schlagphase** beginnt die Beschleunigungsphase, die im Treffpunkt ihr Maximum erreichen soll.
3. Die Schlagphase endet mit dem **Treffpunkt**, der in der Regel vor der vorderen Hüfte liegt.
4. Der Treffpunkt liegt innerhalb der sogenannten **Treffstrecke**. Die Treffstrecke ist die Konsequenz des möglichst langen und präzisen Anschwingens des Schlägers in Zielrichtung des Schlages zum Treffpunkt hin.

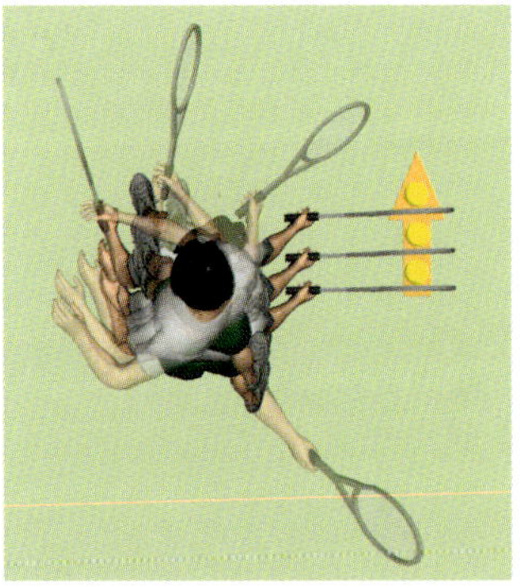

In der Treffstrecke (10–15 cm) hat die Schlagbewegung einen geradlinigen Verlauf. Ziel der Technik ist es immer, eine möglichst lange Treffstrecke zu erreichen.

Mit dem Treffpunkt endet die Treffstrecke. Während der Treffstrecke hat der Schlägerschwung einen relativ geradlinigen Verlauf. Alle Treffpunkte in der Treffstrecke führen zu einer gleichen Abflugbahn des Balles.

5. Das „Zauberwort" für den kompletten Schlagablauf heißt **„Schwung"**, d. h. der gesamte Bewegungsablauf soll möglichst rund und flüssig sein

Die Unterteilung des Schlages in diese 3 Phasen hat eine wesentliche Bedeutung für das Verständnis der folgenden biomechanischen Prinzipien.

Bevor nun das erste Prinzip besprochen wird, lassen Sie mich bitte folgende Frage stellen:

„Wodurch unterscheidet sich die Vorhand eines Andre Agassi von der eines Yevgeni Kafelnikov, wodurch die Rückhand eines Nicolas Kiefer von der eines Marat Safin oder wo liegen die Unterschiede beim Aufschlag von Patrik Rafter und Pete Sampras ?"

Yevgeni Kafelnikov

Jeder Schlag sieht auf den ersten Blick individuell und irgendwie typisch für den einzelnen Spieler aus. Doch die genauen Details der Bewegungsabläufe zu beschreiben, um festzustellen wo denn die tatsächlichen Unterschiede liegen, fällt selbst den sogenannten Fachleuten nicht immer leicht.

... begründen den individuellen Stil der Schlagtechnik eines jeden einzelnen Spielers

Dass sowohl Agassi als auch Kafelnikov eine nahezu perfekte Vorhand spielen, dass Kiefer wie auch Safin mit ihrer Rückhand aus fast jeder Position des Platzes Winner schlagen können, oder dass Sampras wie auch Rafter an guten Tagen Asse am Fließband produzieren, steht außer Frage. Die angesprochenen Schläge dieser Topspieler wirken jedoch optisch ziemlich unterschiedlich, was an den, ich nenne es einmal **sekundäre Faktoren**, wie z. B. Griffhaltung, Umfang und zeitlicher Beginn der Ausholbewegung, Bewegungsfluss, Stellung zum Ball, Körpereinsatz, etc. liegt. Hinzu kommt, dass eine ähnliche Bewegung bei einem 1,90 m großen Spieler optisch anders wirkt als bei einem relativ kleinen Spieler.

Marat Safin

... sind die grundlegenden körperlich-technischen Voraussetzungen, die bei jedem Spieler gleich sind.

Doch bei aller Individualität auf der einen Seite, unterliegen alle Tennisspieler dieser Welt, egal ob Profi oder Freizeitspieler beim Einsatz ihrer Schlagtechnik gewissen grundlegenden Gesetzmäßigkeiten und Bedingungen – nämlich den biomechanischen Prinzipien. Da man für einen erfolgreichen Schlag entsprechende biomechanische Bedingungen einfach erfüllen muss, kann man sie auch als **primäre Faktoren** ansehen.

Auf den folgenden Seiten werden nun die wesentlichen biomechanischen Grundlagen vorgestellt, die jeder Tennisspieler, der etwas erreichen möchte, einfach kennen sollte. Diese Kenntnisse zu ignorieren wäre ungefähr so, als würde man mit dem Fahrrad versuchen einen steilen Berg im 10. Gang hinaufzufahren, ohne zu wissen, dass das Rad eine Gangschaltung besitzt.

Patrik Rafter

Bei der Beschreibung und Interpretation der einzelnen Prinzipien steht die Verständlichkeit und der Nutzen für den Spieler im Vordergrund und nicht so sehr der Anspruch an wissenschaftliche Perfektion. Deshalb sollen Sie jetzt auch nicht mit unzähligen Fremdwörtern, Zahlen und Formeln konfrontiert werden. Folgend wird vielmehr versucht, das so komplexe Gebiet der Biomechanik möglichst einfach, ohne viel „Fachchinesisch" auf ein für jedermann verständliches Niveau zu bringen. In diesem Sinn handelt es sich um eine sinnvolle Auswahl der aus meiner Sicht unverzichtbaren Grundlagen, die durch Bilder, Graphiken und Verständnisfragen so verpackt sind, dass wirklich jeder interessierte Spieler einen Nutzen daraus ziehen kann. Großen Wert wurde auf den Transfer von der Theorie zur Praxis gelegt, was sich in den ganz konkreten Hinweisen und Tipps zu den einzelnen Schlagtechniken widerspiegelt. **Denn vergessen Sie nicht: CHAMPIONS COACH ist ein Praxisbuch!**

Beginnen wir den Einstieg mit folgender Betrachtung:

Um hart und druckvoll schlagen zu können, ist es von entscheidender Bedeutung, dass der Schlägerkopf im Moment des Zusammentreffens mit dem Ball (Treffpunkt) eine möglichst hohe Beschleunigung besitzt, die man auch als **Schlägerendgeschwindigkeit** bezeichnet. Je höher diese Schlägerbeschleunigung im Moment des Ballkontaktes ist, desto schneller verlässt der Ball die Besaitung. Ergo ist es die zentrale Aufgabe des Spielers durch seine athletischen und technischen Möglichkeiten diese angesprochene möglichst hohe Schlägerendgeschwindigkeit zu erzeugen.

... sollte kurz vor dem Treffpunkt ihren Höhepunkt erreichen. Je größer die Schlägerendgeschwindigkeit, desto höher ist die Beschleunigung des Balles.

In diesem Zusammenhang macht es Sinn, der folgenden Frage etwas genauer nachzugehen:

„Mit welchem prozentualen Anteil ist die Kraft des Schlagarms an der Erzeugung dieser Schlägerendgeschwindigkeit beteiligt?"

Die Antwort wird die meisten Leser erstaunen: „Mit lediglich ca. 15 – 20 %!"

Andre Agassi bei einer äußerst dynamischen Vorhand.

Da drängt sich natürlich die Frage auf, woher ein Andre Agassi die Power für seine unglaublich schnellen „Vorhand-Geschosse" nimmt, wenn nicht aus dem Arm?

Würde diese Kraft tatsächlich primär aus dem Arm kommen, dann müssten die Profis Arme haben wie Arnold Schwarzenegger. Vergleicht man jedoch die Muskulatur bei Tennisspielern zwischen Beinen und Armen, so kann man oft ein optisches Ungleichgewicht feststellen. Die Beine sind generell sehr gut ausgebildet und definiert, während man bei der Betrachtung der Arme bei einigen Spielern nicht darauf kommen könnte, dass es sich überhaupt um Sportler handelt.

Diese Betrachtungsweise führt uns zu dem ersten wichtigen biomechanischen Prinzip:

Das Prinizip der Anfangskraft

„Woher kommt dann die Energie für die enormen Schlägerbeschleunigungen wenn, der Arm nur zu so einem geringen Prozentsatz beteiligt ist?"

Beachten Sie die unterschiedliche Körperstellung zwischen den Bildern 1 und 5 …

… und die Gewichtsverlagerung vom hinteren auf das vordere Bein während der Schlagausführung.

Wie im Kapitel „Tennis im Wandel der Zeit" bereits angesprochen, liegt ein wesentliches Merkmal des modernen Tennis darin, dass jeder einzelne Schlag mit einer immensen körperlichen Dynamik ausgeführt wird. Dynamisch heißt in diesem Zusammenhang, dass die Muskelkraft des gesamten Körpers – vom Fuß bis zum Handgelenk – an fast jedem einzelnen Schlag beteiligt ist. Betrachtet man in der Praxis Schlagtechniken von Spitzenspielern etwas detaillierter und zeitlich aufgegliedert, stellt man Folgendes sofort fest: Sowohl beim Ausholen, als auch beim Schlagen und beim Ausschwung wird immer der ganze Körper mit all seinen Muskelgruppen mit einbezogen. Somit kann man bei jedem einzelnen Schlag von einer **Ganzkörperdynamik** sprechen.

... bezeichnet alle Schlagtechniken des modernen Tennis.

Hauptverantwortlich für die Entstehung dieser augenscheinlichen Körperdynamik sind vor allem zwei Hauptmuskelgruppen: Beine und Rumpf.

Durch ausgeprägtes „in die Knie gehen" (der Körperschwerpunkt wird gesenkt) und der Drehung des Rumpfes und der Schulterachse in der Schlagvorbereitung zum ankommenden Ball, wird physikalisch betrachtet Energie gespeichert (vgl. Bild 1). Dabei werden Bein- und Rumpfmuskulatur vorgedehnt und angespannt, sozusagen für einen bevorstehenden „Einsatz" (= Schlagausführung) aktiviert. Diese Muskelvordehnung wird in dem biomechanischen Prinzip der optimalen Vordehnung beschrieben, auf das hier allerdings nicht speziell eingegangen werden soll.

Nur soviel: Man kann den Muskel hinsichtlich seiner Kontraktion mit einem Gummiband vergleichen. Damit ein Gummiband Energie erzeugen kann, muss man es vorher dehnen, bzw. anspannen. Genau das gleiche Prinzip gilt für den einzelnen Muskel. Damit er Kraft entfalten kann, muss er zuvor angespannt, bzw. vorgedehnt werden.

Die Beanspruchung und die Funktionsweise der beteiligten Muskulatur lässt sich gut an einem Feder-Modell, das jeder als Schüler bestimmt einmal im Physikunterricht gesehen hat, veranschaulichen.

Drückt man die Feder zusammen, so überträgt man auf sie eine Kraft. Die Feder reagiert auf diese Krafteinwirkung, indem sie sich verformt, d. h. sie wird durch das Zusammendrücken gestaucht und dreht sich gleichzeitig um ihre eigene Längsachse. Durch diese Verformung wird im physikalischen Sinn Energie gespeichert.

Die Ganzkörperdynamik und die Schlagtechnik einer beidhändigen Rückhand lässt sich auch mit der Vorhand eines Linkshänders vergleichen.

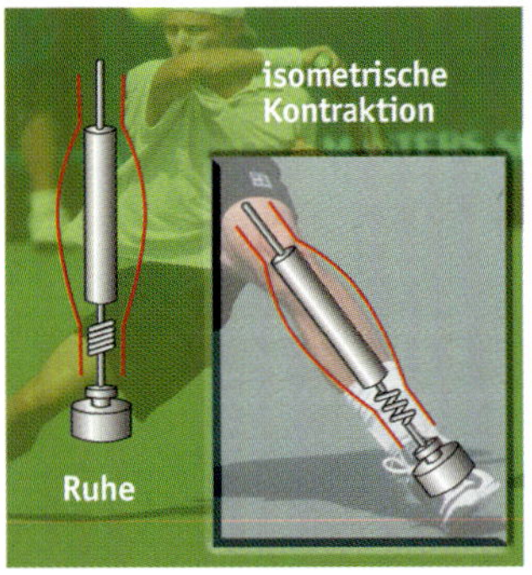

Die Funktionsweise der Muskulatur lässt sich gut mit einem mechanischen Federmodell aus der Physik vergleichen.

Serena Williams zeigt wie ausgeprägt die Ganzkörperdynamik beim Aufschlag ist.

Beim Tennis entspricht das „in die Knie gehen" (Absenken des Körperschwerpunktes) dem Zusammendrücken der Feder und die Rumpfdrehung ihrer gleichzeitigen Drehung zu ihrer Körperachse. Mit anderen Worten: Die Kraft, die auf die Feder durch das Zusammendrücken ausgeübt wird, bewirkt ihre Verformung. Durch das Halten der Feder in dieser verformten Position wird im physikalischen Sinn Energie gespeichert. Dies wird spürbar, denn man muss jetzt mit den Fingern eine hohe Kraft aufwenden, um die Feder in diesem zusammengepressten Zustand zu halten. Lässt man die Feder dann los, so „explodiert" sie förmlich. Die gespeicherte Energie entlädt sich.

Anhand dieses Beispiels können auch die Grundlagen für die Dynamik des modernen Tennis festgemacht werden.

Sie sehen, wir befinden uns schon mitten in der Biomechanik und sie merken hoffentlich, dass sie kein Buch mit 7 Siegeln ist! Das gibt doch einen Motivationsschub weiterzulesen oder etwa nicht?!

Wie wir jetzt wissen, wird beim Ausholen vorwiegend in Beinen und Rumpf Energie gespeichert. Diese Energie stellt die Hauptquelle für das für die Schlägerbeschleunigung benötigte Kraftpotential dar. Es handelt sich um die hauptverantwortlichen 80 – 85 %, die zu den Ihnen schon bekannten 15 – 20 % hinzukommen, mit denen der Schlagarm bekanntlich an der Schlägerbeschleunigung beteiligt ist. Anteilig betrachtet kommen also ca. 4/5 der Energie für die Schlägerbeschleunigung aus Beinen und Rumpf und nur ca. 1/5 aus Arm und Schulter!

Die Ausholbewegung geht normalerweise fließend in die Schlagphase über. Mit diesem Übergang beginnt die Beschleunigungsphase, die zeitlich gesehen aber schon viel früher, nämlich mit dem Abdrücken des Fußes vom Boden ausgelöst wird. Mit Beginn der Schlagphase fließt die vorher in Beinen und Rumpf erzeugte (und gespeicherte) Energie in die Schlagphase ein, mit dem übergeordnetem Ziel, eine möglichst hohe Schlägerbeschleunigung zu erreichen. Also ist für diese Beschleunigung letztendlich das Abdrücken mit dem Bein vom Boden und die Drehung des Oberkörpers in Richtung des ankommenden Balls verantwortlich. Man kann schließlich nicht ewig in den Knien und in der Rumpfdrehung verharren!

Oberschenkel- und Rumpfmuskulatur sind die beiden hauptverantwortlichen Muskelgruppen für die Erzeugung der für die Schlägerbeschleunigung benötigten Energie.

Genau dieses „Entladen" der gespeicherten Energie muss nun, im Gegensatz zu dem Beispiel mit der Feder, kontrolliert und koordiniert ablaufen. Schließlich soll der Ball ja sauber getroffen werden und auch noch möglichst platziert im gegnerischen Feld landen. Damit nun der Ball tatsächlich sein anvisiertes Zielgebiet erreicht, muss diese in Dynamik versetzte Energie perfekt dosiert und gesteuert werden. Und genau damit kommen wir zur Aufgabe der Schlagtechnik. Die Technik ist sozusagen das

Oberschenkel- und Rumpfmuskulatur sind die beiden hauptverantwortlichen Muskelgruppen für die Dynamik des modernen Tennis.

Mittel zum Zweck, die Entladung dieser gespeicherten Energie perfekt zu steuern und zu koordinieren. Der Schlagarm hat sozusagen den „Auftrag" dieses in Dynamik versetzte Energiepotential, durch einen kontrollierten und gut getimten Schwung auf den ankommenden Ball zu übertragen. Dabei sollen bei der Umsetzung der Technik nach Möglichkeit die Kriterien einfach, ökonomisch und wirkungsvoll erfüllt werden.

Zentrale Aufgabe der Technik ist die in den Muskeln (v. a. Oberschenkel/ Oberkörper) gespeicherte Energie durch einen einfachen, ökonomischen und wirkungsvollen Schwung auf den ankommenden Ball zu übertragen.

Vereinfacht könnte man sagen, dass Beine und Rumpf ein Energiepotential aufbauen und in Bewegung versetzen. Die Aufgabe des Armes besteht darin, diese Energie feinkoordinativ so zu steuern, dass der Ball sauber und mit einem ökonomischen Schwung getroffen wird.

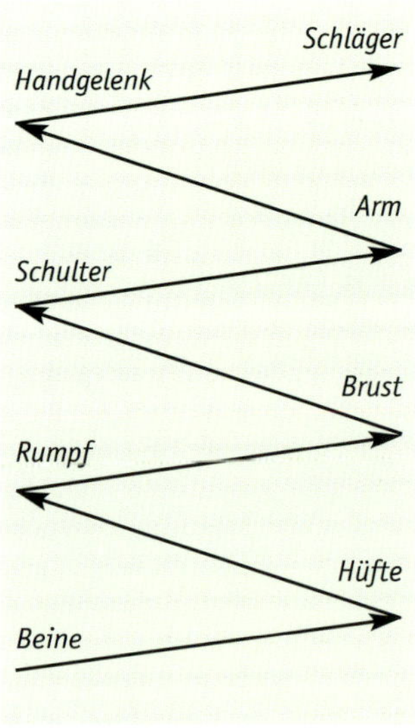

Kettenreaktion

So ist es auch zu begründen, dass die Arme nur mit ca. 15 % an der für die Schlägerbeschleunigung benötigten Kraft beteiligt sind. Mit anderen Worten: Beine und Rumpf erzeugen die Energie, und der Arm wandelt diese dann in einen flüssigen Schwung um. Die Aufgabe des Schlagarmes besteht darin, den kompletten Energiefluss im Rahmen der gesamten Körperdynamik feinkoordinativ so zu steuern, dass er in einem präzisen Treffen des Balles mündet. Aus dieser Beschreibung wird auch klar, warum beim Tennis immer von einer Ganzkörpersportart gesprochen werden muss.

Dieser Vorgang, also die Entladung der Energie und die Umwandlung in Schwung, verläuft zeitlich versetzt hintereinander in einer Art Kettenreaktion ab. Dies bedeutet, dass die zeitliche Reihenfolge bei der Entladung seinen Anfang mit dem Abdrücken des Fußes vom Boden nimmt und dann hintereinanderweg über die Beine, Hüfte, Rumpf, Brust, Schulter, Arm und Handgelenk auf den Schlägerkopf übertragen wird.

Man spricht in diesem Zusammenhang vom Begriff der Aufsummierung von Teilimpulsen, womit gemeint ist, dass aus der Summe der einzelnen Impulse in dieser Kettenreaktion ein einziger, flüssiger Schwung entsteht.

Das Prinzip der Anfangskraft hat die Aufgabe, das für die Schlägerbeschleunigung benötigte Kraftpotenzial zu erzeugen.

Um dieses Prinzip der Anfangskraft zu vervollständigen, muss noch kurz auf den Begriff der **„Verwringung“** eingegangen werden, das dem biomechanischen Prinzip der Gegenwirkung zugeordnet werden kann.

Unter Verwringung versteht man, dass sich der Oberkörper im Gegensatz zum Unterkörper „verdreht“. D. h. der Oberkörper dreht sich wie eine Feder um seine eigene Körperachse, worin letztendlich die Basis für die angesprochene Energiespeicherung liegt. Man hat das Gefühl, der Körper ist angespannt wie ein Bogen kurz vor dem

Das Prinzip der Verwringung findet bei allen Wurf-, Stoß- und Schlagsportarten Anwendung.

Abschuss eines Pfeils. Für diese „Verdrehung" sind vor allem die schrägen Bauchmuskeln und die Drehmuskeln des Rückens zuständig. Gleichzeitig wird bei der Verwringung mit dem Standbein eine Kniebeuge ausgeführt, was bedeutet, dass das Körpergewicht überwiegend auf das Standbein verlagert wird, mit dem man gewissermaßen gegen die Erde drückt.

Bei einer Vorhand kann der Rotationsradius der Schulterachse bis zu 220° betragen.

Die Beendigung der Ausholbewegung geht im Idealfall fließend in die Schlagphase über. Da die Verwringung nichts anderes ist als eine Drehung um die eigene Körperachse bis zu einem gewissen Endpunkt oder Endwiderstand, spricht man bei der Auflösung der Verwringung von einer sogenannten **„Rotation"**, genauer gesagt von einer Rotation des Oberkörpers. So gesehen ist die Verwringung die Ursache für die anschließende Rotation.

Rotation ist die Antwort auf die Verwringung, also die körperlich-dynamische Umsetzung der durch die Verwringung gespeicherten Energie. Sie begründet die Dynamik des modernen Tennis.

Dieser Zusammenhang zwischen Verwringung und Rotation führt uns zurück zu der eingangs erwähnten immensen Körperdynamik, die das heutige Tennis kennzeichnen.

Venus Williams bei einer Verwringung...

Wenn Sie also Ihren Schlägen mehr „Power" verleihen möchten, sollten Sie Ihr Augenmerk auf die Vorbereitung und nicht auf die Schlagphase legen, da in der Vorbereitung der Grundstein für die angestrebte „Power" in den Schlägen gelegt wird.

Um für einen Schlag die bestmöglichen Voraussetzungen zu schaffen, sollten nach Möglichkeit immer drei wesentliche Voraussetzungen erfüllt sein, die im Kapitel Beinarbeit noch detaillierter beschrieben werden.

Man spricht in diesem Zusammenhang vom Begriff der sogenannten „Power-Position".

... und anschließender Rotation

Im Folgenden sind die wichtigsten Details zur Vorbereitung der einzelnen Schläge stichpunktartig zusammengestellt. Die Erklärungen beziehen sich alle auf Rechtshänder und beschreiben die Kennzeichen der Schläge unter Standardbedingungen. Die einzelnen Beschreibungen sollen Ihren Wissensschatz um technische Details erweitern. Wenn Sie bei der nächsten Fernsehübertragung Ihr Augenmerk ganz isoliert auf diese Details richten, werden Sie sofort feststellen, dass die Topspieler diese genannten Kennzeichen in der Schlagvorbereitung erfüllen.

Kennzeichen der Schlagvorbereitung

Vorhand

- „offene Fußstellung" – sie ist Voraussetzung für die Aktivierung und Vordehnung der entsprechenden Muskelgruppen, die für die Schlägerbeschleunigung maßgeblich sind.
- „breiter Fußabstand" – der Abstand zwischen den Füßen soll mindestens 1 bis 1,5 Schulterbreiten betragen.
- „Zurückdrehen des Oberkörpers"– die Ausholbewegung beginnt mit dem Zurückdrehen des Oberkörpers, genauer gesagt der Schulterachse; am Ende dieser Drehung steht das linke Schulterblatt fast parallel zum Netz.
- „Gewichtsverlagerung auf den rechten Oberschenkel (Kniebeuge)" – Absenken des Körperschwerpunktes durch Verlagerung des Körpergewichtes auf den rechten Oberschenkel („in die Knie gehen!"); man drückt mit dem Fuß förmlich gegen den Boden.

Linke Hand und Schulterachse zeigen zum ankommenden Ball.

Gewichtsverlagerung auf das rechte Bein.

Offene Fußstellung mit mindestens schulterbreitem Abstand.

Einhändige Rückhand

- „seitliche Fußstellung"– rechte Fußspitze zeigt diagonal zum linken Netzpfosten.
- „breiter Fußabstand" – der Abstand zwischen den Füßen soll mindestens 1 bis 1,5 Schulterbreiten betragen.
- „Zurückdrehen des Oberkörpers" – die Ausholbewegung beginnt mit dem Zurückdrehen des Oberkörpers, genauer gesagt der Schulterachse; am Ende dieser Drehung steht das rechte Schulterblatt fast parallel zum Netz.
- „Gewichtsverlagerung auf den rechten Oberschenkel" – Absenken des Körperschwerpunktes durch Verlagerung des Körpergewichtes auf den rechten Oberschenkel („in die Knie gehen"). Man drückt mit dem rechten Fuß förmlich gegen den Boden.

Alex Corretja

Rechtes Schulterblatt zeigt zum ankommenden Ball

Gewichtsverlagerung auf das rechte Bein.

Mindestens schulterbreiter Fußabstand; rechte Fußspitze zeigt zum ankommenden Ball

Anna Kournikova bei einer offenen Fußstellung in der Schlagvorbereitung.

Beidhändige Rückhand

- „seitliche Fußstellung" – rechte Fußspitze zeigt diagonal zum linken Netzpfosten. Unter extremen Zeitdruck kann auch mit frontaler Fußstellung gespielt werden, z. B. beim Return.
- „breiter Fußabstand" – der Abstand zwischen den Füßen soll mindestens 1 bis 1,5 Schulterbreiten betragen.
- „Zurückdrehen des Oberkörpers" – am Ende der Ausholbewegung steht das rechte Schulterblatt fast parallel zum Netz
- „Gewichtsverlagerung auf den rechten Oberschenkel" – vergleichbar mit der einhändigen Rückhand

In jüngster Zeit sind im Profitennis Tendenzen zu beobachten, die beidhändige Rückhand zunehmend auch in offener Fußstellung zu spielen.

Rechtes Schulterblatt zeigt zum ankommenden Ball.

Gewichtsverlagerung auf das rechte Bein.

Seitliche Fußstellung mit mindestens schulterbreitem Abstand.

Nicolas Kiefer

Aufschlag

- „Bogenspannung“ – Während des Ballhochführens mit der linken Hand, schiebt sich die linke Hüfte so weit wie möglich ins Feld; dadurch, dass der linke Fuß die Grundlinie nicht berühren darf, entsteht in der linken Hüfte und dem linken Oberschenkel die sogenannte „Bogenspannung“ (Energiespeicherung)
- „in die Knie gehen“ – Das Prinzip der Bogenspannung wird unterstützt durch das relativ tiefe Beugen beider Knie.
- „rechtes Schulterblatt zeigt parallel zum Netz“ – zeitgleich zur Bogenspannung und dem „in die Knie gehen“ dreht sich der Rumpf nach hinten, so dass das rechte Schulterblatt fast parallel zum Netz zeigt, bevor die eigentliche Schlagbewegung beginnt.

Während der Bogenspannung ragt die vordere Hüfte weit ins Feld.

Rechtes Schulterblatt zeigt in Richtung Netz. Gleichzeitig steht die rechte Schulter tiefer als die linke

„Bogenspannung“ linke Hüfte ragt so weit wie möglich ins Feld.

Kniebeuge mit dem linken Bein.

Volley

Genau wie bei den Grundlinienschlägen kann das Volleyspiel nur dann erfolgreich sein, wenn vorher eine entsprechende körperliche Ausgangsbasis geschaffen wurde. In der Schlagausführung spielt die körperliche Dynamik eine untergeordnete Rolle, da beim Volley nicht eine so hohe Schlägerbeschleunigung erforderlich ist. Man arbeitet meist mit dem Tempo des vom Gegner kommenden beabsichtigten Passierballs. Insofern kann man eher von einem „Blocken" als von einem Schlagen sprechen. Weiterhin ist charakteristisch, dass die Distanz zum Gegner logischerweise wesentlich kürzer ist. Somit bleibt natürlich weniger Zeit zur Reaktion, Vorbereitung und Schlagausführung, als im Spiel von der Grundlinie aus.

Für ein erfolgreiches Volleyspiel spielt das Timing die entscheidende Rolle.

Das Zauberwort heißt dabei **„Splitstep"**. „Split" kommt aus dem Englischen, und heißt soviel wie Spalte oder Sprung. „Step" heißt bekanntlich Schritt. Somit könnte man frei übersetzen, dass man beim Splitstep gewissermaßen in einen Schritt bzw. eine Schrittposition als Ausgangsstellung „hineinspringt". Man kann die körperliche Haltung mit der eines Fußballtorwarts in der Erwartung eines Torschusses vergleichen.

... heißt die beste Ausgangsposition für Volley und Return.

Ein Tennisspieler hat im Splitstep die gleiche Ausgangsposition wie ein Torwart.

Die Füße stehen mindestens 1,5 Schulterbreiten auseinander. Das Körpergewicht ruht hauptsächlich auf den Oberschenkeln. Die Beine sind weit gebeugt, die Muskulatur der Oberschenkel ist angespannt und der Oberkörper in relativ aufrechter Position. Man befindet sich im Gleichgewicht und hat das Gefühl, nach vorn, also in Richtung ankommender Ball, „explodieren" zu können. Aus dieser Ausgangsstellung ist es unmöglich, beim Treffen des Balles in Rücklage zu gelangen. Nur in dieser „Splitstep-Position" hat man bestmögliche Voraussetzungen, reaktionsschnell, explosiv und dynamisch auf einen Passierball oder einen Lob des Gegners zu reagieren. Somit gilt es nach dem Angriffsball frühzeitig die Position des Splitsteps einzunehmen, um sich bestmögliche Chancen für ein erfolgreiches Volleyspiel zu verschaffen.

Aus biomechanischer Sicht sind das die wichtigsten Details zur Schlagvorbereitung.

Mit Beendigung der Schlagvorbereitung beginnt der fließende Übergang in die Schlagphase. Hier entscheidet sich nun, ob es gelingt, die Maßnahmen aus der Schlag-

Oberkörper und Kopf in aufrechter Position.

Oberschenkel sind gebeugt (ca. 120°) und extrem angespannt.

1 1/2 schulterbreiter Fußabstand (perfekte Balance).

vorbereitung mittels einer sauberen Technik erfolgreich auf den Ball zu übertragen.

Da es beim Tennis bekanntlich nie um größere Weiten geht (das Feld weist nur eine Länge von ca. 24 Meter auf), ist die Schlagphase nun dafür verantwortlich, das in der Schlagvorbereitung erzeugte Energiepotential der taktisch-strategischen Absicht entsprechend, so koordiniert und kontrolliert wie „nötig", in einen präzisen und ökonomischen Schwung umzuwandeln. Die gespeicherte Energie soll über einen fließenden Schwung höchst präzise und technisch einwandfrei mit hoher Beschleunigung auf den Ball übertragen werden. Dass hohe Beschleunigung auf der einen und Präzision auf der anderen Seite schwer vereinbar sind, liegt auf der Hand.

Genau an diesem Punkt liegt der Unterschied zwischen sehr guten und durchschnittlichen Spielern. Einen Profi zeichnet es aus, dass er auch ein hohes Schlagtempo sehr gut kontrolliert und beherrscht, während bei einem Durchschnittsspieler die Fehlerquote drastisch ansteigt, wenn er versucht, schneller als gewohnt zu spielen.

Ein erfolgreicher Tennisspieler ist also in der Lage, die eigentlichen Gegensätze Tempo und Ballkontrolle miteinander zu verknüpfen. Er reguliert das Tempo in seinen Schlägen intuitiv immer nach dem Motto: **„So schnell wie nötig – nie so schnell wie möglich!“** Er passt die Härte seiner Schläge immer entsprechend der strategischen Situation des Spieles an, ohne ein unnötiges Risiko einzugehen.

Aus diesen Überlegungen heraus stellt sich nun die Frage:

„Wie schafft man es hart **und** kontrolliert zu schlagen?“

Um die Antworten auf diese Fragen zu verstehen, ist es von Nutzen, sich vorher mit einigen Zahlen aus der Analyse des modernen Tennis auseinander zu setzen:

Die durchschnittliche Kontaktzeit zwischen Ball und Bespannung beträgt zwischen 3/1000 – 5/1000 Sekunden

1. Die **Kontaktzeit** zwischen Ball und Bespannung beträgt bei einem einzelnen Schlag 0,003 – 0,005 Sekunden. Mit anderen Worten: Wenn Ball und Bespannung zusammentreffen, dann dauert dieser Kontakt unglaublich kurze 3/1000 – 5/1000 Sekunden. In diesem Zusammenhang erscheint es logisch, dass der Ball in dieser extrem kurzen Berührungsphase „nicht bewusst“ kontrolliert werden kann, da die sogenannte sensorische Leitung (also die Nerven die das Ballgefühl ans Gehirn leiten) von der Schlaghand zum Gehirn länger dauert als die eigentliche Ballkontaktzeit. Wenn die Meldung über das „Auftreffgefühl“ des Balles im Gehirn angekommen ist, hat der Ball den Schläger schon längst wieder verlassen.

Serena Williams bei einem optimalen Treffpunkt.

2. Addiert man die gesamten Ballkontaktzeiten (also die Zeiten aller einzelnen Schläger-Ball-Kontakte) in einem 2-Stunden-Match, erhält man ein Resultat von etwa 2(!) Sekunden. Schier unglaublich: 2 Sekunden Kontaktzeit mit dem Ball entscheiden so gesehen beim Tennis über Sieg und Niederlage.

3. Weitere interessante Zahlen: Flugzeit des Balles von Grundlinie zu Grundlinie: 1 – 1,5 Sekunden; Ballgeschwindigkeiten: Grundlinienschläge: 80/90 km/h, Winner: über 120 km/h, Aufschlag: über 230 km/h.

Hätten Sie die richtigen Antworten gewusst, wenn Sie jemand nach diesen Werten gefragt hätte?

Ich bin mir sicher, dass Sie durch Kenntnis dieser Zahlen bei einer kleinen Wette mit Ihren Trainingspartnern mit an Sicherheit grenzender Wahrscheinlichkeit das ein oder andere Getränk gewinnen. Es lohnt sich eine gewisse Vorstellung von diesen Phänomenen im Kopf zu haben, denn sie machen deutlich, wo beim Tennis die eigentlichen Anforderungen liegen. Es werden Bewegungsabläufe mit höchster Präzision, oft unter extremen Zeitdruck gefordert, und das aus der Bewegung, oft sogar aus einem schnellen Lauf heraus. Schon allein diese Betrachtung belegt, dass Tennis einen außerordentlich hohen Anspruch an Koordinationsfähigkeit und Koordinationsschnelligkeit stellt.

Goran Ivanesevic beim Rückhand-Schmetterball.

Koordinationsfähigkeit könnte man kurz als die präzise, schnelle und ökonomische Lösung von motorischen Bewegungsaufgaben beschreiben.

Koordinationsschnelligkeit bedeutet, dass diese Bewegungsaufgabe auch unter Zeitdruck den Ansprüchen präzise, schnell und ökonomisch standhält.

**Koordinationsfähigkeit und -schnelligkeit sind leistungslimitierende Faktoren.
Sind diese beiden Fähigkeiten nicht auf einem hohen Niveau entwickelt, ist kein Spitzentennis möglich!**

Die motorische Bewegungsaufgabe, von der in der Definition gesprochen wird, entspricht beim Tennis der Schlagtechnik, also dem „Wie schlage ich den Ball über das Netz". Die Ausführung dieser Aufgabe erfolgt durch einen gezielten Befehl des Gehirns an die für den jeweiligen Schlag benötigten Muskeln und Muskelgruppen, die sozusagen als „Ausführer" des Befehls dafür verantwortlich sind, den Schläger so gegen den Ball zu schwingen, dass der Ball im Zentrum der Bespannung getroffen wird.

Dieses angesprochene Zusammenspiel zwischen Gehirn und Bewegungsapparat im Rahmen einer schlagtechnischen Aufgabe, muss in der Praxis auch unter einem extremen Zeitdruck (Koordinationsschnelligkeit) einwandfrei funktionieren. Vom Zeitpunkt des Erkennens bzw. der Wahrnehmung wohin mein Gegenüber den Ball spielt bis zum eigenen Treffen stehen im Durchschnitt 1 – 1,5 Sekunden zur Verfügung. Mit anderen Worten: Für die Vorbereitung bis zum tatsächlichen Treffen des Balles vergehen nur ca. 1 – 1,5 Sekunden. Dies hört sich auf Anhieb relativ kurz an, ist aber verglichen mit der Kontaktzeit zwischen Ball und Bespannung eine verhältnismäßig lange Zeit.

Die geforderte Bewegungsaufgabe lautet nun, den Schlag frühzeitig und sorgfältig vorzubereiten, so dass der Ball mit einem sauberen und ökonomischen Schwung in einer günstigen Distanz zum Körper getroffen werden kann. Damit Sie in Zukunft zu einem wahren Meister in der Beherrschung solcher Bewegungsaufgaben heranreifen können, bedarf es der genaueren Betrachtung eines weiteren hoch interessanten biomechanischen Prinzips.

Das Prinzip der zeitlichen Koordination der Teilimpulse

Wie bereits mehrfach angesprochen sind die beiden wesentlichen Merkmale der Schlagvorbereitung die Verwringung (Rumpfdrehung) und das gleichzeitige „ in die Knie gehen" (Kniebeuge). Wie diese Vorbereitungsmaßnahmen aussehen, ist in den vorausgegangenen Kapiteln beschrieben worden.

Mit Beginn der Schlägerbeschleunigung, genauer gesagt mit dem Übergang aus der Aushol- in die Schlagphase, beginnt man die Vorbereitungsmaßnahmen wieder aufzuheben. Dies geschieht in einer zeitlich festgelegten Reihenfolge. Man drückt sich zuerst mit dem Standbein vom Boden ab, dann erfolgt die Drehung der Hüfte, des Rumpfes, der Schulter, des Armes, der Hand, bis man letztendlich beim Schläger angekommen ist. Dabei setzt das Abdrücken mit dem Fuß vom Boden zeitlich gesehen schon wesentlich früher ein als die eigentliche Schlägerbeschleunigung. Der Schläger befindet sich noch in der Ausholphase, obwohl der Fuß die Beschleunigungsphase bereits eingeleitet hat.

... nennt man das für die Schlägerbeschleunigung in Bewegung versetzte Kraftpotenzial, das von Muskelgruppe zu Muskelgruppe (unten nach oben und innen nach aussen) „wandert".

Jeder Spieler sollte bedenken, dass die Aktivierung des **Kraftimpulses** einen relativ weiten Weg zurückzulegen hat, bis er vom Fuß über Oberschenkel – Hüfte – Rumpf – Brust – Schulter – Arm – Hand letztendlich beim Schläger ankommt und damit auf den Ball übertragen werden kann. Diesen Mechanismus kann man sich auch als eine Art Kettenreaktion vorstellen, und in der Fachsprache spricht man auch von der sogenannten „kinematischen Kette", die ihre Ausgangsbasis im Fuß hat und dann über den oben beschriebenen Weg mittels Schläger auf den Ball übertragen wird.

Auf dem beschriebenen Weg kommt die in Bewegung versetzte Energie sozusagen als letztes Glied dieser Kettenreaktion beim Schläger an und endet mit dem Treffen des Balles. Dabei ist es ein Qualitätszeichen der Koordinationsfähigkeit, wenn auf diesem langen Weg so wenig Energie wie möglich verloren geht. Entscheidend ist dabei, dass der zeitliche Verlauf dieser sogenannten Impulsübertragung von Muskelgruppe auf Muskelgruppe perfekt gesteuert und ohne „Übertragungsfehler" möglichst harmonisch verläuft.

Unter einer „kinematischen Kette" versteht man die fließende und störungsfreie Übertragung der einzelnen Kraftimpulse ausgehend von Fuß über Beine, Rumpf und Arm auf Schläger und somit auf den Ball.

Der zeitliche Ablauf dieser beschriebenen Kettenreaktion steht in genau umgekehrten Verhältnis zum Aufbau in der Schlagvorbereitung. In der Schlagvorbereitung ist der erste Schritt die Drehung der Schulter zum Ball, dann erfolgt die Drehung des Rumpfes und das „in die Knie gehen".

Während des Schlages „wandert" der Kraftimpuls von unten nach oben und von innen nach außen.

Somit verläuft die Bewegungsrichtung der Schlagvorbereitung räumlich gesehen „von oben nach unten" und von „außen nach innen" um die eigene Körperachse. Die anschließende Auflösung dieser Spannung, also die Aktivierung dieser gespeicherten Energie, verläuft dann aber genau in umgekehrter Richtung, d. h. die Bewegung wird von unten beginnend, also mit dem Abdrücken des rechten Fußes, ausgelöst und endet nach dem Durchlauf der einzelnen Phasen dieser kinematischen Kette im Schlägerkopf mit dem Treffen des Balles. Der dynamische Verlauf dieser kinematischen Kette verläuft also von „unten nach oben" und „innen nach außen", also in genau umgekehrtem Verhältnis zur Schlagvorbereitung.

Ob der Schlag nun funktioniert oder missglückt, dafür ist die Feinabstimmung in der zeitlichen Koordinierung bei der **Innervierung** der einzelnen Impulse entscheidend.

... ist ein durch Nervenbahnen geleiteter Befehl zur Muskelkontaktion.

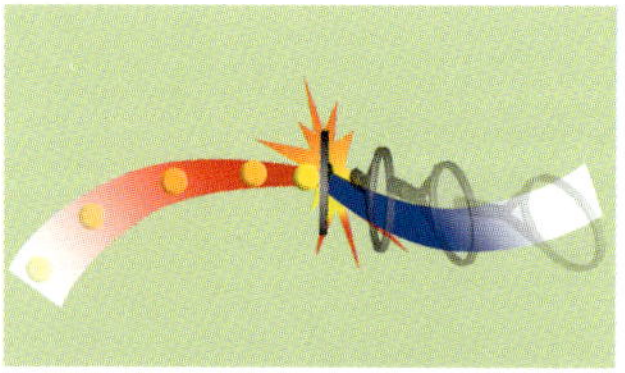

Sowohl der Ball als auch Schläger bewegen sich mit einer hohen Beschleunigung auf den Treffpunkt zu.

Mit anderen Worten: Die Auslösung der einzelnen Impulse hintereinander in einer sauberen, flüssigen und zeitlich genau abgestimmten Reihenfolge ist die Grundlage für das Gelingen eines Schlages. Hier liegt die Hauptaufgabe in der Schulung der Koordinationsfähigkeit.

Wie bereits erwähnt, beträgt die Kontaktzeit zwischen Bespannung und Ball diese kurzen 3/1000 bis 5/1000 Sekunden. Es ist schwierig, den Ablauf dieser Kettenreaktion exakt so zu steuern, dass der Schlägerkopf, sowohl zeitlich als auch räumlich gesehen, genau in dem Moment an der für den Treffpunkt idealen Stelle eintrifft, wenn sich auch gerade der ankommende Ball dort befindet. Nicht nur der Ball kommt in einem hohen Tempo auf den Spieler zu, auch die Schlägerbeschleunigung ist nicht gerade gering. So gesehen geht es um die präzise Steuerung von zwei sich aufeinander zubewegenden Geschwindigkeiten, die an einem ganz bestimmten Punkt zusammentreffen.

Diese Betrachtungsweise belegt welch hohe Ansprüche an die Koordinationsfähigkeit im Rahmen eines nur einzigen Schlages gestellt werden und welch faszinierende Leistung des menschlichen Körpers sich hinter dem Treffen eines nur einzigen korrekt getroffenen Balles verbirgt.

Die Kunst einer erfolgreichen Technik liegt darin, dass Schläger und Ball im „richtigen Moment" am „richtigen Ort" zusammentreffen. Dabei spricht man von einem gelungenen Timing.

Es wird klar, dass für diese kurze Kontaktzeit eine unglaublich feine Abstimmung nötig ist. Denn es geht um die Steuerung einer Strecke von wenigen Zentimetern in Sekundenbruchteilen, in denen ein erfolgreicher Schlag möglich ist. Man hat gewissermaßen einen „Spielraum"

Martina Hingis demonstiert, wie Schläger und Ball im „richtigen Moment" am „richtigen Ort" zusammentreffen.

von ca. 10 bis 15 cm, in denen der Schlag funktionieren kann. D. h. in dieser Strecke liegen die Treffpunkte, die zu einem gelungenen Schlag führen. In diesen 10 bis 15 cm schwingt der Schläger ziemlich exakt in die beabsichtigte Abflugrichtung des Balles, wie in einer Art „Führungskanal“. Diesen Bewegungsspielraum nennt man in der Fachsprache **Treffstrecke** oder Kontaktzone.

Die in der Treffstrecke getroffenen Bälle haben alle die gleiche Abflugrichtung.

Des Weiteren muss man bei dieser Betrachtungsweise berücksichtigen, dass man seinen Körper ja meist erst beschleunigen und vor dem Schlag wieder abbremsen muss, bevor man eine günstige Schlagposition erreicht hat. Erschwert wird die Aufgabe, den günstigsten Abstand zum Ball herzustellen noch dadurch, dass die Bälle vom Gegner in sehr unterschiedlichen Höhen und mit variablem Tempo und Drall auf einen zukommen.

Aufgrund dieser beschriebenen Zusammenhänge wird deutlich, dass die zeitlich optimale Koordination der einzelnen Kraftimpulse die dominierende Rolle in der Technik spielt.

Man spricht beim eigentlichen Treffen des Balles von einer zeitlich perfekten Koordination der Teilimpulse. Funktioniert diese Koordination der Teilimpulse störungsfrei, spricht man von einem **perfekten Timing**. Das bedeutet, dass Koordinationsfähigkeit und Koordinationsschnelligkeit mit der zeitlich-räumlichen Dimension des ankommenden Balles harmonisch abgestimmt sind.

Vom perfekten Timing spricht man, wenn das Zusammenspiel von Schlägerschwung und ankommendem Ball zeitlich und räumlich perfekt gesteuert wird. Das Ergebnis ist das Treffen des Balles im sogenannten Sweetspot.

Der Schlag gelingt in so einem Fall dann nahezu mühelos und geht wie „von selbst“ vonstatten. Mühelos deshalb, weil es gelingt, Kraft (gespeicherte Energie in der Schlagvorbereitung) in einen sauberen und flüssigen Schwung umzuwandeln, der in einem präzisen Treffen des Balles auf dem Sweetspot der Bespannung mündet. Um das zu gewährleisten, bedarf es keiner großen Muskelkraft. Im Gegenteil, ein zu hohes Maß an Kraft im Sinne von Muskelanspannung beeinflusst den Schwung negativ. Ein wesentliches Kennzeichen einer guten Tennistechnik besteht darin, dass relativ wenig Muskelkraft aufgewendet wird. Dies bezieht sich auch auf die Kraft die man für das Festhalten des Schlägergriffs verwendet. Gute Spieler halten den Schläger eher locker als fest in der Hand.

Spitzenspieler verwenden relativ wenig Muskelkraft für ihre Schläge.

Sebastien Grosjean bei einem optimalen Timing.

Hier ist auch die Begründung zu finden, weshalb die Schläge bei muskulärer Verkrampfung, ausgelöst durch Stress oder Nervosität, nicht mehr schwungvoll, rund und flüssig erscheinen. Ein überproportionaler Aufwand an Kraft in der Schlagtechnik behindert das Timing, vermindert das Ballgefühl und stört den Rhythmus.

Muskuläre Verkrampfung behindert eine schwungvolle Ausführung der Schlagtechnik.

Bei einem idealen Schlag hat man auch in keinster Weise das Gefühl, große körperliche Kraft aufgewendet zu haben.

...ist der ideale Treffpunkt des Balles auf der Bespannung. Je nach Schlägerkopfgröße beträgt diese Fläche nur ca. 10–18 cm². Im Sweetspot verläßt der Ball den Schläger mit höchstmöglicher Beschleunigung.

Jeder kennt bestimmt die Situation, wenn sein Gegner einen harten 1. Aufschlag ganz knapp ins Aus schlägt und man als Returnspieler den Ball intuitiv zurückspielt, weil man so schnell gar nicht erkennen konnte, ob der Ball im Aus war oder nicht. Seltsamerweise entstehen in solchen Situationen oft die besten Schläge, die mühelos und „wie von selbst" ablaufen. Man hat fast das Gefühl, von Geisterhand gesteuert zu sein. In solch einer (leider viel zu selten auftretenden) Situation kann man erfühlen wie es ist, den Ball im idealen Treffpunkt auf der Bespannung, dem sogenannten **„Sweetspot"**, zu treffen. Dann denkt man: „Schade, dass der Aufschlag im Aus war! So ein guter Return gelingt mir fast nie, wenn es wirklich drauf ankommt!" Solche Situationen zeigen, wie es sich anfühlt, wenn Kraft optimal in Schwung umgewandelt wird.

Durch diese auf den zurückliegenden Seiten durchgeführte wissenschaftliche Betrachtung der zeitlichen und dynamischen Dimensionen im Rahmen der Tennistechnik wird vor allem eines deutlich: Bei diesen hohen Ansprüchen an die Koordinationsfähigkeit können sich, beim Ablauf der praktischen Umsetzung dieser kinematischen Kette, sehr leicht Fehler einschleichen. Zu dem hohen Anspruch an zeitliche Feinabstimmung in dieser kinematischen Kette kommt hinzu, dass die Spieler mit ihrer ausgeprägten Körperdynamik zwischen dem Endpunkt der Ausholbewegung und dem Endpunkt des Ausschwungs in der Schulterachse bis zu 220° rotieren (vor allem bei der Vorhand) und das mit einer immens hohen Körperbeschleunigung. Der große Umfang und das hohe Tempo dieser Oberkörperrotation fließen ebenfalls in die zeitliche Feinabstimmung ein und stellen somit auch ein gewisses Potential für Fehlerquellen dar.

Schon geringste Abweichungen beim Treffen vom Sweetspot verursachen hohe Einbußen an Ballbeschleunigung und bewirken erhebliche Zielabweichungen (Streuung).

Macht man sich nun auf die Suche nach den Fehlerquellen für missratene Schläge, so endet diese im Prinzip immer wieder mit der selben Erkenntnis. Die Hauptfehlerquelle für missratene Schläge liegt meist in einem fehlerhaften Timing, was letztendlich immer auf die selbe Ursache zurückzuführen ist: Eine zeitlich fehlerhaft und „außer Kontrolle" ablaufende Abstimmung und Steuerung bei der Übertragung der Kraftimpulse innerhalb dieser Kettenreaktion.

Anders ausgedrückt: Die einzelnen Kraftimpulse zwischen den Muskelgruppen der Beine, Hüfte, Rumpf, Schulter, Arm, Hand werden zeitlich nicht optimal hintereinander geschaltet und ineinander übergehend aktiviert. So entsteht kein harmonischer **Bewegungsfluss**.

... entsteht, wenn die Auflösung der einzelnen Muskelgruppen zeitlich perfekt gesteuert und harmonisch ineinander übergeht.

Die Impulsübertragung ist an irgendeiner Übertragungsstelle fehlgesteuert, d. h. dass ein einzelner Teilimpuls innerhalb dieser Übertragungskette an irgendeiner Übertragungsstelle von einer Muskelgruppe auf die nächste (z. B. von Hüfte auf Rumpf) entweder zu früh oder zu spät ausgelöst wird.

Die erforderliche zeitliche Harmonie für den Bewegungsfluss kann somit nicht entstehen und letztendlich ist die Konsequenz, dass Schläger und Ball nicht zum idealen Zeitpunkt im Sweetspot zusammentreffen.

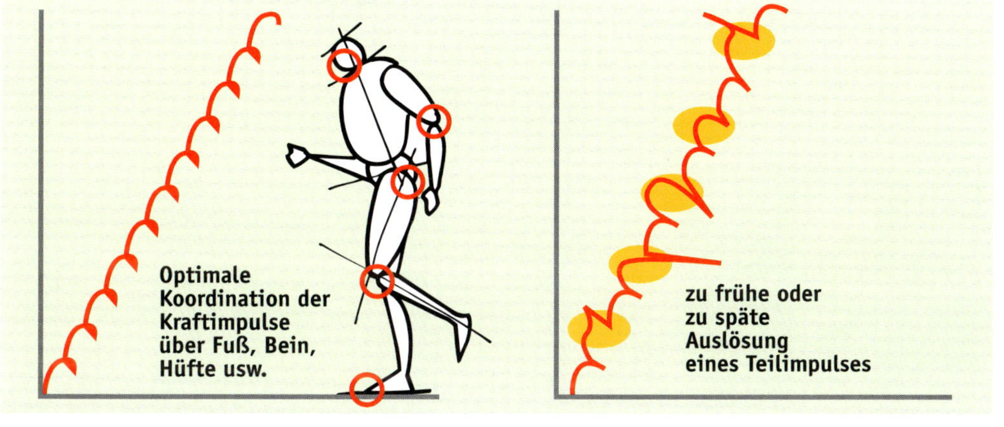

In der Betrachtungweise dieser Feinheiten liegt das Potenzial für diese oft unbegreiflichen Fehler, die weder der Spieler selbst noch der Zuschauer von außen nachvollziehen kann. Als Spieler hat man subjektiv das Gefühl, doch alles richtig gemacht zu haben.

Die Problematik der Fehleranalyse wird zusätzlich verstärkt, dass das menschliche Auge bei diesen hohen Frequenzen, mit denen die Bewegungen (Beschleunigungen) beim Tennis ablaufen, überfordert ist. Es wurde bei der Analyse des Tennis schon darauf verwiesen, dass z. B. die Ballkontaktzeit auf dem Schläger nur zwischen diesen 3/1000 und 5/1000 Sekunden liegt und die reine Schlagablaufzeit (also ohne Aushol- und Ausschwungbewegung) bei ca. 0,4 Sekunden. Das sind zeitliche Dimensionen bei denen die physiologischen Fähigkeiten des Auges nicht mehr ausreichen, diesen schnellen Bewegungsabläufen bewusst zu folgen. Somit hat man als Spieler und Betrachter auch Probleme, die eigentlichen Fehlerquellen visuell wahrzunehmen.

Die Fähigkeiten des menschlichen Auges reichen nicht aus, die hohen Beschleunigungen bei einem Schlag bewusst wahrzunehmen.

Zu den drei Bildern:
Kurz vor Beginn der Beschleunigungsphase sollte die Unterseite des Griffs zum ankommenden Ball zeigen.

Bei der Fehleranalyse ist es entscheidend, die wahre Ursache zu erkennen.

Für eine wissenschaftlich fundierte Fehleranalyse wäre die Anwendung spezieller Hochgeschwindigkeitskameras, wie sie für die Zeitlupe im Fernsehen verwendet werden, erforderlich. Denen ist es im Unterschied zum menschlichen Auge möglich, diese hohen Beschleunigungen in den Schlägen zentimetergenau zu folgen. Realistischer als die Anwendung solcher Kameras sind jedoch erfahrene Trainer, die durch ihre Routine und ihren geschulten Blick ebenfalls in der Lage sind, verlässlich die eigentlichen Fehlerquellen aufzudecken und zu analysieren.

Aus den bisherigen Einblicken in das Prinzip der zeitlich optimalen Koordination der Teilimpulse geht hervor, dass hier die wahren Ursachen für die auftretenden Fehler bei den einzelnen Schlägen liegen.

Somit muss man sich fragen, welche Ursachen nun konkret ausschlaggebend für missratene Schläge sind. Dabei ist es entscheidend, dass man tatsächlich nach den Ursachen und nicht nach der Wirkung sucht. Es wird nämlich bei der Fehleranalyse nichts häufiger verwechselt als Ursache mit Wirkung. Trifft man z. B. bei einer Vorhand den Ball „zu spät", also räumlich nicht vor der vorderen Hüfte, ist diese Erkenntnis zuerst einmal eine Feststellung bzw. die Wirkung. Die Ursachen für dieses zu späte Treffen können allerdings verschiedene sein: Es kann daran liegen, dass man zeitlich gesehen, einfach zu spät mit der Schlagvorbereitung begonnen hat. Genauso ist denkbar, dass der Spieler dem Ball einfach zu weit entgegen gelaufen ist und ihn deshalb „zu spät" getroffen hat. Weiterhin wäre auch vorstellbar, dass der Spieler in der Ausholphase durch zu wenig ausgeprägtes „in die Knie gehen" und durch zu passive Verwringung, sowie zu geringes „Öffnen" des Handgelenks, nicht ausreichend Energie aufbaut und somit nicht genügend Beschleunigungspotential für die nötige Schlägergeschwindigkeit zur Verfügung hat. Auch dies wäre eine Ursache für „zu spätes" Treffen. Zum Beispiel dann, wenn bei einer beabsichtigten Vorhand-longline der Ball ins seitliche Aus fliegt.

Schon diese kurze Betrachtung macht deutlich, wie wichtig ein geschärfter Blick fürs Detail ist und dass für die Aufdeckung von Fehlerursachen viel Erfahrung notwendig ist. Um sich eine solche Erfahrung aneignen zu können, ist es unumgänglich, sich mit diesen theoretischen Erkenntnissen zu beschäftigen. So wie Sie das jetzt schon seit geraumer Zeit mit Hilfe dieses Buches tun. Denn Sie wissen ja noch: **„Vieles ist einfach, ...wenn man es weiß!"**

Und wenn Sie es bis hierher geschafft haben, die Zusammenhänge und die Kernaussagen der einzelnen Prinzipien zu verstehen und nachzuvollziehen, dann haben Sie schon mehr für die Zukunft Ihres Tennis erreicht als möglicherweise mit Hunderten von Trainerstunden. Einer Sache können Sie sich ganz sicher sein: Wenn Ihnen ab und zu „ein Licht aufgeht" oder „der berühmte Groschen fällt" werden Ihnen Ihre Schläge zukünftig sicherlich mehr Freude als Frust bereiten.

Die Drehung der Schulter in Richtung ankommender Ball beginnt unmittelbar in dem Moment, in dem man erkennt, wohin der gegnerische Ball fliegt.

Welches Sind nun in der Praxis die am häufigsten auftretenden Fehlerquellen im Zusammenhang mit dem Prinzip der zeitlich optimalen Koordination der Teilimpulse?

1. Fehlerquellen in der Schlagvorbereitung

Der Fehler wird verursacht, weil die grundlegenden Voraussetzungen für einen erfolgreichen Schlag in der Schlagvorbereitung nicht gegeben sind.

- Mangelhafte Beinarbeit

Da die Beinarbeit einer der wesentlichen Faktoren im Modernen Tennis darstellt, ist ihr in diesem Buch ein komplettes Kapitel gewidmet.

Durch die Beinarbeit gelangt man immer erst dorthin, wo der Ball des Gegners ankommt. Tennis ist eine Laufsportart! Erst nachdem man sich zum Aufprall des Balles begeben hat, kann man Tennis im eigentlichen Sinne spielen, also den Ball übers Netz schlagen. Durch die Beinarbeit wird gewährleistet, dass sich der Körper im Moment des Treffens im idealen Abstand zum Ball befindet. Und da wir bereits wissen, wie ausschlaggebend die Distanz zum Ball und eine günstige Treffhöhe sind, und dies einzig und allein Aufgabe der Beinarbeit ist, wird klar, dass ohne eine wirklich gut funktionierende Beinarbeit kein erfolgreiches Tennis möglich ist! – So einfach ist das! (Mehr dazu im Kapitel: „Geheimwaffe Beinarbeit")

- Zu später Beginn mit der Vorbereitung

Damit ist gemeint, dass der Spieler einfach zu spät mit der Schlagvorbereitung beginnt. Das bezieht sich vor allem auf den Beginn des Laufens und die Ausholbewegung. Man kommt somit in „Zeitnot" und die Voraussetzungen für eine ruhige Schlagausführung sind nicht gegeben. Sie wird hektisch und unruhig und der Ball wird nicht mehr in der Idealposition vor dem Körper getroffen.

Bei der Vorhand zeigt die linke Hand so lang wie möglich zum ankommenden Ball.

Rumpfdrehung und „in die Knie gehen" sind die Hauptkennzeichen der Schlagvorbereitung

- räumliche Ausrichtung der Schlagvorbereitung stimmt nicht mit der beabsichtigten Schlagrichtung überein

Dies bedeutet, dass man z. B. bei einem tief ankommenden Slice des Gegners mit dem Schlägerkopf nicht ausreichend tief unter den Ball geht. Somit ist die Voraussetzung den Ball „von hinten-unten nach vorne-oben" in der richtigen Flugbahn übers Netz zu spielen nicht gegeben. Der Ball landet im Netz.

- Keine ausreichende muskuläre Vordehnung

„Verwringung" und „in die Knie gehen" sind zu wenig ausgeprägt. Dazu zählt auch das sogenannte Öffnen des Handgelenks. In der Konsequenz wird zu wenig Energiepotenzial für die Schlägerbeschleunigung aufgebaut. Der Schläger kann somit nicht die notwendige Schlägerkopfbeschleunigung erreichen, was zur Folge hat, dass der Ball räumlich gesehen nicht im idealen Treffpunkt vor der vorderen Hüfte getroffen wird. Der Schläger trifft gewissermaßen „zu spät" am bestmöglichen Treffpunkt ein. Ein typisches Beispiel dafür ist das Abweichen eines anvisierten Vorhand-longline ins seitliche Aus.

Auge und Ball „verschmelzen bei optimaler Konzentration zu einer Einheit".

- Auge ist nicht „am Ball"

Das Auge fixiert nicht 100%ig den ankommenden Ball. Dadurch setzt die Schlagvorbereitung zu spät ein, und der Schlag gerät somit in zeitlichen Verzug.

2. Fehlerquellen in der Schlagphase

Die Voraussetzungen für einen erfolgreichen Schlag sind durch die Vorbereitung gegeben, jedoch treten während der Schlagphase Fehler auf.

- Zu später Beginn der Schlagphase

Man ist mit dem Beginn der Schlagphase zu passiv, d. h. man wartet zu lange mit dem Übergang aus der Aushol- in die Schlagphase. Man verharrt gewissermaßen im Stand und bewegt sich dem Ball nicht entgegen. Dadurch entsteht zu wenig Körperdynamik und Gewichtsverlagerung: „Man geht nicht in den Schlag hinein". Die Folge ist, dass man in Rücklage gerät und der Schläger nicht lange genug in die angestrebte Schlagrichtung mitschwingen kann.

• Richtung des Schwunges stimmt nicht mit der beabsichtigten Zielrichtung des Balles überein

Die Abstimmung zwischen der „Vorwärts"- (horizontal) und der „Aufwärtsbewegung" (vertikal) des Schwunges stimmt nicht. So wird z.B. bei einem Topspin der Schläger zu früh und zu steil nach oben geschwungen, was zur Folge hat, dass der Ball zu viel Rotation bekommt und dadurch zu langsam wird oder im Netz landet. Ist hingegen die „Vorwärts"-Bewegung zu stark ausgeprägt, landet der Ball im Aus.

• Unkontrollierte Oberkörperrotation

Der Oberkörper dreht „zu wild" und unkontrolliert, d. h. die Impulsübertragung zwischen den einzelnen Muskelgruppen verläuft zeitlich nicht perfekt koordiniert. Dadurch entsteht keine günstige Abstimmung zwischen Schläger und Ball hinsichtlich dem Zusammentreffen vor der vorderen Hüfte. Man „verzieht" bzw. „verreißt" die Schläge.

• Kopf steht im Treffpunkt nicht ruhig

Die Oberkörperrotation überträgt sich mit auf den Kopf, d. h. der Kopf steht beim Treffen nicht ruhig. Daraus resultiert eine gewisse Unruhe im Schlag und die Schlagbewegung gerät aus der Balance, da körperliche Bewegungen mit hohem Anspruch an die Koordination nur bei absolut ruhiger Kopfstellung einwandfrei funktionieren.

• Keine klare Zielvorstellung für den Schlag

Vom Gehirn kommt kein klarer, unmissverständlicher Befehl für die Auswahl des Schlages (z. B. Vorhandcross). Der Spieler spielt gewissermaßen einfach „drauf los". Dadurch erhält der Schlagarm keine eindeutige Anweisung, d. h. man weiß eigentlich nicht genau wohin man den Ball spielen soll.

• „Umdisponieren der Schlagrichtung"

Man versucht die beabsichtigte Schlagrichtung kurzfristig nochmals abzuändern, obwohl schon eine klare Anweisung (z. B. Vorhand-cross) vom Gehirn zum Arm unterwegs ist. Es ist aus zeitlicher Sicht in vielen Situationen nicht mehr möglich diesen Befehl nochmals zu revidieren (z. B. „..doch lieber Vorhand-longline") da sich die ganze Schlagvorbereitung (entsprechende Ausholbewegung, Körperstellung, etc.) schon auf den Vorhand-cross eingestellt hat.

Der Ellenbogen steht bei der Vorhand im Treffpunkt relativ eng am Körper.

Auch bei hoher Laufgeschwindigkeit sollte der Kopf immer aufrecht und ruhig stehen.

Die Schulter des Schlagarms zeigt nach dem Treffen in die Abflugrichtung des Balles.

- Müdigkeit

Mit dem Einsetzen von Müdigkeit werden die Grundvoraussetzungen für dynamische Schläge beeinträchtigt. Die Muskulatur ist nicht mehr in der Lage so schnellkräftig wie gewohnt zu arbeiten. Die Schläge werden nicht nur langsamer und kürzer, es schleichen sich auch sogenannte leichte Fehler ein. Das Spiel wird generell um ein paar Prozent langsamer und kürzer und man wundert sich, weshalb der Gegner plötzlich so gut spielt.

- Verkrampfung/Psychischer Stress

Durch die Angst „versagen zu können" reagiert der Körper mit Verkrampfung und übermäßiger Muskelanspannung. Die gesamte Muskulatur wird „zu fest" (Stichwort: „Eisenarm"). Man spielt nur noch „mit Kraft" und nicht mehr mit Schwung. Dadurch gehen Timing und Ballgefühl verloren.

Aus dieser kurzen Analyse der häufigsten Fehlerquellen wird deutlich, wie grundlegend dieses Prinzip der zeitlich optimalen Koordination der Teilimpulse für einen erfolgreichen Schlag ist. Mir liegt am Herzen, dass Sie einen gewissen Überblick für die möglichen Ursachen für missratene Schläge bekommen, denn Sie sollen ja mit der Zeit lernen, Ihre Schläge besser zu analysieren und zu korrigieren. Doch bedenken Sie immer, wie entscheidend es ist, die wirkliche Ursache herauszufinden; nur dann kann man eine zielgerichtete Korrektur ansetzen. Zuerst muss man die Krankheit erkennen, erst dann ist es möglich, die richtige Medizin zu verabreichen!

Bei der Vorhand schwingt der Ellenbogen so lang wie möglich mit dem Schläger mit.

Wir haben bisher gesehen, welchen Einfluss sowohl das Prinzip der Anfangskraft als auch das Prinzip der optimalen Koordination der Teilimpulse für einen erfolgreichen Schlag haben. Die angestrebte Präzision und Kontrolle sind dabei nur dann gewährleistet, wenn der Ball möglichst nah am oder besser noch genau im Sweetspot getroffen wird. Gleichzeitig ist von Bedeutung, dass der Schlägerkopf so lange wie möglich in die beabsichtigte Schlagrichtung „geführt" wird, also sozusagen in der Abflugrichtung des Balles „mitschwingt". Der Schlägerkopf soll den abfliegenden Ball so lange wie möglich in seiner Abflugbahn begleiten. Nur innerhalb dieser „Führung", oder des „Führungskanals", in der die Treffstrecke liegt, ist eine hohe Kontrolle und Präzision für den Schlag gewährleistet. Richtung des Schwunges und beabsichtigte Abflugbahn müssen während der Schlagphase so lange wie möglich übereinstimmen.

Man muss die Einsicht gewinnen, dass die räumliche Bewegungsausrichtung des Schlages (also von „unten nach oben" und „parallel oder diagonal zur Seitenlinie") immer zwingend die Flugbahn des Balles vorgibt. Sie bestimmt nicht nur zwingend die Flugbahn des Balles, sondern ist gewissermaßen der erste Teil von ihr. Es gilt also immer so lange wie möglich mit der Bespannung gewissermaßen „am Ball", also genau in der Abflugrichtung des Balles, zu bleiben. Man sollte immer bestrebt sein, eine möglichst lange Treffstrecke zu erzeugen.

Der Schlagimpuls setzt sich aus dem Ballkontakt und dem Schwingen des Schlägers in die Flugrichtung zusammen.
IMPULS = TREFFPUNKT + TREFFSTRECKE.

Die Bewegungsrichtung des Schlägers zum Treffpunkt hin (Anschwung) bestimmt zwingend die Flugbahn des Balles.

Somit gelangt man zu der Frage, durch welche Maßnahmen dieser Impuls möglichst lang aufrecht erhalten werden kann? Die Antwort darauf gibt das biomechanische Prinzip der Impulserhaltung.

Das Prinzip der Impulserhaltung

Aus den bisher besprochenen Prinzipien geht hervor, dass das harmonische Zusammenwirken zwischen Körperdynamik und Schlagbewegung die grundlegende Voraussetzung für das Gelingen eines Schlages darstellt.

Ziel des Prinzips der Impulserhaltung ist eine erfolgversprechende Basis für dieses harmonische Zusammenwirken herzustellen. Im Hinblick auf eine möglichst lange Impulserhaltung müssen immer drei Teilaspekte erfüllt sein, die in ihrem Zusammenwirken stets eine Einheit darstellen sollen.

Welche Bedeutung diese Kernaussage hat und welche Details sich dahinter verbergen, wird Ihnen am Ende dieser Ausführung klar sein. Doch bevor wir uns konkret mit diesen Anforderungen beschäftigen, müssen wir uns noch etwas genauer mit dem Begriff des **Gleichgewichtsvermögens** auseinandersetzen, da dieser die zentrale Bedeutung im Zusammenhang mit dem Prinzip der Impulserhaltung darstellt.

Die Forderung, dass Anlauf-, Angleit- und Anschwungbewegung zusammen immer in die gleiche Richtung verlaufen, kann nur dann erfüllt werden, wenn sich der Körper während dieser drei Teilbewegungen im Gleichgewicht befindet. Ziel ist es, den Körperschwerpunkt im Moment des Ballkontakts im idealen Abstand genau hinter dem Treffpunkt zu bringen.

Anlauf-
Angleit- Bewegung
Anschwung-
sollen gleichgerichtet mit der Abflugrichtung des Balles verlaufen.

Der Körperschwerpunkt soll beim Ballkontakt genau hinter dem Treffpunkt liegen!

Der Abstand zwischen Körper und Ball und die Bewegungsrichtung (Bewegungs-„ausrichtung") der Körperdynamik während des Schlages, sind die beiden maßgeblichen Steuergrößen für eine möglichst lange Impulserhaltung. Dabei stehen Gleichgewichtsfähigkeit und die räumliche Lage des Körperschwerpunktes in unmittelbarem Zusammenhang, d. h. die Lage des Körperschwerpunktes beeinflusst die Gleichgewichtsfähigkeit und umgekehrt. Dadurch sind Gleichgewichtsvermögen und die Lage des Körperschwerpunkts die ausschlaggebenden Grundlagen, um überhaupt einen erfolgreichen Schlag ausführen zu können. Daher lohnt es sich, einen etwas genaueren Blick auf diese beiden Begriffe zu werfen.

Gleichgewichtsfähigkeit

Wird im Sport ein Gegenstand, beispielsweise ein Speer oder ein Fußball mittels einer entsprechenden sportlichen Technik (Wurf oder Schuss) in Bewegung versetzt, so hat dieser Gegenstand logischerweise keine Möglichkeit sich dieser Bewegung zu entziehen oder ihr entgegenzuwirken. So weit, so gut!

Im Gegensatz zu diesen „unbelebten" Körpern (Fußball/ Speer) hat der Mensch nun die Fähigkeit Störungen seiner Gleichgewichtslage, wie sie ja bei jeder sportlichen Bewegung verursacht werden, entgegenzuwirken. Das geschieht über entsprechende Steuerimpulse aus dem Motorischen Zentrum des Gehirns heraus. Diese zeigen sich in sogenannten Gegenbewegungen und Veränderungen in der Lage des Körperschwerpunktes und dienen dem Zweck, den Körper während dieser sportlichen Bewegungen im Gleichgewicht, gewissermaßen „unter Kontrolle" zu halten.

1 – Kopf ruhig
2 – Oberkörper aufrecht
3 – breite Stützfläche

Jeder, der schon einmal über ein Geländer balanciert ist oder mit Skiern eine Piste hinuntergewedelt ist, weiß was damit gemeint ist. Beim Balancieren über ein Geländer würde diese angesprochene Gegenbewegung beispielsweise durch das waagerechte Ausstrecken der Arme und das tiefe „in die Knie gehen" erfolgen, während man beim Abfahren über eine Buckelpiste die Ski weiter als normal (ungefähr schulterbreit) auseinander nimmt, um mehr Gefühl und Sicherheit für das Hinuntergleiten zu bekommen (Skipflug bei Anfängern).

Um den Körper im Gleichgewicht zu halten, ist die Gegenbewegung des linken Arms zu beachten.

Die Gleichgewichtsfähigkeit sorgt dafür, dass der Körper bei dynamischen Bewegungen „unter Kontrolle" bleibt.

Körperschwerpunkt

Unmittelbar verknüpft mit dem Gleichgewichtsvermögen ist der Begriff des Körperschwerpunktes, den man in gewisser Weise auch als eine Art **Balancepunkt** oder Mittelpunkt des Körpers ansehen kann. Für das einwandfreie Funktionieren des Gleichgewichtsvermögens im Rahmen von sportlichen Bewegungen, spielt die räumliche Lage des Körperschwerpunktes eine wesentliche Rolle.

Die Lage des Körperschwerpunktes wird immer nach der momentanen Bewegung ausgerichtet.

Das motorische Zentrum des Gehirns versucht den Körperschwerpunkt während sportlicher Bewegungen, immer im Zentrum bzw. im räumlichen Mittelpunkt dieser Bewegung zu halten. Gelingt das, so bleibt die Bewegung im Gleichgewicht und unter Kontrolle. Der Körperschwerpunkt ist also kein fixer Punkt, sondern er passt seine Lage jeweils flexibel immer den aktuell geforderten Ansprüchen der Bewegung an. Er reagiert unmittelbar auf gewisse Impulse, wie z. B. die momentane Lage und Form des Körpers und einzelner Körperteile (Arme/Beine/Kopf) im Rahmen der entsprechenden Bewegung. Auch die aktuelle Masseverteilung (z. B. „Wo lagert gerade das Körpergewicht?") und Beschleunigungsphasen, der an der Bewegung beteiligten einzelnen Körperteile (z. B. „Wie schnell wird der Arm bei einer Vorhand beschleunigt?"), sind wichtige Orientierungspunkte für seine Ausrichtung.

Auch in schwierigen Situationen bleiben Oberkörper und Kopf aufrecht. Das linke Bein dient zur Gleichgewichtssteuerung.

Beim aufrechten Stand befindet sich der Körperschwerpunkt etwa in Bauchnabelhöhe im Innern des Körpers. Geht man nun z. B. „in die Knie", so wandert der Körperschwerpunkt etwas nach oben, d. h. er befindet sich dann nicht mehr in Nabel- sondern etwa in Brusthöhe.

Der Körperschwerpunkt steht immer im Zentrum der sportlichen Bewegung. Um ihn herum werden die einzelnen Steuerungsvorgänge ausgerichtet.

Bei Bewegungen, die wie beim Tennis in aufrechter Körperposition vollzogen werden, wird die Lage des Körperschwerpunktes und damit auch das zusammenhängende Gleichgewichtsvermögen über die Beine, bzw. durch die Stellung und Entfernung der Füße zueinander gesteuert. Ähnlich wie die Funktion von Stoßdämpfern bei einem Auto. Sie ermöglichen, dass der Wagen auch in Kurven oder bei Fahren über Unebenheiten im Gleichgewicht bleibt.

Die Lage des Körperschwerpunktes richtet sich immer nach der aktuellen Körperposition im Rahmen der sportlichen Bewegung.

Jeder, der schon einmal über einen Baumstamm balanciert ist oder mit Inlineskates unterwegs war, weiß, dass man Gleichgewichtsempfinden und Körpergefühl wesentlich besser im Griff hat, wenn man eher breitbeinig und mit relativ gebeugten Knien agiert, als „stocksteif" mit „durchgedrückten" Knien und einer ziemlich engen Fußstellung.

Beim Tennis wirken die Beine wie „Stoßdämpfer" und sind so für die Steuerung des Körperschwerpunktes zuständig.

Stützfläche

In der Fachsprache spricht man in diesem Zusammenhang von einem Anpassen der sogenannten Stützfläche. Die Stützfläche ist eine durch zwei Eckpunkte eingegrenzte Fläche. Beim Mensch übernehmen die Beine die Funktion dieser beiden Eckpunkte. Die Breite dieser Stützfläche wird über den Abstand der Füße zueinander geregelt. Je weiter der Abstand der Füße, desto breiter ist entsprechend auch die Stützfläche und umso besser ist auch das Gefühl für Gleichgewicht und Körpergefühl. Je breiter die Stützfläche ist, desto tiefer senkt sich in der Konsequenz natürlich auch der Körperschwerpunkt. Und je kürzer der Abstand zwischen Körperschwerpunkt und Erdoberfläche ist, umso leichter kann die Bewegungsaufgabe ausgeführt werden.

Auch ein Formel-1-Rennwagen erfüllt die biomechanischen Anforderungen: breite Stützfläche, tiefer Schwerpunkt.

Vor allem wenn man nach schnellen Laufgeschwindigkeiten in eine günstige Schlagposition gelangen muss, ist der Anspruch an die Stützfläche hoch.

Über die Anpassung der Stützfläche an die sportliche Bewegung wird das Gleichgewicht gesteuert.

Im Tennis ist der Anspruch an die Gleichgewichtsfähigkeit auch deshalb so ausgeprägt, weil der Körper oft hohe Laufgeschwindigkeiten erreicht und vor dem eigentlichen Schlag erst in eine ausgewogene Position gebracht werden muss.

Jeder weiß, dass es problematisch sein kann, ein Tablett mit vollen Gläsern zu tragen. Geht man damit sehr schnell und vielleicht sogar noch eine Treppe hinunter, wird dieses Unterfangen um so schwieriger, da der Körper

sich in Bewegung befindet. Beim Hinuntergehen der Treppe hat man noch zusätzlich mit einer schiefen Ebene zu kämpfen, und zu guter Letzt wird die Bewegung durch die einzelnen Stufen noch ziemlich „ruckartig". Vergegenwärtigt man sich die Anforderungen in diesem Beispiel, wird klar, wie groß der Anspruch an die Gleichgewichtsfähigkeit dabei ist.

Hätte man auf dem Tennisplatz ein solches Tablett in der anderen Hand und würde aus der Platzmitte startend zu einem cross ankommenden Ball laufen und den Ball schlagen, ohne dass dabei etwas verschüttet wird oder gar ein Glas hinunterfällt, würde man feststellen, dass man während des Abbremsens vor dem Schlag nicht „stocksteif" ist, sondern dass man sich durch geschmeidiges „in die Knie gehen" und ein gefühlvolles Abfedern versucht sich dieser Bewegung anzupassen. Dieses Beispiel soll den Anspruch an die Gleichgewichtsfähigkeit beim Tennis veranschaulichen.

Bei allen Weltklassespielern stellt man fest, dass dieser Gleichgewichtssinn und das Gefühl für die Lage des eigenen Körperschwerpunktes hervorragend ausgebildet ist. Vor allem bei Ballsportarten ist das Niveau des Gleichgewichtssinns eine entscheidende Grundlage Topniveau zu erreichen.

Da das Gleichgewichtsvermögen als Teilgebiet der Koordinationsfähigkeit einen leistungslimitierenden Faktor darstellt, muss der konkrete Zusammenhang zwischen Gleichgewichtsvermögen und Tennistechnik noch etwas ausführlicher beleuchtet werden. Denn auf dem Verständnis dieser Zusammenhänge lässt sich eine Technik besser entwickeln und Korrekturmaßnahmen können mit diesem Hintergrundwissen wesentlich zielgerichteter und effektiver eingesetzt werden.

Für die Steuerung und Aufrechterhaltung des Gleichgewichts bei allen Schlägen im Tennis sind im Wesentlichen drei Faktoren verantwortlich: Kopfhaltung, Oberkörperstellung, Beinstellung

Die neunfache Wimbledon-Siegerin im Einzel, Martina Navratilova, im perfekten Gleichgewicht.

Kopfhaltung

Dazu muss man wissen, dass sich das menschliche Gleichgewichtsorgan im Ohr, genauer gesagt, im Mittelohr befindet. Das Ohr ist demnach nicht nur zum Hören da, sondern eine weitere wichtige Funktion liegt in der Steuerung des Gleichgewichts. Diese Anforderung ist vor allem dann hoch, wenn der Körper in Bewegung ist. Eine gute Kontrolle über das Gleichgewichtsempfinden und die damit verbundene Stabilität des eigenen Körpers im Rahmen einer erfolgreichen Tennistechnik erhält man nur dann, wenn sich der Kopf während des Schlages in aufrechter und möglichst ruhiger Lage befindet. Dies gilt sowohl für das Schlagen des Balles, als auch für das Laufen zum Ball. Wenn Sie sich beim Beobachten von Weltklassespielern ausschließlich auf die Haltung des Kopfes während des Ballwechsels konzentrieren, werden Sie feststellen, in welch ruhiger und ausgewogener Haltung (auch in den extremen Situationen) der Kopf verharrt, und zwar gleichbleibend während des Laufens zum Ball, der Schlagvorbereitung, des Treffens, des Ausschwungs und dem Zurücklaufen zur Platzmitte. Perfektioniert hat man diese Fähigkeit, wenn man während des Ballwechsels ein Wasserglas auf den Kopf stellen könnte, ohne Gefahr zu laufen, dass es während eines Schlages zu Boden fällt.

Magnus Norman: Auch während extremer Körperbewegungen sollte der Kopf stets aufrecht gehalten werden.

Oberkörper

Die Lage und Position des Oberkörpers haben ebenfalls eine wichtige Bedeutung bei sportlichen Bewegungen. Der Oberkörper sollte sich immer in einer aufrechten und ruhigen Position während des Schlages halten. Da der Kopf und mit ihm das Ohr als Steuerorgan für den

Gleichgewichtssinn, auf dem Oberkörper sitzt, wird klar, dass es sich um eine untrennbare Einheit handelt. Natürlich gibt es Ausnahmesituationen, in denen es schwierig ist, den Kopf und den Oberkörper aufrecht zu halten, z. B. bei einem Volley, den man gerade noch im Sprung erreichen kann. Das sind jedoch außergewöhnliche Situationen und nicht der Standard. Ziel sollte es immer sein, Oberkörper und Kopf beim Schlagen relativ aufrecht zu halten.

Beine

Je weiter die Entfernung, und so höher die Laufgeschwindigkeit zum Ball, desto größer ist beim Abbremsen und bei der Schlagausführung die Stützfläche.

Wie bereits gesagt, beeinflusst die Lage des Körperschwerpunktes das Gleichgewichtsvermögen. Denkt man wieder an das Beispiel mit dem Tablett und den Gläsern, das man die Treppe hinunter tragen soll, so passt sich der Körperschwerpunkt immer der Bewegung und dem Abstand zum Boden an. Diese Anpassung ist aber wiederum abhängig von der Ausgangsstellung der Füße, genauer gesagt vom Abstand der Füße zueinander.

Jeder Spieler weiß, dass man ein wesentlich besseres Gleichgewichtsempfinden hat, wenn man „bequem" und ausgewogen steht. Bequem heißt dabei, dass die Füße relativ weit auseinander stehen, beim Tennis heißt das mindestens schulterbreit. Für das Gleichgewichtsempfinden ist es also wichtig, dass die Füße nicht zu eng stehen. Bei einer breiten Fußstellung verlagert sich das Körpergewicht dabei automatisch zu einem großen Teil auf die Oberschenkel. Die Muskulatur der Oberschenkel trägt somit den überwiegenden Teil des Körpergewichtes und ist primär für die Kraft, die zum Abbremsen des Körpers vor dem Schlag nötig ist, zuständig. Denken Sie wieder an das Beispiel mit den Stoßdämpfern eines Autos.

Kopfhaltung, Oberkörperausrichtung und Beinstellung sind drei wesentliche Steuerungsgrößen, damit die Schläge im Gleichgewicht ausgeführt werden können.

Achten Sie bei der nächsten Fernsehübertragung mal ausschließlich auf die Fußstellung der Profis bei ihren Schlägen, dann wissen Sie wovon hier die Rede ist.

Das Gleichgewichtsvermögen stellt einen leistungslimitierenden Faktor im Tennis dar. Spitzenspieler kommen auch in extremen Situationen selten aus dem Gleichgewicht. Nun liegt es nur noch an Ihnen Ihre eigenen Schläge aus der eben beschriebenen Sicht zu analysieren. Richten Sie Ihr Augenmerk beim nächsten Training einmal ganz zielgerichtet auf die in diesem Prinzip erläuterten Kernaussagen.

Prüfen Sie, ob sich ihr Körper tatsächlich im Gleichgewicht befindet, ob Ihre Kopfhaltung wirklich ruhig ist und ob Sie beim Treffen auch tatsächlich ausgewogen stehen.

Versuchen Sie die Fehlerquellen für missratene Schläge anhand dieser Ausführungen zu finden. Richten Sie Ihren Blick bei der Beobachtung von Profis ganz isoliert, zielgerichtet und ausschließlich auf diese Details, und Sie werden mehr und mehr verstehen, welche Voraussetzungen in der Spielpraxis tatsächlich wichtig sind, um erfolgreiche Schläge zu produzieren.

Zur Optimierung des Schlagimpulses stellt neben der Gleichgewichtsfähigkeit die Übereinstimmung zwischen der Bewegungsausrichtung des Körpers und der Schlagrichtung einen wichtigen Faktor dar. Richtung der Körperbewegung und Schwungrichtung des Schlägers wirken also immer zusammen in dieselbe Richtung und sollen so der **Optimierung des Schlagimpulses** dienen. Weichen diese beiden Faktoren nur zu einem geringen Grad voneinander ab, sind Fehler vorprogrammiert. Wer schon einmal Bowling gespielt hat, kennt dieses Gefühl, das mit Optimierung des Schlagimpulses gemeint ist. Um möglichst „alle Neune" zu treffen, versucht man intuitiv, dass das Angleiten bzw. der Anlauf mit dem gefühlvollen Anschwingen und Anschieben und dem darauf folgenden Loslassen der Kugel in die anvisierte Richtung übereinstimmt. Beim Loslassen hat man dann das Gefühl, von der Kugel förmlich „mitgezogen" zu werden. Man muss aufpassen, nicht die Begrenzungslinie zu übertreten, da man, um ein maximales Gefühl für die Abflugrichtung zu erreichen, automatisch versucht, so lang wie möglich mit der Führungshand an der Kugel zu bleiben. Auch beim Schießen mit einem Gewehr kommt dieses Prinzip der Impulserhaltung zum Tragen. Je länger der Lauf des Gewehrs ist, desto mehr Präzision und Zielgenauigkeit sind gegeben.

Anlauf-, Angleit- und **Anschwungbewegung** sollen nach Möglichkeit ohne Abweichungen zueinander in dieselbe Richtung verlaufen.

Es ist also immer anzustreben, dass Bewegungsrichtung des Körpers und beabsichtigte Schlagrichtung harmonisch übereinstimmen. Man verlagert sein Körpergewicht sozusagen mit dem Schlag in die Abflugrichtung des Balles. In der Tennissprache hat sich dabei der Begriff „in den Ball hineingehen" etabliert. Ist das aus zeitlichen Gründen mal nicht möglich, z. B. bei sehr schnell ankommenden Bällen oder beim Return, muss wenigstens gewährleistet sein, dass der Körper im Treffpunkt in einer stabilen und festen Lage verharrt und weder seitlich noch rückwärts abweicht.

Um diese Anforderung zu erfüllen, also Anlauf-, Angleit- und Anschwungbewegung in die gleiche Richtung zu steuern, sind zwei grundlegende Voraussetzungen notwendig:

Gewichtsverlagerung und Ausrichtung der Körperbewegung sollten möglichst frühzeitig in die beabsichtigte Schlagrichtung gebracht werden.

1. Da die Bewegungsrichtung des Körpers möglichst lange die angestrebte Abflugrichtung des Balles unterstützen soll, und zwar durch Körpergewichtsverlagerung „in den Schlag hinein", ist es wichtig, dass sich der Körper möglichst schon **vor dem Treffen** in die beabsichtigte Schlagrichtung bewegt.

Man sollte also versuchen, die Gewichtsverlagerung und die Ausrichtung der Körperbewegung möglichst frühzeitig in die beabsichtigte Abfluglinie des Balles zu bringen. Man spricht dabei von der Anlauf- und Angleitbewegung, die dann in die Anschwungbewegung übergeht. Damit ist gemeint, sich schon genau in der beabsichtigten Abfluglinie des Balles sozusagen „genau von hinten" zum Treffpunkt hin anzunähern. Diese theoretisch klingende Betrachtungsweise hat eine enorm positive Auswirkung auf die Kontrolle und Präzision der einzelnen Schläge. Es handelt sich bei dieser Betrachtung um den Idealfall und in der Praxis wird es nicht immer möglich sein, diesen Anspruch zu erfüllen.

Vor allem wenn Richtungsänderungen gespielt werden, also ein cross ankommender Ball als longline zurück gespielt werden soll oder umgekehrt, ist die Umsetzung der theoretischen Kenntnisse in die Praxis manchmal schwierig. Aus biomechanischer Sicht ist dies jedoch eine der wesentlichen Begründungen für das Funktionieren der Schläge, und der Versuch diesen Anspruch bei jedem einzelnen Schlag zu erfüllen, schafft eine wichtige Basis für die Optimierung der Technik.

Anlauf-, Angleit- und Anschwungbewegung sollen gleichgerichtet sein, d. h. alle 3 Teilbewegungen zielen übereinstimmend gleich in die Abflugrichtung des Balles.

Im Zusammenhang mit diesem Prinzip muss an dieser Stelle noch erwähnt werden, dass es immer Sinn macht, **so früh wie möglich zum Ball zu starten**. Je mehr Zeit man für eine saubere und koordinierte Vorbereitung gewinnt, desto besser wird in der Regel auch der Schlag sein.

2. Es wurde erläutert, das Körpergewicht möglichst lange in die beabsichtigte Schlagrichtung zu verlagern. Voraussetzung dafür ist, dass sich der Körperschwerpunkt beim Treffen in günstigem Abstand hinter dem Treffpunkt befindet. Man kann auch sagen, der Körperschwerpunkt befindet sich beim Treffen genau **hinter der Schlaghand**. Das wird erreicht, indem das Standbein (beim Rechtshänder das rechte Bein) genau hinter dem Treffpunkt steht. Standbein, Schlaghand und Treffpunkt bilden so eine Linie, die mit dem ersten Teil der Flugbahn identisch ist, bzw. diese Abflugbahn begründen. Vom Standbein aus beginnt dann die eigentliche Impulserhaltung.

Der Körperschwerpunkt befindet sich beim Treffen unmittelbar hinter der Schlaghand und somit hinter dem Treffpunkt.

Sowohl bei der Vorhand als auch bei der Rückhand bilden Standbein und Treffpunkt eine Linie, die den Beginn der beabsichtigten Abflugbahn des Balles darstellt. Das Standbein ist sozusagen die Ausgangsbasis für eine gelungene Impulsübertragung.

Wir wissen mittlerweile, dass die biomechanischen Prinzipien – auf das Tennis angewendet – helfen, die Bälle mittels einer virtuosen Technik und einer hohen Geschwindigkeiten übers Netz zu schlagen. Die Kunst den extrem kurzen Ballkontakt immer wieder meisterhaft und sicher zu beherrschen, das ist es, was einen sehr guten Tennisspieler auszeichnet. Wir haben auch erfahren, dass die Berührungszeit zwischen Ball und Bespannung so extrem kurz ist, dass sie vom menschlichen Gehirn nicht bewusst wahrgenommen werden kann. Einerseits weiss man um die zentrale Bedeutung des eigentlichen Treffpunktes, andererseits leuchtet es ein, dass eine nachträgliche Beeinflussung bzw. Korrektur unmöglich ist. **Letztendlich ist nicht das eigentliche Treffen des Balles, sondern die unmittelbare Vorbereitung auf den Schlag entscheidend.** Das wurde in den vorangegangenen Ausführungen versucht, so gut wie möglich zu vermitteln.

Zur Optimierung des Schlagimpulses sollte sich während des Treffpunkts das Standbein genau hinter der Schlaghand befinden.

Abschließend soll durch eine kurze Zusammenfassung noch einmal erläutert werden, welche unmittelbaren Voraussetzungen und Vorbereitungen für einen „idealen Treffpunkt" gegeben sein müssen:

Grundvoraussetzungen für die Vorbereitung des idealen Treffpunktes:

1. Anlauf-, Angleit- und Ausschwungbewegung müssen in der gleichen Richtung erfolgen.
2. Der räumliche Abstand und die Höhe zwischen Körperschwerpunkt und Ball muss ideal eingestellt sein. Der Körperschwerpunkt liegt im Treffpunkt hinter der Schlaghand.
3. Beim Ballkontakt soll der Körper im Gleichgewicht sein.
4. Der ideale Treffpunkt liegt vor der vorderen Hüfte.
5. Beim Kontakt Bespannung/Ball muss das Handgelenk fixiert sein.
6. Der Ball kann jetzt im Sweetspot getroffen werden.

BEINARBEIT

„GEHEIMWAFFE" BEINARBEIT

Nichts wird im Tennis mehr unterschätzt als die Bedeutung der Beinarbeit. Die Beinarbeit zählt zu den **leistungslimitierenden Faktoren**, d. h. ohne eine wirklich gut funktionierende Beinarbeit ist es kaum möglich, internationales Niveau zu erreichen. Diese leichtfertige und geradezu fahrlässige Unterschätzung macht es erforderlich, sich einmal grundlegend mit diesem so wichtigen Teilbereich des Tennis zu beschäftigen.

Spielern wie auch Trainern fällt es in der Regel nicht leicht, den Leistungsfaktor Beinarbeit auf Anhieb klar und unmissverständlich zu definieren. Meist hört man auf die Frage: „Was verbirgt sich konkret hinter dem Begriff Beinarbeit?" die Antwort: „Na ja, man muss eben schnell zum Ball laufen können!"

Nach Lektüre der folgenden Seiten werden Sie erkennen, dass dies eine sehr unzureichende und amateurhafte Antwort ist.

„Tennis wird zuerst im Kopf, dann mit den Beinen und anschließend erst mit dem Schläger gespielt". So gesehen sind die Beine das Bindeglied zwischen Kopf und Arm, wobei der Kopf gewissermaßen mit der „Befehlszentrale" (entscheidet welcher Schlag wohin gespielt wird) und der Arm mit dem „Befehlsausführer" (zuständig für das Schlagen des Balles) zu vergleichen ist. Die Beine haben also die Aufgabe, den Spieler zuerst einmal dorthin zu bringen, wo der vom Gegner geschlagene Ball auftrifft, erst dann kann der Schlag ausgeführt werden. Funktioniert dieses Bindeglied nicht einwandfrei, kann der Arm folglich den Schlag auch nicht mit der erforderlichen technischen Präzision ausführen, da man entweder zu spät zum Ball kommt oder der Abstand zwischen Körper und Ball nicht optimal abgestimmt ist.

Tennis wird zuerst mit dem Kopf, dann mit den Beinen und danach mit dem Schläger gespielt

Beim Tennis ist man immer gezwungen auf die Schläge des Gegner zu reagieren.

Tennis ist bekanntlich eine Laufsportart und gehört zu den sogenannten **Rückschlagspielen**. Die eigenen Laufwege richten sich somit immer nach den gegnerischen Aktionen. Dieser bestimmt, wohin und wie weit man zu laufen hat!

Beim Zurücklegen des Laufweges ist die Beinarbeit auf verschiedenste und vielfältigste Art und Weise gefordert: Man muss vorwärts, rückwärts, seitwärts oder diagonal laufen – dabei hat man hat es mit flinken Richtungs-

Hicham Arazi

wechseln, schnellstmöglichen Antritt- und Abbremsvorgängen, Hoch- und Tiefbewegungen, „Ausweichmanövern", Sidesteps, Überkreuzlauf, Splitsteps, etc. zu tun. Sowohl Kraft, Koordination als auch Beweglichkeit sind hierbei in hohem Maße gefordert. Schon an dieser kurzen Beschreibung erkennt man das breite Spektrum und die Vielfalt der Anforderung an die Beinarbeit. Vergessen Sie auch nicht, welche Bedeutung der Faktor Kraft aus den Beinen für die Dynamik Ihrer einzelnen Schläge spielt.

Das Anforderungsprofil an die Beinarbeit ist vielfältig.

Beinarbeit ist immer Präzisionsarbeit.

Rufen Sie sich nochmals die Fakten aus der Analyse der Tennistechnik ins Gedächtnis. Sie wissen noch, wie extrem kurz die Kontaktzeit zwischen Ball und Bespannung im Treffpunkt ist (3/1000 bis 5/1000 Sekunden) und wie entscheidend es für einen erfolgreichen Schlag ist, den Ball möglichst sauber, d. h. im geometrischen Zentrum der Bespannung (ca. 12 cm^2, Sweetspot) zu treffen. Sie haben auch gelesen, dass sich beim Schlag der Körper (Körperschwerpunkt) im Gleichgewicht und möglichst genau hinter dem Treffpunkt befinden sollte, und dass der ideale Treffpunkt in der Regel vor dem Körper liegt. Diese kurze Betrachtung führt uns unmittelbar zur Bedeutung der Beinarbeit. Bringt man die Ausrichtung seines Körpers, sowohl zeitlich als auch räumlich betrachtet, nicht in ein günstiges Verhältnis zum ankommenden Ball, so hat man kaum Chancen, sein bestes Tennis zu spielen. Es geht also bei der Beinarbeit immer um die Feinabstimmung von Zentimetern und Sekundenbruchteilen. Jedem sollte klar werden, dass es letztendlich die Beine sind, die für diese Präzisionsarbeit verantwortlich zeigen.

Dieser gedankliche Ansatz veranschaulicht die Bedeutung der Beinarbeit auf einfache Weise. Die Frage stellt sich, warum die Beinarbeit im Trainingsalltag so ein Schattendasein führt, wenn sie doch eine grundlegende Voraussetzung für das Tennis ist? Mit der enormen Zunahme des Tempos im Spiel, hat auch die Bedeutung der Beinarbeit proportional zugenommen.

Kurz: Je schneller das Spiel wird, desto schneller müssen auch die Beine den Spieler dorthin bringen, wo der ankommende Ball auftrifft!

Um das **Anforderungsprofil an die Beinarbeit** klar und unmissverständlich in Fakten darzustellen, macht es Sinn, sich einmal mit den genauen Laufwegen auf dem Tennisplatz zu beschäftigen.

Betrachtet man die möglichen Laufwege auf der Skizze und beobachtet die Beinarbeit von Spitzenspielern, kommt man zu teilweise verblüffenden Erkenntnissen.

Eine gut funktionierende Beinarbeit ist die Basis für erfolgreiches Tennis.

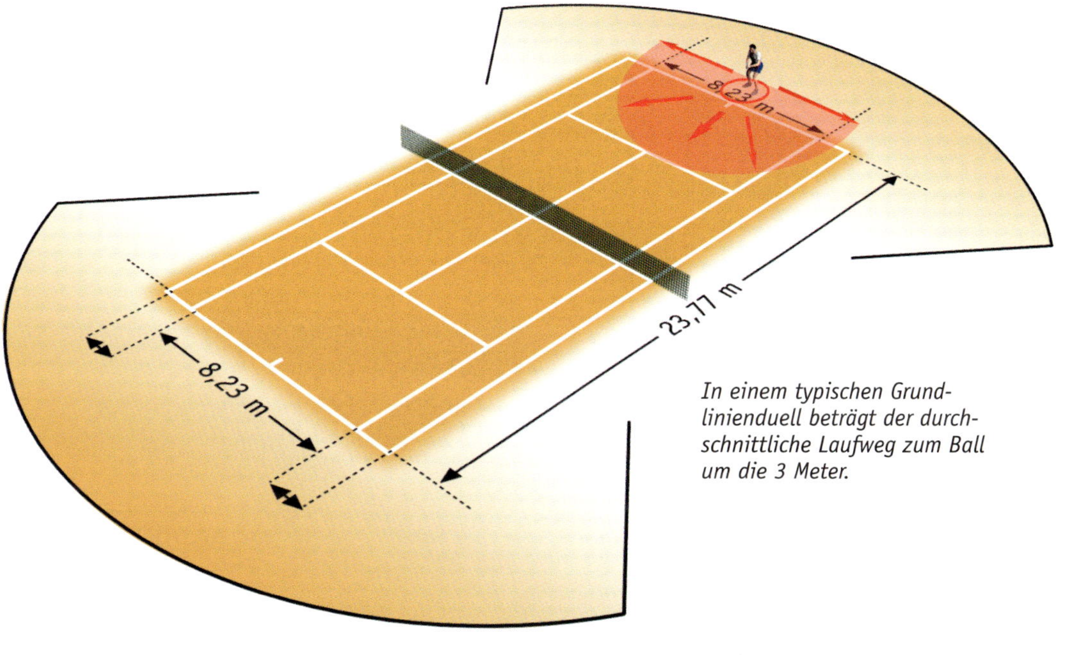

In einem typischen Grundlinienduell beträgt der durchschnittliche Laufweg zum Ball um die 3 Meter.

Laufwege auf dem Tennisplatz

Der **längstmögliche Laufweg** innerhalb des Tennisfeldes beträgt 11,89 m, also die exakte Entfernung von Grundlinie zum Netz. Diese Strecke kann sich noch etwas verlängern, je nachdem in welcher Distanz sich der Spieler beim Beginn seines Antritts hinter der Grundlinie befindet. Auf Aschenplätzen kann es schon mal vorkommen, dass man 3 bis 4 m hinter die Grundlinie „gedrängt" wird.

Doch schon jetzt kann gesagt werden, dass das Zurücklegen von längeren Strecken (mehr als 4 m) nur in relativ selten auftretenden Spielsituationen erforderlich ist.

Längere Laufwege sind nur dann zu bewältigen, wenn

- der Gegner einen exzellenten Stop spielt (Volleystop)
- der Netzspieler einen Volley spielt, und der Defensivspieler von einer Ecke des Platzes in die andere sprinten muss, um einen Passierball zu spielen.
- der Grundlinienspieler zu kurz spielt, und dem Gegner somit die Möglichkeit bietet, aus dem T-Feld einen Winner oder einen Angriffsball zu schlagen. Der Versuch, diesen vermeintlichen Winner oder Angriffsball zu erreichen, erfordert ebenfalls einen explosiven Antritt.
- der Netzspieler von einem Lob überrascht wird, den er nicht mehr schmettern kann und somit gezwungen wird, dem Ball hinterherzulaufen.

Diese aufgezeigten Spielsituationen kommen in einem normalen Match vergleichsweise selten vor, manchmal auch überhaupt nicht. Daraus lässt sich ableiten, dass Beinarbeit im Tennis relativ wenig mit der Schnelligkeit eines 100-m-Sprinters zu tun hat.

Trotz optischer Gemeinsamkeiten sind die klassischen Fähigkeiten eines Sprinters beim Tennis eher selten gefordert.

Die Ausgangssituationen eines Matches, das auf einem Aschen- oder Hartplatz gespielt wird, sind zumeist Grundlinienduelle. Ca. 70 – 80% aller Ballwechsel werden aus dem hinteren Teil des Platzes bestritten. Diese Zahl wird sich in Zukunft eher noch nach oben korrigieren, da die typischen Serve-Volley-Spieler wie Rafter, Henman oder Krajicek geradezu vom „Aussterben" bedroht sind. Die junge Generation wie Safin, Norman, Ferrero, Hewitt, Clement oder auch Kiefer und Haas bauen ihr Spiel vorwiegend von der Grundlinie aus auf. Untersucht man die Anforderung an die Beinarbeit, wie sie im typischen Grundlinienspiel gefordert wird, so lassen sich folgende, hochinteressante Aspekte ableiten:

Bis jetzt haben wir festgestellt, dass der längstmögliche Laufweg auf dem Tennisplatz ca. 13 – 15 m beträgt (Entfernung Grundlinie zum Netz + Abstand von der Grundlinie beim Antritt), und das längere Strecken in der Praxis eher selten bewältigt werden müssen. Beobachtet man die typischen Laufstrecken der Profis, so kommt man zu dem Schluss, dass der durchschnittliche Laufweg zum Ball nur etwa 3 m beträgt! Mit anderen Worten: In den am häufigsten im Match auftretenden Standardsituationen (beide Spieler agieren von Grundlinie aus) muss man nicht weiter als ungefähr diese 3 m laufen, um den vom Gegner kommenden Ball zu erreichen. Mal ehrlich, hätten Sie das vermutet? Wie es zu diesem 3-Meter-Laufweg kommt werden Sie auf den nächsten Seiten erfahren.

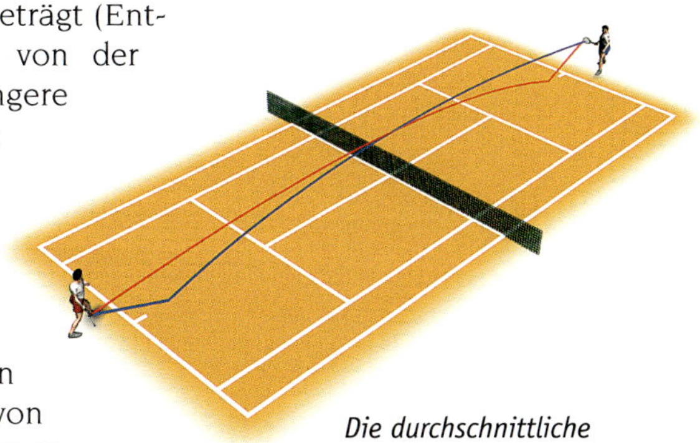

Die durchschnittliche Flugdauer des Balles von Grundlinie zu Grundlinie beträgt ca. 1,5 Sekunden

Neben dieser Erkenntnis kommt hinzu, dass zwischen dem Wahrnehmen „Wohin schlägt mein Gegner den Ball?“ und der zur Verfügung stehenden Zeit, um den Ball zu erlaufen, mit ca. 1 bis 1,5 Sekunden ausreichend Zeit vorhanden ist.

In einer typischen Grundlinienrallye beträgt der durchschnittliche Laufweg zum Ball ca. 3 m. Zur Bewältigung dieser Strecke steht in der Regel ausreichend Zeit zur Verfügung!

Übrigens: Hätten Sie gewusst, dass ein Spieler in einem Dreisatzmatch auf einem Sandplatz lediglich eine Gesamtstrecke von ca. 2.000 bis 2.500 m zurücklegt? Das entspricht zusammengerechnet der Summe aller einzelnen Laufwege zum Ball!

Laufwege – kurz gemacht

Die durchschnittliche Flugzeit des Balles von Grundlinie zu Grundlinie beträgt ca. 1 – 1,5 Sekunden. Das hört sich auf Anhieb kurz an, ist aber, verglichen mit anderen tennisspezifischen, zeitlichen Dimensionen, eine verhältnismäßig lange Zeit. In der Praxis kann man in diesem Zeitintervall den besagten Laufweg von ca. 3 m problemlos zurückzulegen und hat auch noch Zeit, seinen Körper in einen günstigen Abstand zum ankommenden Ball zu bringen. Mit etwas Routine erkennt man bei einem typischen Grundlinienduell schon am körperlichen und technischen Bewegungsablauf seines Gegners relativ frühzeitig, wohin er den Ball zu platzieren gedenkt. Anhand der taktisch-strategischen Entwicklung des Ballwechsels kann man oft schon vorher erahnen, also bevor der Gegner überhaupt geschlagen hat, in welche Richtung der Ball nun „kommen muss". Man „liest das Spiel" sozusagen und beginnt sich schon frühzeitig intuitiv und routinemäßig in die „richtige Richtung" zu bewegen. Diese, für das Leistungstennis außerordentlich wichtige Eigenschaft, entwickelt sich mit zunehmender Spielpraxis immer ausgeprägter. In der Fachsprache spricht man von der sogenannten **Antizipation**.

Das Vorausahnen der gegnerischen Absicht.

Neben der Antizipation stellt das **eigene Stellungsspiel** ebenfalls ein effektives Mittel dar, eigene längere Laufwege zu begrenzen. Beobachtet man Weltklassespieler, so erkennt man, dass diese sich nach dem Schlag nicht immer in die geometrische Mitte des Platzes, sondern immer in die Mitte der zu erwartenden strategischen Möglichkeiten des Gegners bewegen. Sie suchen sich immer die günstigste Ausgangsposition zwischen den maximal möglichen Abweichungen, an denen von ihnen aus gesehen links und rechts die gegnerischen Schläge ankommen können. Am besten kann man dieses Prinzip nach cross geschlagenen Bällen erkennen. In der Fachsprache nennt man das „den Winkel halbieren".

Optimale Platzposition nach:

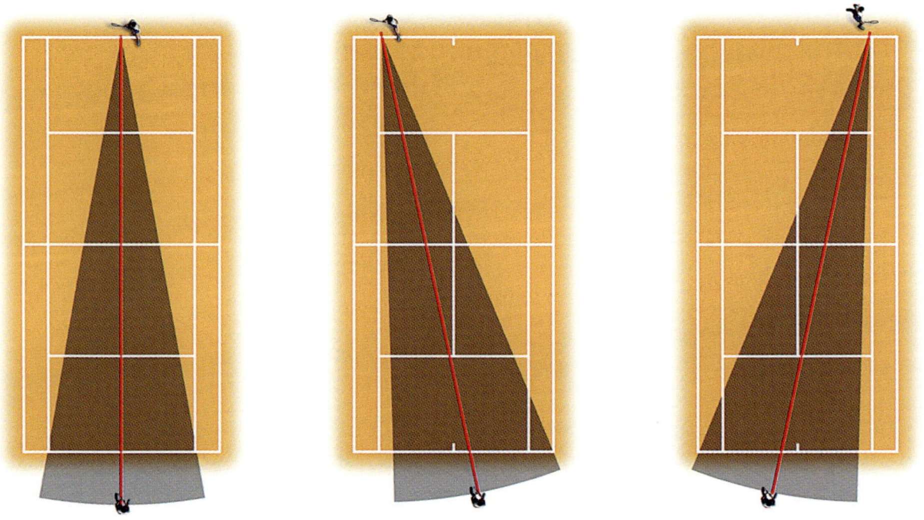

„Mitte" *„Vorhand Cross"* *„Vorhand Longline"*

Die eigene Schlagrichtung beeinflusst unmittelbar die Strategie des eigenen Stellungsspiels. Die drei Grafiken kennzeichnen die unterschiedlichen Ausgangspositionen.

Auch die **Strategie des eigenen Spiels**, besonders die Länge der Schläge, hat einen unmittelbaren Einfluss auf die eigenen Laufwege. Spielt man z. B. weit an die gegnerische Grundlinie, so gewährt man seinem Kontrahenten keine günstigen Voraussetzungen selbst ein effektives Winkelspiel aufzuziehen, um weite Laufwege zu erzwingen. Bei bestimmten Spielsituationen, wie z. B. nach einer Vorhand kurz-cross des Gegners, ist es also sinnvoll, einen Ball auch mal lang in die Mitte an die gegnerische Grundlinie zu spielen.

Die **Qualität der eigenen Beinarbeit** hat ebenfalls Einfluss, in welchem Maße man selbst als Spieler beim Lauf zum Ball unter Zeitdruck gerät. Damit ist gemeint, dass man die Anforderungen an die Beinarbeit wesentlich leichter erfüllen kann, wenn man sich in Bewegung befindet („Tänzeln" mit tiefem Körperschwerpunkt), als wenn man sich mit „durchgedrückten Knien und platten Füßen" schwerfällig auf dem Platz bewegt. Je „leichtfüßiger", weicher und geschmeidiger man agiert, desto schneller kann man in der Regel auch reagieren, und um so müheloser und flinker kann man den Start zum Ball beginnen.

Steffi Graf bei einer typischen Vorhand aus der Rückhandecke des Platzes.

Anhand dieser kurzen Analyse kann man erkennen, inwieweit man selbst für seine eigenen Laufwege mitverantwortlich ist. Richten Sie Ihr Auge bei der nächsten Tennisübertragung mal ganz isoliert betrachtend auf diese kurz angerissenen Punkte und Sie werden feststellen, dass Profispieler relativ selten schnell wie ein Sprinter laufen müssen.

„Schlagposition ist nicht Reaktionsposition"

A spielt Vorhand-longline. Der Ball benötigt ca. 1,5 Sekunden, bis er von B geschlagen werden kann.

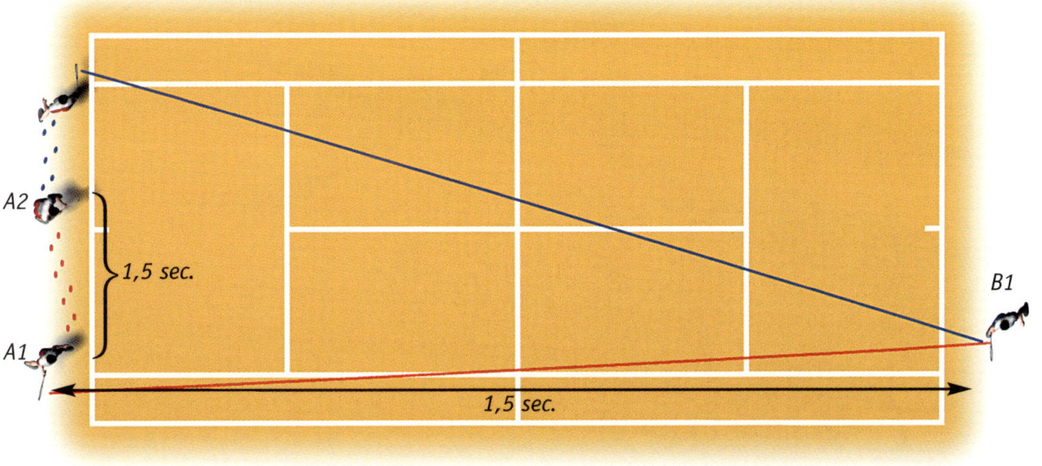

Während dieser 1,5 Sekunden bewegt sich A von seiner Schlagposition A1 auf die Ausgangsposition A2, die der Winkelhalbierenden in dieser Spielsituation entspricht. Somit beginnt er seine Reaktion auf den von B ankommenden Ball aus der Position A2. Von dort aus sind die Laufwege zu allen Varianten des Gegners am kürzesten.

Es sollte nun jeder nachvollziehen können, wie der durchschnittliche Laufweg von 3 m zustande kommt und dass die Bewältigung dieser Strecke in der typischen Grundliniensituation relativ problemlos möglich ist. Dieses sind zwei wesentliche Erkenntnisse aus der Analyse der tennistypischen Laufwege. Sie stellen einen wichtigen Ansatzpunkt für die Trainingspraxis dar.

Aktionsradius

Zeitlich-räumliche Abstimmung zwischen Schlagbewegung und Flugbahn des ankommenden Balles.

Aus bisherigen Erkenntnissen kommt man zu dem Schluss, dass ein Tennisspieler in einem typischen Grundlinienduell, bei fast jedem Schlag – bildlich betrachtet – einen imaginären Kreis mit einem Durchmesser von ca. 3 m mit Hilfe einer guten Beinarbeit beherrschen muss, um so Abstand und **Timing** zum Ball möglichst präzise regulieren zu können. Diesen imaginären Kreis nennt man auch „Aktionsradius".

Im Match geht es nun darum, diesen „Aktionsradius", der für die Feinabstimmung zwischen Körper und Ball verantwortlich ist und in dessen Zentrum alle Schläge erfolgen, möglichst frühzeitig in die Flugbahn des ankommenden Balles zu platzieren. Man bringt seinen Körperschwerpunkt so früh wie möglich hinter den ankommenden Ball.

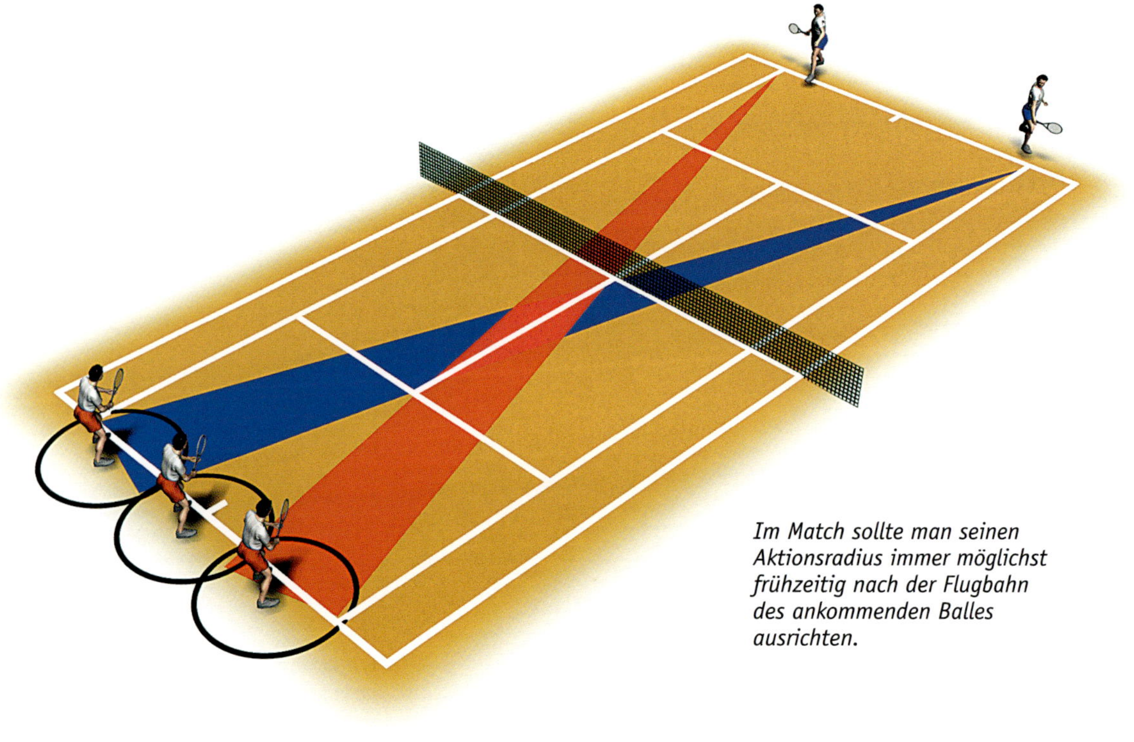

Im Match sollte man seinen Aktionsradius immer möglichst frühzeitig nach der Flugbahn des ankommenden Balles ausrichten.

Zwischen dem Erkennen „wohin kommt der Ball?" und dem Start seines Laufens dorthin, sollte im Idealfall keine Zeit verstreichen.

Das geschieht logischerweise über die Beinarbeit und wird um so schwieriger, je schneller das Spiel ist. Man richtet seinen „Aktionsradius" also immer nach der Flugbahn des Balles aus. Für die Praxis heißt das, sich immer so früh wie möglich an die Stelle zu bewegen, an der man den Ball des Gegners erwartet.

Dabei spielt es eine große Rolle, dass man mit seinem Blick (Auge) 100%ig konzentriert und kontinuierlich am Ball bleibt, sobald dieser ins Spiel gebracht wird. Dadurch kann man reaktionsschnell den Antritt zum Ball beginnen. Man spricht hierbei auch von einer **Fokussierung** des Balles.

Bündelung seiner gesamten Aufmerksamkeit ausschließlich auf den Ball.

Zur Veranschaulichung kann man seinen Blick auch mit dem Lichtstrahl eines Scheinwerfers vergleichen. Stellen Sie sich vor, Sie wären ein Bergarbeiter und tragen einen Untertagehelm, an dem ein Scheinwerfer montiert ist, der den Blick des Auges simulieren soll.

Mark Philippoussis

Ziel muss es sein, den Lichteinfall des Scheinwerfers (Blick) ständig und ohne geringste Abweichung auf den Ball zu richten, sobald dieser ins Spiel kommt. Ball und Blick verschmelzen sozusagen zu einer Einheit. Der imaginäre Lichtschein bleibt somit ununterbrochen und kontinuierlich am Ball und seine Ausrichtung zwischen zwei Schlägen erfolgt logischerweise über die Beinarbeit. Nur so schafft man die Voraussetzung, so früh wie möglich zum Ball starten zu können, d. h. im idealen Fall vergeht keine Zeit zwischen der Erkenntniss „Wohin kommt der Ball?" und dem Beginn des Laufens dorthin.

Wie wir wissen, beträgt der durchschnittliche Laufweg in der typischen Grundlinienspiel-Situation nur etwa 3 m und es stehen ca. 1 bis 1,5 Sekunden zur Verfügung, bis der Ball, nachdem er den Schläger des Gegners verlassen hat, wieder geschlagen werden muss. Für unseren „Aktionsradius" heißt das, dass es von der zeitlichen Komponente aus betrachtet fast immer möglich ist, rechtzeitig dorthin zu gelangen, wo der Ball ankommt. Somit kann man mit seinem Körpergewicht (Körperschwerpunkt) immer rechtzeitig hinter den Ball (Treffpunkt) gelangen und schafft so günstige Voraussetzungen für einen erfolgreichen Schlag.

Wird das Spiel jedoch sehr schnell (Gegner steigert seine Schlaghärte oder spielt Serve-Volley), so reicht diese „normale" Beinarbeit wie in einer Grundliniensituation nicht mehr aus. Die Laufwege werden erzwungenermaßen länger als die besagten 3 m. Dadurch steht erheblich weniger Zeit zur Verfügung und man ist gezwungen, zum Ball zu sprinten. Dabei ändert sich der Anspruch an die Beinarbeit drastisch.

Hauptaufgabe der Beinarbeit ist es, den Spieler „so früh wie möglich" zum Ball zu bringen!

Regulierungssteps
Bei kurzen Laufwegen in der typischen Grundlinienspielsituation

Power- und Regulierungssteps
Bei längeren Laufwegen unter Zeitdruck

Powersteps
Bei langen Laufwegen unter extremem Zeitdruck

Regulierungs- und Powersteps

Wir haben nun erkannt, dass im „Aktionsradius" die Feinabstimmung des Abstandes zwischen Körper und Ball erfolgt. Hier wird die Basis für eine erfolgreiche Schlagausführung gelegt. Durch kleinste, abbremsende, flinke und gut getimte Schritte wird der Abstand zum Ball reguliert. „Sich gut bewegen" ist die Formulierung, die in diesem Zusammenhang oft zu hören ist. Denn wir wissen, nur wenn die räumliche Distanz und die zeitliche Komponente zwischen Körper, Schläger und ankommendem Ball günstig ist, kann ein erfolgreicher Schlag ausgeführt werden. Um die Bedeutung dieser speziellen Schritte herauszustreichen, kann man diese auch als „Regulierungssteps" bezeichnen.

Ist ein längerer Laufweg zu überwinden, z. B. zu einem mit großem Winkel gespielten Vorhand-cross oder zu einem Volleystop, hat man natürlich weniger Zeit als in der typischen Grundliniensituation zur Verfügung. Zusätzlich ist der Laufweg zum Ball weiter. Man darf nicht vergessen, dass die Ausgangsposition für den Start zum Ball nicht immer die geometrische Mitte des Platzes ist, sondern dass man prinzipiell immer von dem Punkt aus erneut starten muss, wohin man vom Gegner vorher

„geschickt" wurde (Rückschlagspiel). Ist man von seinem Kontrahenten beispielsweise mit einer Vorhand kurzcross weit aus dem Feld gedrängt worden, so ist der Weg von dieser Position aus zurück zur Platzmitte oder gar in seine Rückhandecke relativ weit. Jetzt ist man gefordert zu sprinten, d. h. ein explosiver Antritt ist gefragt. Erreicht man dann wieder die unmittelbare Nähe des Balles (so die letzten 1 bis 0,5 Meter), gilt es schon wieder, kontrolliert und geschmeidig abzubremsen, um den besagten günstigen Abstand für einen erfolgreichen Schlag einzunehmen („Regulierungssteps").
So gesehen muss man zuerst reaktionsschnell beschleunigen und dann schon wieder abbremsen, um sich auf die eigentliche Schlagausführung vorzubereiten. Daran erkennt man, dass nicht nur der anfängliche Antritt, sondern auch das sich unmittelbar anschließende Abbremsen von immenser Bedeutung ist. Interessant ist in diesem Zusammenhang zu wissen, dass 80 % aller Fehler unter Zeitdruck erfolgen, also wenn sich der Körper noch in hoher Geschwindigkeit befindet.

80% Prozent aller Fehler entstehen, wenn der Körper vor oder beim Schlag eine hohe Laufgeschwindigkeit hatte.

Man muss sich vor Augen führen, dass das Körpergewicht nach einem explosiven Antritt, vor allem bei längeren Strecken, einer ziemlich hohen Dynamik unterliegt. Wenn 70 kg Körpergewicht erstmal „in voller Fahrt" sind, ist es nicht leicht diese gleichzeitig abzubremsen und wieder „unter Kontrolle" (Gleichgewicht) zu bringen. Dabei ist nicht nur für die Beschleunigung aus der Ausgangsstellung in die Bewegung ein hohes Maß an Kraft erforderlich, sondern auch umgekehrt für das kontrollierte Abbremsen vor dem unmittelbaren Schlag und dem erneuten Antritt zum nächsten Ball.

Sowohl für einen explosiven Antritt zum Ball, als auch für das kontrollierte Abbremsen der Laufgeschwindigkeit vor dem Schlag, ist ein hohes Maß an Kraft erforderlich.

Thomas Enquist bei einer kraftvolldynamischen Laufrichtungsänderung nach dem Schlag

Nachdem man die längere Entfernung zum Ball zurückgelegt hat, erreicht man wieder den „Aktionsradius“ und es geht erneut um die Feinabstimmung („Regulierungssteps“).

Anders formuliert: Bei längeren Laufwegen ist man gezwungen, die ersten Meter schnellstmöglich zu bewältigen. Kommt man dann in die unmittelbare Nähe des Balles (man betritt den „Aktionsradius“), ist man gefordert, seine Beschleunigung wieder zu reduzieren, um mit kleinen, flinken, abbremsenden und regulierenden Schritten den idealen Abstand zum Ball herzustellen. Der „Aktionsradius“ muss also immer bewältigt werden, unabhängig davon, ob man vorher einen längeren Laufweg zurückgelegt hat.

Nur bei Schlägen unter extremem Zeitdruck entfallen die Regulierungssteps.

Da für den Antritt bei längeren Laufwegen eine Menge Kraft und Energie notwendig sind, kann man diese Form der Beinarbeit auch als **„Powersteps“** bezeichnen. Powersteps überwiegen bei Schlägen unter Zeitdruck.

Von diesem Hintergrund ausgehend, sind die in diesem Buch verwendeten Bezeichnungen „Regulierungssteps“ und „Powersteps“ entstanden.

Martina Hingis bei einem Rückhand-Passierball aus vollem Lauf.

Regulierungssteps

Regulierungsteps

Unter diesem Begriff versteht man die Beinarbeit unmittelbar vor dem Schlag. Es gilt, ideale Voraussetzungen für einen erfolgreichen Schlag zu schaffen, sowohl räumlich, d. h. eine günstige Distanz zwischen Körper und ankommenden Ball herzustellen, als auch zeitlich. D. h., dass der Schläger den Ball „im richtigen Moment an der richtige Stelle" (Sweetspot) treffen kann.

„Regulierungssteps" sind kurze, flinke, rhythmische, schnell aufeinanderfolgende, weiche und sehr leichtfüßig wirkende Schritte zur unmittelbaren Vorbereitung auf den Schlag. Es sind also die Schritte auf dem letzten halben Meter, bevor man den Ball erreicht. Sie werden vor allem auch dann benötigt, wenn man dem Ball ausweichen muss, oder wenn man z. B. die Rückhand umläuft, um seine Vorhand einzusetzen. Eine weit verbreitete Formulierung ist hierbei „sich gut bewegen" können. Auf Aschеplätzen können die „Regulierungssteps" auch in ein „Hineinrutschen" in den Schlag übergehen.

„Regulierungssteps" sind mehr von der Koordination (Gleichgewicht/Balance) als von Kraft abhängig.

Powersteps

Powersteps

Darunter versteht man in erster Linie den Antritt zum Ball, wenn ein längerer Laufweg zurückzulegen ist. Je schneller der Körper dabei beschleunigt wird, desto größer ist auch die erforderliche Kraft diese Dynamik unmittelbar vor dem Schlag wieder kontrolliert zu verzögern.

„Powersteps" sind in der Regel explosive, kraftvoll-dynamische, vor allem aus der Kraft der Oberschenkeln resultierende Schritte, wobei der Körperschwerpunkt relativ tief ist, d. h. man ist ziemlich weit „in den Knien".

„Powersteps" sind primär von der Kraft in den Beinen abhängig.

Nun bin ich optimistisch, dass es mir gelungen ist, Ihnen die Bedeutung des „Leistungsfaktors Beinarbeit" transparent vor Augen zu führen und Sie auf die Frage nach dem Stellenwert der Beinarbeit mehr antworten können als: „Naja, man muss eben schnell zum Ball laufen können!"

Vorteil Beinarbeit!

Räumlicher Abstand

- Durch die Beinarbeit wird der ideale Abstand zum Ball hergestellt. Das geschieht vornehmlich über die „Regulierungssteps“, d. h. durch kurze und flinke Schritte. Nur wenn der Körperschwerpunkt in ausgewogener Weise (Gleichgewicht!) hinter dem Treffpunkt des Balles liegt, ist die Voraussetzung für einen erfolgreichen Schlag gegeben.

Zeitliche Dimension (Timing)

- Um möglichst sauber zu treffen, muss der Ball mit der Bespannung im richtigen Moment an der richtigen Stelle zusammentreffen. Daher wird über die Beinarbeit neben dem Abstand auch der zeitliche Faktor gesteuert. Außerdem sollen Körper- und Schlagbewegung möglichst ineinander übergehen (Bewegungsfluss), woran ebenfalls die Beinarbeit maßgeblich beteiligt ist.

Reaktion und Anpassung

- Aus einer lockeren Beinarbeit („Tänzeln“) heraus lässt es sich reaktionsschneller und flinker zum Ball starten, als wenn das Körpergewicht wie im normalen Stand auf beiden Füßen lagert. Man denke an das Tänzeln eines Boxers oder Fechters, bei denen es überwiegend darum geht, möglichst reaktionsschnell den Attacken des Gegners auszuweichen.

Ökonomie

- Eine ständige Beinarbeit unterstützt die Ökonomie im Spiel und spart somit Energie, da man sein Körpergewicht nicht ständig aufs Neue aus einer ruhenden Position in Bewegung versetzen muss.

Körperkontrolle

- Die Beinarbeit unterstützt das eigene Gefühl für Gleichgewicht und Bewegung. Spieler mit hervorragender Beinarbeit geraten fast nie aus dem Gleichgewicht.

Entspannung

- Die Beinarbeit hält den Körper in Bewegung und wirkt somit Verspannung und Verkrampfung der Muskulatur entgegen

Psychischer Druck auf den Gegner

- Wohin der Ball des Gegners auch kommt, Spieler mit hervorragender Beinarbeit (z. B. Chang, Clement) sind schon frühzeitig da. Gegen sie ist es äußerst schwierig, aus einer Grundliniensituation heraus direkte Punkte zu erzielen.

Die 5 Phasen einer perfekten Beinarbeit

Folgende Betrachtungsweise der Beinarbeit bezieht sich auf die typische Grundlinienspielsituation, wie sie in 70 – 80% aller Ballwechsel gefordert wird. Wie bereits erläutert, beträgt die durchschnittliche Flugzeit von einer Grundlinie zu der anderen (->24 Meter) ca. 1,5 Sekunden. Da diese Strecke während eines Ballwechsels zweimal zurückgelegt werden muss, vergehen im Schnitt drei Sekunden bis der Ball nach Verlassen der Bespannung erneut getroffen werden muss.

Folgende Grafik unterteilt diese 3 Sekunden in 5 Phasen und veranschaulicht in welcher Form die Beinarbeit in jeder einzelnen Phase gefordert ist. Sie werden erkennen, dass der Anspruch in jeder einzelnen Phase wirklich extrem unterschiedlich ist und feststellen, wie Sie durch diese differenzierte Betrachtungsweise in Zukunft eine Menge Fehler vermeiden können.

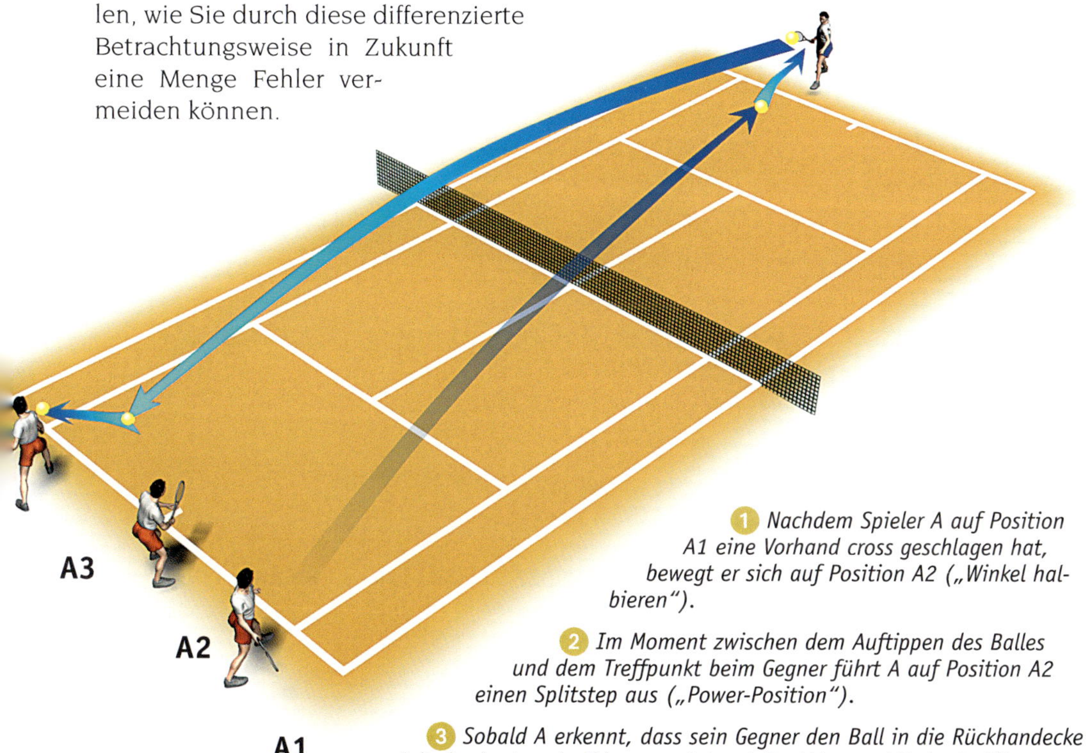

1 *Nachdem Spieler A auf Position A1 eine Vorhand cross geschlagen hat, bewegt er sich auf Position A2 („Winkel halbieren").*

2 *Im Moment zwischen dem Auftippen des Balles und dem Treffpunkt beim Gegner führt A auf Position A2 einen Splitstep aus („Power-Position").*

3 *Sobald A erkennt, dass sein Gegner den Ball in die Rückhandecke spielt, beginnt er dorthin zu sprinten („Reaktion und Turbostart").*

4 *A sprintet von Position A2 nach A3, bremst ab und bringt seinen Körper in Schlagposition („Sprint und Stopp").*

5 *A schlägt eine Rückhand („Schlagausführung").*

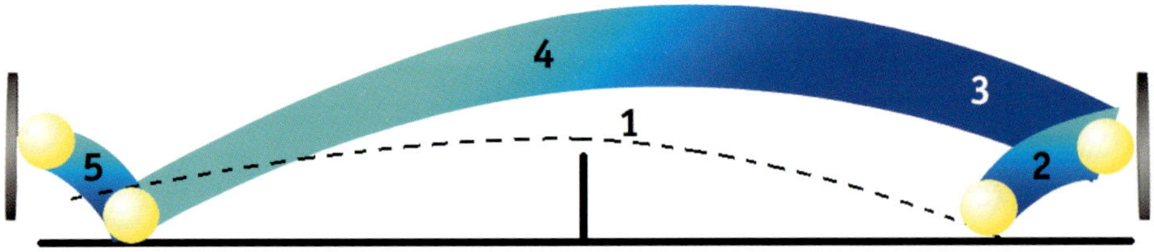

Die 5 Phasen im Einzelnen

Bezeichnung	Ziel	Art der Beinarbeit
1. Winkel halbieren 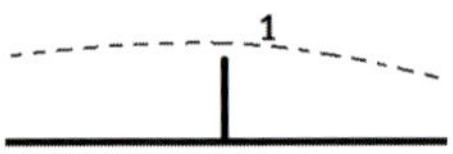	In dem Moment, wenn der Ball im gegnerischen Feld auftrifft, sollte man schon die geometrische Mitte zwischen den beiden äußersten Möglichkeiten des Gegners erreicht haben.	Sidesteps
2. Power-Position 	Zwischen dem Auftreffen und dem Ballkontakt auf dem gegnerischen Schläger sollte ein Splitstep ausgeführt werden.	Splitstep siehe Seite 40
3. Reaktion und Turbo-Start 	sobald man erahnt (Antizipation), wohin der Ball des Gegners kommt, wird ein reaktionsschneller und explosiver Start ausgeführt.	Drehschritt und Power-Steps
4. Sprint und Stop 	Wenn der Ball im eigenen Feld aufspringt, sollte man bereits seine Schlagposition erreicht haben und den Abstand zum Ball präzise ausgerichtet haben.	Regulierungssteps
5. Schlagausführung 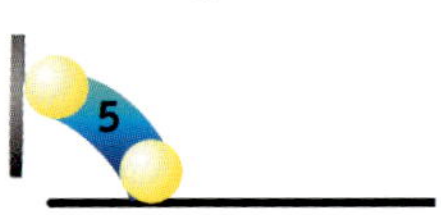	ruhige Schlagausführung mit dem Ziel, den Ball möglichst im aufsteigenden Ast zu treffen	Schlagposition

„POWER-POSITION"

Als „Power-Position" bezeichnet man die Ausgangsposition, aus der sportlich-dynamische Bewegungen am besten vollzogen werden können. Sie findet übergreifend in allen Sportarten Anwendung, bei denen es um schnelle Körperdynamik geht. Denken Sie an die Erwartungshaltung eines Fußballtorwarts bei einem Strafstoß, an die Körperposition eines Sprinters beim Startschuss oder an die Ausgangsposition eines Schwimmers, wenn das Startsignal ertönt.

Die „Power-Position" ist vor allem dann gefordert, wenn der Körper aus einer ruhenden Position in Bewegung versetzt werden soll, schnelle Richtungswechsel abverlangt werden oder reaktionsschnell auf akustische oder optische Signale reagiert werden muss.

In der Beschreibung der „Die 5 Phasen einer perfekten Beinarbeit" wurde das Synonym „Splitstep" verwendet.

Auf den Darstellungen dieser Seite sind die wichtigsten Kennzeichen der sogenannten „Power-Position" dargestellt.

Die beschriebenen Kennzeichen der Power-Position macht sich auch die Formel 1 zu nutze:

Power-Position

Drehschritt

- **weite Fußstellung**
- **tiefer Körperschwerpunkt**
- **hohe Muskelanspannung**

- **breite Achse**
- **tiefer Fahrzeugschwerpunkt**
- **feste Aufhängung**

Wie sieht eine perfekte Beinarbeit aus?

Beinarbeit in natürlicher Perfektion zeigen beispielsweise Steffi Graf, Martina Hingis, Alex Corretja, Marcelo Rios oder Lleyton Hewitt. Bei diesen Spielerinnen oder Spielern hat man das Gefühl als würden sie laut- und mühelos über den Platz schweben. Genau genommen müsste man eigentlich von Fußarbeit sprechen, weil die Bewegungen überwiegend aus dem Fußgelenk erfolgen. Ist der Ball im Spiel, sind die Füße ständig in Bewegung. Sie tänzeln und tippeln fortwährend, wobei das Körpergewicht auf dem vorderen Teil des Fußes (Fußballen) verlagert ist und die Fersen relativ wenig Bodenkontakt haben.

Qualitätsmerkmale

Qualitätsmerkmale sind viele schnell aufeinanderfolgende, weiche Bodenkontakte innerhalb kurzer Zeit, insbedondere zwischen den einzelnen Schlägen. Die Muskulatur der Beine ist dabei locker und entspannt. Die Füße befinden sich in ca. schulterbreitem Abstand zueinander.

- Füße ständig in Bewegung: „Tippel- und Tänzelschritte"
- Körpergewicht lagert auf dem vorderen Teil der Fußballen, die Fersen sind entlastet
- Fußstellung, paralleler Abstand der Füße zueinander, mindestens eine Schulterbreite oder mehr
- Bodenkontakte der Fußballen möglichst kurz und weich

TRAININGSPLANUNG

Selbstständigkeit ist Trumpf

Die Trainingsplanung ist eine der grundlegenden Voraussetzungen für professionelles Training. Zu wissen, wie man Training selbstständig plant, organisiert und durchführt, ist die Basis für eine langfristige Verbesserung des eigenen Spielniveaus.

Jeder Spieler, der Tennis als Leistungssport betreibt, ist gut beraten, sich im Laufe der Zeit ein gewisses Maß an Eigenkompetenz auf dem Gebiet der Trainingslehre anzueignen, um nicht ausschließlich auf die Hilfe von anderen, in der Regel vom Trainer, angewiesen zu sein. Bitte verstehen Sie mich nicht falsch: Das soll natürlich nicht heißen, dass Trainer überflüssig sind, aber die Praxis zeigt, dass man im Tennis oft häufiger auf sich allein gestellt ist, als einem das vielleicht lieb ist. Da erweist es sich schon als Vorteil, sein Training auch mal allein organisieren zu können. Selbstständig, d. h. in **Eigenregie** effektiv und professionell trainieren zu können, sollte für jeden Spieler ein wichtiges Anliegen sein. Eigeninitiative und Selbstständigkeit sind in der Sportart Tennis generell zwei grundlegende Tugenden. Daher sollte man diese beiden Eigenschaften auch in punkto Training, mit allem was dazugehört, auf ein möglichst hohes Niveau bringen.

Jeder Spieler sollte über das Know-how verfügen, sein Training selbstständig und professionell organisieren zu können.

Denn wer hat schon einen persönlichen Trainer, der rund um die Uhr für einen da ist? Wer hat das Glück einen Coach zu finden, der ein echter Experte ist und zudem Zeit und Interesse hat, einen Spieler individuell und kontinuierlich auf seinem Weg zu betreuen? Wer verfügt schon über die finanziellen Möglichkeiten, sich einen eigenen Trainer leisten zu können bzw. jeden Tag Trainerstunden zu nehmen? Ein privater Trainer ist zwar der Idealfall, jedoch bleibt das in der Realität für die meisten nur ein unerfüllter Traum. So bleibt festzuhalten, dass man für seine Entwicklung zu einem nicht geringen Teil selbst verantwortlich ist, und somit kommt man nicht umhin, sich mit den Grundlagen für erfolgreiches Training zu beschäftigen.

Andre Agassi mit seinem Coach Brad Gilbert.

Im Gegensatz zu Mannschaftssportarten ist beim Tennis nur ein Spielpartner und ein Platz nötig, und mit entsprechender Motivation und gutem Willen kann man gewissermaßen „rund um die Uhr" trainieren. Um diesen Vorteil der Individualsportart effektiv nutzen zu können, muss man einfach einen gewissen Überblick auf dem Gebiet des Trainings besitzen. Dies erweist sich beispielsweise auch dann als Vorteil, wenn man nach einer frühen Niederlage während Turnierreisen mal eine Woche Leerlauf hat und somit jeden einzelnen Tag produktiv nutzen kann. Getreu dem Motto: „Selbstständigkeit ist Trumpf!"

Komplextraining, ja bitte!

Zu Beginn des Buches wurde bereits ausführlich erläutert, wie komplex die Sportart Tennis ist. Tennis hat gleichzeitig einen enormen Anspruch an die Bereiche Technik, Taktik, Kondition und Psyche (vgl. Kapitel „Die 4 Zahnräder"). Nur wenn diese vier Teilbereiche ideal aufeinander abgestimmt sind und harmonisch ineinander greifen, sind Höchstleistungen möglich. Da ist es logisch, dass auch das Training diesem Anspruch Rechnung tragen sollte.

In Deutschland wird sich zu sehr mit dem sogenannten Techniktraining beschäftigt.

Ein kritischer Blick auf Deutschlands Trainingsplätze belegt die Umsetzung dieser Forderung in die Praxis leider nicht immer. Es entsteht der Eindruck, dass dort zu viel Zeit dem sogenannten Techniktraining gewidmet wird, anstatt das tennistypische Anforderungsprofil, nämlich das besagte, komplexe Zusammenspiel der vier Zahnräder, in den Mittelpunkt zu stellen. Was nutzen die technisch schönsten Schläge, wenn im Endeffekt keine allzu große Spielstärke vorhanden ist? Dieses Phänomen ist gerade im deutschen Jugendtennis nicht selten anzutreffen.

Jim Courier mit einer sehr individuellen Rückhandtechnik.

Zwar muss gerade im Jugendalter großen Wert auf die Technikausbildung gelegt werden, doch darf dies nicht dahingehend ausarten, dass Technik zum Selbstzweck wird. Die Rückhand eines Jim Courier, die Vorhand eines Sergi Bruguera, die Grundlinienschläge eines Alberto Berasategui, der Vorhand und Rückhand nicht nur mit der selben Griffhaltung, sondern auch mit der gleichen Seite der Bespannung spielt, oder der Becker-typische Vorhandgriff beim Aufschlag sind alles andere als „lehrbuchmäßig". Dennoch haben sich diese Techniken „Marke Eigenbau" zu außergewöhnlichen, sehr individuellen Stärken entwickelt. Es lohnt sich daher schon einmal der Frage nachzugehen, ob nicht in dieser Überbewertung der Technik, sowohl bei den Talentsichtungen, als auch später bei den Kaderzusammenstellungen, eine der möglichen Ursachen dafür liegen könnte, dass der deutsche Tennisnachwuchs zur Zeit international eine eher untergeordnete Rolle spielt.

Nicht gerade zur Nachahmung empfohlen: Die Grundlinienschläge von Alberto Berasategui

Ein kurzer Blick auf die Weltranglisten, sowohl im Damen-, Herren- und vor allem auch im Jugendbereich sollte Anlaß genug sein, die aktuellen Konzepte zur Jugend- und Nachwuchsförderung zu bilanzieren und kritisch zu überdenken. Einer der resultierenden Ansatzpunkte bei dieser „ungeschminkten" Bestandsaufnahme kann jedenfalls nur lauten, wirklich diejenigen Inhalte in den Trainingsmittelpunkt zu rücken, die in einem Match auch tatsächlich abverlangt werden. Das Stichwort in diesem Zusammenhang heißt Komplextraining.

Komplextraining ist das Training des Leistungstennis. „Komplex" richtet sich hierbei an das ganz spezifische, tennis-typische Anforderungsprofil. In kaum einer anderen Sportart ist der Anspruch an die geforderten Bewegungsaufgaben so hoch und vielfältig wie beim Tennis. Dies bezieht sich nicht allein auf die Technik, sondern speziell auf ihre vielfältige Verflechtung mit den sich gegenseitig beeinflussenden Faktoren Kondition, Taktik und Psyche. Für die tatsächliche Leistungsfähigkeit im Match („Spielstärke") ist immer das komplexe Zusammenspiel der mentalen, koordinativen, konditionellen und taktischen Fertigkeiten ausschlaggebend. So gesehen ist die Technik nur der Teil eines Systems. Die wirkliche Spielstärke drückt sich demnach nicht nur durch die Technik, sondern stets in der Beherrschung des gesamten Systems aus. Somit kann man sagen, dass das Leistungspotenzial eines Spielers nur dann optimal gefördert und entwickelt wird, wenn das komplette System trainiert wird.

Das Leistungsniveau eines Spielers kann nur dann steigen, wenn immer das komplette System (Technik, Taktik, Kondition, Psyche) als Einheit trainiert wird.

Boris Becker mit einer „typischen" Vorhandgriffhaltung beim Aufschlag.

Komplextraining heißt demnach, dass die Technik der einzelnen Schläge nicht isoliert, also losgelöst von Taktik, Kondition und Psyche, sondern nach Möglichkeit immer eingebettet in entsprechenden Match- oder Spielsituationen trainiert wird. Es steht also das Einstudieren kompletter Spielsituationen und nicht eines einzelnen, isolierten Schlages im Mittelpunkt. Somit trägt man den tatsächlichen Matchanforderungen bestmöglich Rechnung. Diesem Ansatz liegt auch der Gedanke zugrunde, dass es im Match immer wieder sich ähnelnde und wiederholende Spielsituationen sind (Grundlinienrallye; Angriffs-, Verteidigungssituation, Aufschlag-, Returnsituation), die gemeistert werden müssen. Insofern macht es Sinn, diese kompletten Spielsituationen einzustudieren und im motorischen Gedächtnis abzuspeichern. Perfektion und Routine in der Bewältigung der einzelnen Spielsituationen zu erreichen, ist das oberste Ziel des Komplextrainings.

Beim Komplextraining steht das Einstudieren kompletter Spielsituationen im Mittelpunkt. Damit wird das gesamte Anforderungsprofil, also Technik, Taktik, Kondition und Psyche, als Einheit trainiert.

Durch das Komplextraining werden die Schläge in den, wie im Match auftretenden, verschiedenen Spielsituationen automatisiert und zuverlässig abrufbar. Somit reift man gewissermaßen zu einem „Meister in der Beherrschung verschiedener Spielsituationen" und nicht nur zu einem „Meister der Technik".

Vorteile des Komplextrainings
- **gezielte Abstimmung der Trainingsform auf die individuelle Schwäche**
- **matchgetreue Intensität**
- **Tennisspezifisches Training der konditionellen Faktoren**
- **taktisch-strategisch korrekte Schlagabfolge**
- **Grundgedanke des Spiels bleibt erhalten (Spielformen)**
- **„Wettkampfcharakter"**
- **Motivation/Spaß**

Stellenwert des Techniktrainings im Leistungstennis

Jonas Björkmann: Beispiel für Improvisationstalent.

Das Komplextraining zielt auch darauf ab, dem Grundgedanken des Tennis als Rückschlagspiel so gut wie möglich gerecht zu werden. Der so oft gestellten Frage: „Wie sieht der ideale Schlag aus?", muss man an dieser Stelle entgegenhalten, dass dieser im Grunde genommen nicht existiert. Denn in einem Match gibt es niemals zwei exakt identische Spielsituationen. Der Gegner zwingt einen bekanntlich immer in die Ausgangslage, auf die reagiert bzw. geantwortet werden muss. Diese versucht er für einen natürlich so schwierig wie möglich zu gestalten. Tempo, Länge, Höhe, Drall und Winkel der ankommenden Bälle sind dabei niemals 100%ig identisch. Bei jedem einzelnen Schlag muss also immer eine neue, vielleicht sich ähnelnde, aber niemals identische Situation bewältigt werden.

In einem Match gibt es niemals zwei identische Situationen.

In einem Match hat jeder Gegner sein individuelles Spiel (Taktik, Technik) und seine eigenen körperlichen Voraussetzungen (Größe, Kraft), wodurch der gedankliche Ansatz des Komplextrainings nochmals unterstrichen wird.

Nicht nur die taktisch-strategischen Bedingungen in einem Ballwechsel sind immer unterschiedlich, sondern auch immer vom jeweiligen Gegner abhängig. Bälle, Bodenbelag und Witterungsverhältnisse tragen ebenfalls dazu bei, dass die Bedingungen in einem Match nie konstant sind. Man kann sagen, dass von einem Tennisspieler in den meisten Situationen immer ein gewisses Maß an **Improvisationstalent** gefordert ist, da es „Standardsituationen", mit Ausnahme des Aufschlags, genaugenommen gar nicht gibt.

In einem Match ist man oft gefordert, seine Technik der entsprechenden Situation anzupassen.

Gegen einen 1,94 m großen Aufschlag-Volley-Spieler wie M. Philippoussis (92 kg) hat man als Gegner andere Aufgaben zu lösen, als gegen einen 1,72m großen Grundlinienspieler wie A. Clement (64 kg).

Die wirkliche Kunst des Tennis besteht also darin, immer die bestmögliche Abstimmung zwischen der in der entsprechenden Situation „idealen" Technik und der Improvisationskunst zu finden. Somit sollte man speziell im Leistungstennis die Technik auch immer als die bestmögliche individuelle Lösung einer situativen Aufgabe sehen. Dieser Blickwinkel ist auch der Beleg dafür, dass das, was oft unter Techniktraining verstanden wird, nicht wirklich der beabsichtigten Steigerung der Spielstärke dient. Somit kann man folgern, dass entsprechendes Training nur dann effektiv sein kann, wenn die Technik in spieltypischen Situationen trainiert und automatisiert wird. Insofern ist der gedankliche Ansatz „Technik als Lösung bestimmter Spielsituationen", bzw. der Begriff **„Situatives Techniktraining"** (Technikanwendungstraining) angebracht.

Die Technik der einzelnen Schläge wird immer in der entsprechenden Matchsituation trainiert.

Thomas Haas: Situatives Techniktraining

Diese Ausführungen sind der Beleg dafür, dass Matchtraining, bzw. Training unter matchähnlichen Bedingungen, mit verschiedenen Partnern immer noch die effektivste Art zu trainieren darstellt. Wenn jemand einen Sprung auf der Rangliste macht, so müssen dieser Verbesserung logischerweise auch eine ganze Reihe von gewonnenen Matches vorausgegangen sein. Auch hier wird erkennbar, dass es letztendlich die Matches sind, die die Spielstärke wirklich verbessern. Ergo sollte man einmal kritisch der Frage nachgehen, ob der Ansatzpunkt des Trainings, so wie es oft anzutreffen ist, auch wirklich auf direktem Weg zu einer Verbesserung der Spielstärke führt.

Das motorische Erlernen der tennistypischen Bewegungsabläufe am Anfang eines Tennislebens.

Der Stellenwert des Komplextrainings wächst mit zunehmendem Trainingsalter, d. h. dass das sogenannte **„Technikerwerbstraining"** (Isoliertes Techniktraining) im Alter von 14 oder 15 Jahren zum größten Teil abgeschlossen sein sollte. Ab dann sollte das Komplex- und Matchtraining in den Vordergrund gestellt werden.

Die im Praxisteil vorgestellten Trainingsformen können überwiegend dem Komplextraining zugeordnet werden. Die konkrete Anleitung zur Durchführung ist stets gesondert aufgeführt.

Carl-Uwe Steeb: Technikerwerbstraining

Was ist eigentlich Training?

Beim Versuch, diese Frage mit einem Satz zu beantworten, stellt man fest, dass dies kein so einfaches Unterfangen ist.

Definieren kann man den Begriff Training vereinfacht als die Summe aller Maßnahmen, die man unternimmt, seine sportliche Leistungsfähigkeit gezielt und systematisch zu verbessern. Das Endziel ist seine persönliche Leistungsgrenze zu erreichen. Durch zielgerichtetes und geplantes Training will man das Maximum aus sich herausholen.

Trainingsziele

Professionell durchgeführte Matchanalysen bringen die wahren Schwächen ans Licht.

Einem professionellen Trainingsaufbau liegt immer ein Trainingsziel zugrunde, d. h. man sollte sich stets darüber im Klaren sein, was überhaupt trainiert werden soll. Hierfür ist eine objektive Selbstanalyse erforderlich, um herauszufinden, in welchen Bereichen man sich eigentlich verbessern möchte. Dazu bedarf es der Meinung von Fachleuten, da es für den Spieler erfahrungsgemäß recht schwierig ist, sich selbst objektiv und ohne die berühmte „rosarote Brille“ zu beurteilen. Eine Video- sowie eine **Matchanalyse** sind dabei sehr hilfreich. Doch hier stößt man schon auf das erste Problem: Welcher Spieler wird denn wenigstens zwei- bis dreimal mal pro Jahr auf Video aufgenommen, und welcher Trainer macht sich denn schon die Mühe Matchanalysen zu erstellen?

Trainingsziele können übergeordnet, d. h. sie betreffen das Spiel in seiner Gesamtheit (Spielaufbau, typische Schlagabfolgen, Taktik/ Strategie etc.), oder sie können speziell sein. Bei speziellen Trainingszielen handelt es sich um die technische Ausführung einzelner Schläge in bestimmten Situationen.

Trainingsziele

übergeordnete Ziele

- **Spielaufbau**
- **Taktik**

spezielle Ziele

- **Technik einzelner Schläge**
- **spezielle Situationen**

Beispiele für übergeordnete Trainingsziele:

- Spieler A hat wenig Geduld beim Spielaufbau von der Grundlinie. Er versucht „zu früh", also in ungünstigen Situationen, direkte Punkte zu erzielen, woraus viele leichte Fehler, sogenannte „vermeidbare Fehler" (unforced errors) resultieren.
- Spieler B steht während des Ballwechsels zu weit hinter der Grundlinie, wodurch sein Spiel generell zu kurz und zu passiv wird. Für den Gegner ergeben sich somit immer wieder gute Gelegenheiten, die Initiative zu übernehmen, z. B. ans Netz aufzurücken oder Gewinnschläge zu erzielen.
- Das Grundlinienspiel von Spieler C ist sehr monoton und für den Gegner leicht berechenbar. Er spielt meist cross, mit konstantem Tempo und gleichbleibender Flugbahn, so dass die Bälle beim Gegner in kontinuierlichem Tempo und günstiger Hüfthöhe ankommen. Der Kontrahent hat damit keinerlei Probleme, sich auf dieses Spiel einzustellen.
- Die Rückhand von Spieler D ist sehr unsicher. Daher versucht er diese wenn möglich zu umlaufen, um seine bessere Vorhand einzusetzen. Dabei öffnet er die Vorhandseite des Platzes und gibt seinem Gegner günstige Voraussetzungen, dorthin einen Gewinnschlag oder Angriffsball zu spielen.

Übergeordnete Trainingsziele ergeben sich aus der Betrachtung des kompletten Spiels im Hinblick auf Spielgestaltung, Spielaufbau, Matchführung und Strategie. Es geht primär um das Spiel in seiner Gesamtheit und erst sekundär um die Technik der einzelnen Schläge.

Die Benennung des Trainingsziels ist der erste Schritt in der Trainingsplanung.

Im Gegensatz zu den übergeordneten stehen die speziellen Trainingsziele. Darunter versteht man die Anwendung der Technik einzelner Schläge in typischen Matchsituationen.

Beispiele für spezielle Trainingsziele:

- „Mein 2. Aufschlag ist zu ‚harmlos'. Wenn ich den Ballwechsel über den 2. Aufschlag beginnen muss, verliere ich meistens den Punkt."
- „Meine Rückhand ist sehr unsicher. Spielt mir der Gegner ständig mit viel Drall und dazu noch hoch auf die Rückhand, werde ich oft zu kurz, und ich gebe ihm die Chance, mich unter Druck zu setzen."

- „Mein Vorhand-Return von der Einstandseite ist sehr ‚wackelig'. Wenn mich der Gegner mit einem Slice-Aufschlag weit nach außen treibt, unterlaufen mir sehr viele Return-Fehler."

Erst wenn man wirklich weiß, woran man arbeiten möchte, kann man mit der eigentlichen Organisation des Trainings beginnen.

Gliederung einer Trainingseinheit

Nachdem das Trainingsziel festgelegt ist, geht es um die Auswahl der geeigneten Trainingsformen bzw. Übungen (vergleiche „Baukasten"). Hat man seine Trainingsformen zusammengestellt, muss man wissen, wie man diese erfolgversprechend in die Praxis umsetzt.

Optimale Trainingseffekte ergeben sich, wenn die einzelnen Trainingsinhalte in einer speziellen Reihenfolge gesetzt werden.

Der erste wichtige Aspekt hierbei ist die sogenannte **Reihenfolge der zu trainierenden Faktoren**. Diese basiert darauf, dass der menschliche Körper optimale Anpassungserscheinungen (Trainingseffekte) nur dann zeigt, wenn die Trainingsreize (Trainingsformen) in einer ganz bestimmten Reihenfolge gesetzt werden. Mit anderen Worten: Man muss wissen, welche Trainingsschwerpunkte bzw. Inhalte man zu welchem Zeitpunkt innerhalb einer Trainingseinheit ansetzt.

Bevor ins Detail gegangen wird, muss der Begriff Kondition etwas genauer unter die Lupe genommen werden. Was konkret ist eigentlich Kondition? Hier kommen bestimmt die abenteuerlichsten Erklärungsversuche zu Stande, da es mehrere Teilgebiete sind, die in diesem Begriff zusammenfließen. Ergo kann man Kondition auch nicht mit einer einzigen, klaren und treffenden Definition wiedergeben, sondern man muss die Bezeichnung als Überbegriff für mehrere, einzelne Faktoren betrachten.

Kondition setzt sich aus fünf verschiedenen Teilbereichen zusammen, nämlich Koordination, Schnelligkeit, Kraft, Ausdauer und Beweglichkeit.

Diese Untergliederung spielt eine zentrale Rolle für den Aufbau einer Trainingseinheit. Beim Prinzip der Reihenfolge der zu trainierenden Faktoren geht es nämlich darum in welcher speziellen Reihenfolge diese fünf einzelnen konditionellen Teilbereiche trainiert werden. Dabei muss man allerdings wissen, dass man sich beim Tennis, egal was man auch trainiert, schwerpunktmäßig immer in einem dieser Teilbereiche befindet.

KONDITION				
Koordination	**Schnelligkeit**	**Kraft**	**Ausdauer**	**Beweglichkeit**

Zusammenspiel zwischen zentralem Nervensystem und Skelettmuskulatur innerhalb einer sportlichen Bewegungsaufgabe	**Schnellstmögliche Reaktion auf einen Reiz und höchste Geschwindigkeit bei der Bewegungsausführung**	**Fähigkeit des Nervmuskelsystems, Widerstände zu überwinden**	**Ermüdungswiderstandsfähigkeit gegen langandauernde Belastungen**	**Flexibilität von Gelenken und Dehnungsfähigkeit der Muskulatur**

Technik der einzelnen Schläge, sowie Lauf und Bewegungstechnik.	**Reaktionsschnelligkeit, Antrittsschnelligkeit und Schlagschnelligkeit.**	**Sprintkraft, Abbremskraft, Schlagkraft**	**Laufausdauer, Schlagausdauer**	**„Runde" Bewegungsausführung, Ausweichen**

Schwerpunktmäßig heißt hierbei, dass sich die einzelnen konditionellen Bereiche in der Praxis nie so eindeutig wie in der Theorie voneinander trennen lassen, sondern dass sie sich zu einem gewissen Grad immer überlappen.

So ist schon bei einer ganz normalen Vorhand immer die ganze Palette der konditionellen Faktoren gefordert:

- **Koordination** ➛ Technik (Treffen des Balles)
- **Kraft** ➛ Schlägerbeschleunigung; explosiver Antritt
- **Schnelligkeit** ➛ wenn vor dem Schlag ein langer Laufweg zurückzulegen ist
- **Ausdauer** ➛ wenn die Vorhand beispielsweise der 10. Schlag innerhalb eines Ballwechsels ist
- **Beweglichkeit** ➛ wenn man dem Ball vor dem Schlag ausweichen muss (z. B. Return)

Bei dem Prinzip der Reihenfolge der zu trainierenden Faktoren geht es nun darum, welcher dieser einzelnen konditionellen Teilbereiche im Vordergrund stehen soll.

So sind z. B. Aufschlag und Return überwiegend der Koordination, Passierball aus vollem Lauf der Schnelligkeit, tiefe Volleys oder Schmetterball im Sprung der Kraft, lange Serien von Grundlinienschlägen der Ausdauer zuzuordnen.

Die Reihenfolge der zu trainierenden Faktoren ist die Grundlage für die zeitliche Abstimmung bei der Festlegung des Trainingseinheitenplans.

Folgende Graphik veranschaulicht die sogenannte „Reihenfolge der zu trainierenden Faktoren", die übergreifend für alle Sportarten gilt. Grundsätzlich ist von folgendem zeitlichen Ablauf auszugehen:

Für die Praxis ergeben sich daraus folgende Richtlinien:

Das Zusammenspiel zwischen Gehirn (motorisches Zentrum) und dem Bewegungsapparat bei Bewegungsaufgaben.

Am Beginn einer Trainingseinheit, nach (selbstständigem!) Aufwärmprogramm und Einschlagen, sollten Übungsformen mit dem Schwerpunkt **Koordination**, also Techniktraining, stehen. Techniktraining ist immer Koordinationstraining. Koordination ist einfach ausgedrückt das Zusammenspiel zwischen Gehirn (motorisches Zentrum) und dem Skelett mit seinen Muskeln (Bewegungsapparat), wenn es darum geht eine Bewegungsaufgabe zu lösen. Man kann sich das vereinfacht so vorstellen, dass das Gehirn den Befehl für diese Bewegungsaufgabe erteilt, und der Bewegungsapparat (Skelett mit Muskeln) für die Ausführung dieses Befehls zuständig ist. Die präzise Abstimmung von Gehirn und Bewegungsapparat im Rahmen der Bewegungsaufgabe wird als Koordinationsfähigkeit bezeichnet. Eine Bewegungsaufgabe kann dabei

das Balancieren auf einem Baumstamm, genauso wie das Fangen eines Balles oder ein Topspin-Lob sein. Jede körperliche Bewegung im Sinne des Zusammenspiels zwischen Gehirn und Körper ist genau genommen Koordination. Somit gehören auch alle sportlichen Techniken zu dem Bereich der Koordination. Und da im Tennis ein so kleiner Ball, der auch noch ziemlich schnell übers Netz geflogen kommt, möglichst genau getroffen werden und auch noch in ein Feld geschlagen werden muss, kann man sich vorstellen, dass der Anspruch an die Koordination im Tennis sehr hoch ist. Tennis gehört zu den technisch anspruchsvollsten Sportarten überhaupt, und somit ist das Niveau der Koordinationsfähigkeit die grundlegendste Voraussetzung.

Techniktraining ist immer Koordinationstraining und sollte immer am Anfang einer Trainingseinheit stehen.

Die Begründung, dass Techniktraining am Anfang einer Trainingseinheit den größten Effekt erzielt, liegt darin, dass der menschliche Organismus nur in ausgeruhtem Zustand günstig auf technisch-koordinativ anspruchsvolle Bewegungsaufgaben reagiert. Vor allem im ausgeruhten Zustand werden technische Bewegungsabläufe langfristig und zuverlässig im motorischen Zentrum des Gehirns abgespeichert. Wenn Sie also technisch anspruchsvolle Schläge, wie z. B. Ihren Rückhand-Slice longline, Vorhand Kurz-cross, Topspinlob, Return oder Ihren Aufschlag effektiv verbessern wollen, verspricht das erste Drittel einer Trainingseinheit den größten Erfolg. Wie oft sieht man, dass es fälschlicherweise meist am Ende einer Trainingseinheit, wenn man schon erschöpft ist, heißt: „So, und jetzt noch 10 Minuten Aufschlag!".

Ein Beispiel für **Schnelligkeit** auf dem Tennisplatz wäre das Sprinten zu einem vom Gegner extrem cross gespielten Ball, wobei man aus der entfernt liegenden Platzecke starten muss. Auch beim Erlaufen eines Stops (vor allem Volleystop) oder eines Lobs, den man nicht mehr schmettern kann, ist ein hohes Maß an Schnelligkeit gefordert.

Schnelligkeit ist sehr eng mit der Koordinationsfähigkeit verbunden.

Rhythmus- und Schlagtraining sollten dem Techniktraining folgen. Bei einer professionellen Durchführung ist die Intensität hierbei vergleichsweise hoch. Leider sieht man nicht selten, dass Rhythmus- oder Schlagtraining mit „Tennis aus dem Stand" verwechselt wird. Dies sieht dann so aus, dass zwei Spieler z. B. Vorhand-cross möglichst oft mit gleichbleibendem Tempo (meist langsamer als im Match!) spielen, ohne sich auch nur einen einzigen Schritt zuviel zu bewegen, so nach dem Motto: „Wer sich zuerst bewegt, verliert!" Es sollte eigentlich klar sein, dass ein solches „Standtraining" nicht viel bringen kann, da es diese Situation im Match

*Beim Rhythmus- und Schlagtraining sollte großer Wert auf die Beinarbeit **zum und vom Schlag zurück** gelegt werden.*

niemals gibt. Insofern ist es wichtig, auch das Rhythmus- und Schlagtraining möglichst den tatsächlichen Erfordernissen im Match anzupassen. Dies erreicht man durch vorgegebene Laufwege zum Schlag und nach dem Schlag (Beinarbeit) und durch die Verwendung von Zielflächen. Die Intensität wird somit matchgetreu und man spürt konditionell deutlich, wenn man den Ball in einer Rallye 10 oder 15 mal ohne Fehler über das Netz gespielt hat.

Pete Sampras bei einem kraftvollen Schmetterball im Sprung.

Der konditionelle Faktor **Kraft** wird beispielsweise beim Schmetterball im Sprung, bei Serien von tiefen Volleys oder beim trainieren von Vorhand-Gewinnschlägen („Killervorhand") auf langsam und hoch eingespielte Bälle beansprucht.

Ausdauer steht im Vordergrund, wenn z. B. Grundliniensätze gespielt werden, bei denen der Ball ohne Aufschlag, also aus der Hand wie beim Einschlagen, ins Spiel gebracht wird, keine Netzangriffe erlaubt sind und die Ballwechsel somit relativ lange dauern. Verstärkt wird der Anspruch an die Ausdauer noch zusätzlich, wenn man zwischen den gespielten Punkten keine großen Pausen zulässt.

Man sieht also, dass man sich immer in einem der genannten konditionellen Teilbereiche befindet. Um wirklich effektiv zu trainieren, sollte man bei der Planung des Trainings die beschriebene Reihenfolge der zu trainierenden Faktoren berücksichtigen. So wäre es z. B. ein grober Fehler, vor Beginn einer Trainingseinheit ein Ausdauertraining (z. B. 45-minütigen Waldlauf) zu absolvieren, ein Krafttraining durchzuführen oder einen koordinativ anspruchsvollen Schlag wie den Aufschlag an den Schluss eines 90minütigen Trainings zu stellen.

Wer sich gezielt mit den „Spielregeln" der Trainingslehre befasst, schafft eine gute Ausgangsbasis seine persönliche Leistungsgrenze zu erreichen.

Diese kurz angerissenen Beispiele sollen das Bewusstsein dafür schärfen, welche Rolle trainingstheoretische Zusammenhänge spielen. In diesen trainingstheoretischen Basiskenntnissen liegt einer der Schlüssel zum Erfolg.

Natürlich muss an dieser Stelle erwähnt werden, dass die trainingstheoretischen Aspekte im Tennis eine nicht so extrem dominierende Rolle spielen, wie z. B. beim Schwimmen, Radfahren oder in der Leichtathletik. Tennis ist ja immer noch ein Spiel, in dem es nicht um 100stel Sekunden geht. Dies sollte aber nicht dazu verleiten, die Bedeutung der Sportwissenschaft zu unterschätzen.

Gerade in der jüngsten Vergangenheit lassen sich immer mehr Spitzenspieler von Spezialisten auf diesem Gebiet beraten und unterstützen. Es würde schon an Fahrlässigkeit grenzen, sich durch Ignoranz der modernen Trainingslehre nicht die Tür zum Erfolg einen Spalt weiter aufzustoßen. Also sollte man sein Wissen über Training und alles was dazu gehört, im Laufe der Zeit immer mehr erweitern, um sich so seine ganz persönliche sportwissenschaftliche Kompetenz anzueignen. So stellt man seine Kompassnadel auf Erfolg und bringt sich selbst auf den richtigen Kurs.

Das Prinzip der Superkompensation

Um den gewünschten Trainingseffekt wirklich zuverlässig zu erzielen, ist eine ausgewogene Dosierung (Abstimmung von Belastung/Regeneration), des Trainings ein wichtiges Gebot. Die Fähigkeit, die einzelnen Trainingseinheiten sowohl inhaltlich, zeitlich, als auch die Intensität betreffend, durchdacht aufeinander abzustimmen und zu steuern, zeichnet erfahrene Trainer und Spieler aus.

Das Fingerspitzengefühl für diese notwendige Feinabstimmung, wie z. B. „Welche Trainingsinhalte trainiere ich mit welcher Intensität und mit welcher Dauer?", hat großen Einfluss auf den tatsächlichen Leistungsfortschritt. Ein echter Trainingseffekt, also die tatsächliche Leistungssteigerung, ist nur dann zu erreichen, wenn körperliche Belastung und die sich anschließende Regenerationszeit, als eine nicht zu trennende Einheit gesehen werden. Eine kontinuierliche Leistungssteigerung ergibt sich immer, vor allem auch auf lange Sicht, aus dem systematischen Zusammenspiel von Belastung und Erholung. Diese beiden Faktoren gehören zusammen wie Tag und Nacht.

Belastung und die sich anschließende Erholung, sind eine nicht zu trennende Einheit

Da dieses Zusammenspiel von Belastung und Erholung eines der grundlegendsten Prinzipien von sportlichem Training darstellt, soll es an dieser Stelle etwas ausführlicher besprochen werden.

Vereinfacht kann man sich die Gesetzmäßigkeiten des menschlichen Körpers wie folgt vorstellen:

Der menschliche Körper passt sich stets Belastungen an.

Der menschliche Organismus hat die faszinierende Fähigkeit, sich stets Belastungen anzupassen. Wenn man z. B. tagtäglich 10 Stockwerke über eine Treppe zu seiner Wohnung zurücklegen muss, passt sich der Körper dieser Belastung an, indem er entsprechende Beinmuskulatur bildet. Joggt man jeden 2. Tag eine Stunde, passt sich das Herz-Kreislauf-System an, und nach drei Wochen macht einem dieses Laufen schon längst nicht mehr soviel aus wie beim ersten Mal. Spielt man jeden zweiten Tag 1,5 Stunden Tennis, so merkt man im Laufe der Zeit, dass man zunehmend mehr Energie, Kraft und Ausdauer entwickelt. Wenn man sich regelmäßig sportlich betätigt, wird man mit zunehmender Dauer körperliche Verbesserungen feststellen. Der Körper „gewöhnt" sich sozusagen an die sportliche Belastung. Diese Gewöhnung an körperliche Belastungen nennt man **Trainingseffekt**.

Spezifische Anpassungserscheinungen des Organismus.

Nach einer Belastung reagiert der Körper prinzipiell erst einmal mit Ermüdung. Nach einem zweistündigen Match ist man erschöpft und sehnt sich nach Ruhe und Erholung. Der Körper fordert auf diese Weise seine Regeneration, indem er mitteilt: „Ich kann nicht mehr! Ich bin kaputt!" Das Faszinierende ist nun, dass sich der Organismus in der anschließenden Ruhephase im übertragenen Sinn Folgendes sagt: „...so müde und abgekämpft möchte ich beim nächsten Mal nicht mehr sein, dagegen muss ich etwas unternehmen!". Mit dieser Zielsetzung beginnt er nun in der anschließenden Regeneration die verbrauchte Energie, also die im Match aufgezehrten Energieeinheiten, wieder neu herzustellen.

Entsprechend der Intensität der körperlichen Belastung wird Energie verbraucht.

Da der Organismus nun aber „ehrgeizig" ist und sich sagt „...nächstes mal möchte ich länger durchhalten können!", baut er nun während der Pause (Regeneration) mehr **Energievorräte** auf, als vorher durch die Belastung tatsächlich verbraucht worden sind. Er füllt seine Energievorratskammern jetzt nicht nur soweit auf, dass sie wieder so voll sind wie zu Beginn, sondern er legt jetzt mehr Vorräte an, als sich ursprünglich, also vor der sportlichen Belastung, darin befunden haben. Er gleicht die verbrauchten Energievorräte somit nicht nur wieder aus (Ausgleich = Kompensation), sondern er baut jetzt mehr Energievorräte auf, als tatsächlich verbraucht worden sind (Ausgleich + „mehr Vorräte" = Überkompensation). Diesen Vorgang bezeichnet man als Über- oder Superkompensation. Superkompensation ist also einfach ein anderes Wort für Überkompensation. Mit dieser vereinfachten Erklärung sollte klar werden, wie der anfangs so kompliziert klingende Begriff der Superkompensation entsteht und welch faszinierende Strategie des Körpers sich dahinter verbirgt.

Energie wird im Muskel in Form von ATP (biochemische Speicherform der Kohlehydrate) gespeichert.

Während der Ruhephase baut der Körper die verbrauchte Energie wieder auf und legt darüber hinaus noch einen zusätzlichen Vorrat an.

Das Prinzip der Superkompensation ist eines der wichtigsten Trainingsprinzipien für alle Sportarten.

Während der Regenerationsphase laufen im Körper eine ganze Reihe von Prozessen ab. Die beanspruchten Muskeln werden wieder mit Energie (durch die Nahrung aufgenommener Kohlehydrate + Mineralien) versorgt, aus der Energieverbrennung entstandene Abfallprodukte (Laktate) werden aus dem Körper ausgeschwemmt, Eiweiße werden in der Muskelzelle angelagert (-> Muskelwachstum), das Herz-Kreislaufsystem kann in dieser Zeit gewissermaßen „wachsen" (-> Herzmuskel wächst; Blutvolumen steigt; Blutgefäße werden dicker) etc.. Der Frage nach den detaillierten Abläufen während der Regeneration nachzugehen, würde an dieser Stelle zu weit führen. Wichtiger ist, dass man Kenntnis hat, mit welchen Maßnahmen man den Körper während der Regeneration gewissermaßen „von außen" unterstützen kann, damit diese schnell und vollständig erfolgt.

Körperliche Regenerationsvorgänge

- **Abfallprodukte werden ausgeschwemmt**
- **Energiespeicher werden aufgef llt**
- **Mineralienbilanz wird ausgeglichen**
- **Muskelwachstum**

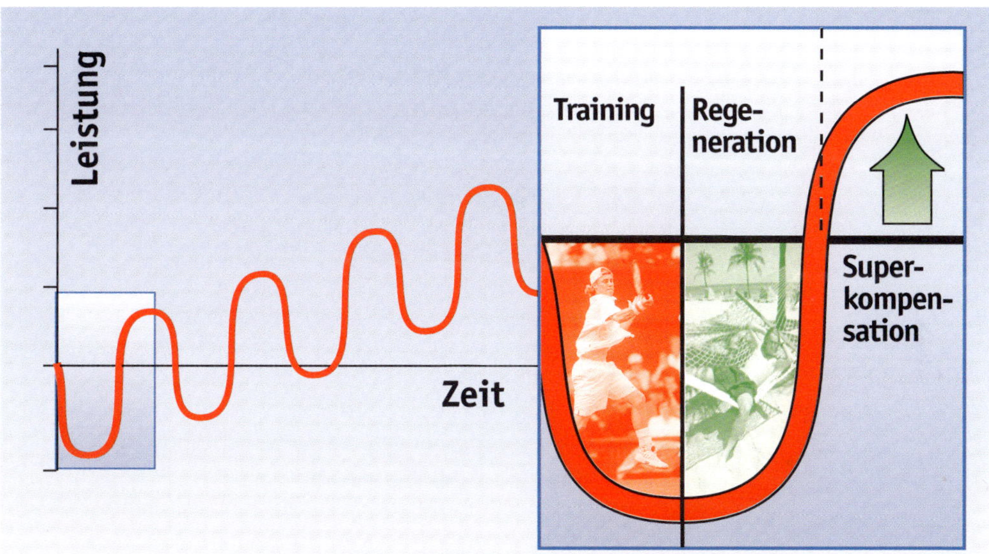

Ein erfolgreiches Training baut also immer darauf auf, dass nach jeder Belastung stets eine angemessene Regenerationsphase erfolgt, um dem Organismus die nötige Zeit zu geben, sich von der vorausgegangenen Beanspruchung zu erholen und sich gleichzeitig auf die nächste vorzubereiten. Man muss sich im Klaren darüber sein, dass sich der angestrebte Leistungszuwachs während der Regeneration und nicht unmittelbar beim Training einstellt. Es ist also die Regenerationszeit, die für den Leistungsfortschritt ausschlaggebend ist. Mit dem Training wird im übertragenen Sinn die Saat

Der Trainingseffekt, also der angestrebte Leistungszuwachs, bildet sich während der Regeneration und nicht etwa unmittelbar beim Training heraus.

gepflanzt, die dann in der anschließenden Regeneration heranwächst. Damit sich aus dieser Saat auch ein stattliches Gewächs entwickeln kann, muss man sie natürlich auch gießen, düngen und pflegen. Dies entspricht den sogenannten regenerativen Maßnahmen wie sie in der nebenstehenden Grafik beschrieben werden.

Regenerationsfördernde Maßnahmen

- **Auslaufen / Stretching**
- **Sauna / Massage**
- **mentale Entspannung (Lesen, Musik)**
- **Ernährung (Flüssigkeit, Vitamine und Mineralien)**
- **Schlaf**
- **Ausgleichssport**

Es ist also von fundamentaler Bedeutung, den kompletten Trainingsprozess immer als eine **Einheit von Belastung und Erholung** zu sehen. Diese Gesetzmäßigkeit gilt sowohl für einzelne, abgeschlossene Trainingseinheiten, als auch für die langfristige Trainingsplanung.

Für eine kontinuierliche Leistungsentwicklung ist nun immer entscheidend, zu welchem Zeitpunkt der neue Trainingsreiz gesetzt wird. Dabei spielt es eine wesentliche Rolle, dass man weiß, wie viel Zeit der Körper zur Regeneration benötigt.

Zu kurze Pausen sind genauso schlecht wie ...

Setzt man das nächste Training zu früh an, so ist die Erholungsphase des Körpers noch nicht abgeschlossen. Tut man dies aus Unwissenheit oder aus Gründen der Übermotivation unter Umständen immer wieder und über Wochen hinweg, so erreicht man genau das Gegenteil der kontinuierlichen Leistungssteigerung. Da dem Körper in diesem Fall nie ausreichend Zeit zur Regeneration gegeben wird, ist er auch nicht in der Lage, seine Energievorratskammern wieder vollständig aufzufüllen und schon gar nicht zu „überkompensieren“. Die erneute Belastung erfolgt somit zu früh, d. h. zu einem Zeitpunkt, an dem die Vorratskammern noch nicht wieder gefüllt sind. Ergo werden diese mit der Zeit immer leerer und am Ende wundert man sich, dass man mit immer mehr Training schlechter anstatt besser wird. In der Fachsprache spricht man in diesem Zusammenhang vom sogenannten **Übertraining**.

... entsteht immer dann, wenn das Verhältnis zwischen Belastung und Regeneration nicht mehr ausgewogen ist.

Wer jeden Tag 16 Stunden arbeitet und sich dabei nur drei Stunden Schlaf gönnt, wird im Laufe der Zeit nicht mehr die gewohnte Leistungsfähigkeit erbringen können!

… zu lange Pausen!

Sind die Pausen zwischen den einzelnen Trainingseinheiten hingegen zu lang, kann kein Leistungsanstieg erfolgen, da der Effekt der Superkompensation nicht mehr genutzt werden kann. Der beschriebene Anstieg der Energiereserven über das ursprüngliche Ausgangsniveau hinweg hält in der Regel nur ca. 48 – 72 Stunden an, d. h. dass der durch die Überkompensation entstandene Energiezuwachs nur 2 – 3 Tage nutzbar ist. Ab ungefähr dem 3. Tag, wenn kein erneutes Training erfolgt, beginnen sich die Energie-Vorratskammern wieder auf ihr ursprüngliches Niveau einzupendeln. Man kann sagen, dass der gewonnene Superkompensationseffekt wieder „verpufft", wenn innerhalb dieser 48 – 72 Stunden kein neuerlicher Trainingsreiz, sprich die nächste Trainingseinheit, gesetzt wird. Der Körper bleibt damit kontinuierlich auf dem selben (geringen) Leistungsniveau, d. h. es kann keine Leistungssteigerung erfolgen. Darin liegt auch die Begründung, dass nur ein mehrmaliges Training in der Woche einen Leistungsfortschritt bringen kann.

Bei zu langen Pausen zwischen zwei Trainingseinheiten „verpufft" der Superkompensationseffekt.

Wenn Sie nur alle zwei Wochen einmal eine Stunde joggen, werden Sie es auch nie zum Marathonläufer bringen!

Belastung und Erholung sind im Trainingsprozess keine starren Größen, sondern sie hängen stark von den jeweiligen Trainingsinhalten ab. Es ist ein gravierender Unterschied, ob z. B. Koordination und Schnelligkeit oder Kraft und Ausdauer auf dem Trainingsplan stehen.

So sind die Regenerationszeiten im Koordinations- und Schnelligkeitsbereich relativ kurz, d. h. bereits nach wenigen Stunden ist eine fast vollständige Regeneration wiederhergestellt.

Hingegen kommt man nach einer intensiven Kraft-Trainingseinheit nicht um eine Regenerationspause von 2–3 Tagen herum, da der Organismus diese Zeit einfach für den Superkompensationseffekt benötigt, um z. B. Eiweiß aufzubauen, durch dessen Einlagerung in der Muskelfaser der trainierte Muskel letztendlich erst mehr Kraft entwickeln kann.

Werden z. B. durch einen 90-minütigen intensiven Ausdauerlauf die Energiespeicher spürbar entleert, muss man dem Körper mindestens 24 – 36 Stunden Zeit zugestehen, damit er diese (mit sportgerechter Ernährung!) wieder auffüllen kann.

Die Regenerationszeiten hängen außerdem stark vom körperlichen Leistungszustand des Sportlers ab.

Symptome des Übertrainings

- **man ermüdet früher als gewohnt**
- **Muskulatur fühlt sich „saft- und kraftlos"**
- **Verletzungsanfälligkeit steigt**
- **Motivation sinkt (antriebslos, lustlos, depressiv)**
- **Leistung stagniert oder sogar abfallend**
- **Ruhepuls ist bei der Belastung höher als gewohnt**
- **Anfälligkeit für Erkältungen steigt**

Vor allem die Ausdauerleistungsfähigkeit spielt in diesem Zusammenhang eine wichtige Rolle.

Die Dauer der individuell benötigten Regeneration beeinflusst den Zeitpunkt der nächsten Trainingseinheit!

Folgende Graphik gibt einen kurzen Überblick über die Dauer der Regenerationszeiten bei den jeweiligen Trainingsinhalten:

Regenerationszeiten (Richtwerte)

KOORDINATIONS-, TECHNIKTRAINING

je nach Intensität ca. 6 – 24 Stunden

SCHNELLIGKEITSTRAINING

tennisspezifischer Antritt über kurze Strecken (bis max. 20 m) ca. 36 – 48 Stunden

KRAFTTRAINING

Schnellkrafttraining (geringer Widerstand + hohe Wiederholungszahl) ca. 24 – 36 Stunden

Maximalkrafttraining (hoher Widerstand + geringe Wiederholungszahl) ca. 48 – 72 Stunden

AUSDAUER

extensives Training (Waldlauf Puls 120 – 140) ca. 12 – 18 Stunden
intensives Training (Waldlauf Puls 140 – 170) ca. 18 – 36 Stunden

Je besser ein Sportler trainiert ist, desto kürzer sind die Regenerationszeiten.

Diese kurz dargestellten Zusammenhänge zum Thema Belastung/Erholung haben entscheidenden Einfluss auf die Effektivität eines jeden Trainings.

Die Maxime „Viel bringt Viel!“ ist zwar ein positives Zeichen für Motivation und Einstellung des Sportlers, heißt aber noch lange nicht, dass „...noch mehr auch noch mehr bringt!“. Die durchdachte Abstimmung der Trainingsinhalte (Verhältnis: Belastung / Erholung) und das „Wie oft und wie lange mache ich was?“ sollte immer maßgeblichen Einfluss auf das Training haben. Die Spieler schon im Jugendalter Schritt für Schritt für diese Gesetzmäßigkeiten zu sensibilisieren, ist die Aufgabe eines jeden Trainers.

Die Trainingssteuerung

Auf das richtige Rezept kommt es an!

Allein mit theoretischen Kenntnissen wird man leider noch nicht zum Wimbledonsieger. Nur angewandtes Wissen ist bekanntlich auch nützliches Wissen. In diesem Kapitel geht es darum, wie man die bisher theoretisch erörterten Trainingsgrundlagen erfolgversprechend und professionell in die Praxis umsetzt. Denn es ist das „Wie", also die Methodik und Systematik, mit der man sein Training organisiert, durchführt und steuert, das letztendlich den Ausschlag für den Leistungsfortschritt gibt. Nur wer die vielen, kleinen, einzelnen Mosaiksteinchen zum Thema Tennistraining wirklich versteht und in der richtigen Reihenfolge zusammensetzt, schafft die Basis seine persönliche Leistungsgrenze zu erreichen.

Man kann die Art und Weise, wie man den so vielfältigen Komplex des Trainings angeht, mit einem Koch vergleichen, der ein „5-Sterne-Menü" zubereitet. Der erste Schritt für den Koch besteht darin, die Zutaten zu besorgen. Anschließend ist er damit beschäftigt diese vorzubereiten (waschen, putzen, schälen, schneiden, abwiegen etc.). Erst danach kann er sein Können unter Beweis stellen, indem er aus all diesen einzelnen Zutaten durch eine kunstvolle Zubereitung ein vorzügliches Menü bereitet. Nun erst spielt das Rezept eine Rolle, d. h. jetzt kommt es auf die Einzelheiten und Details an, z. B. welche Gewürze er in welchem Verhältnis verwendet, zu welchen Anteilen er die einzelnen Zutaten miteinander vermengt, wie lange er was kochen oder ziehen lässt etc..

Übertragen auf das Training bedeutet das, dass man sich zuerst darüber im Klaren sein muss, mit welchem „Rezept", also mit welchen Methoden und nach welchen Prinzipien man sich an das Training auf dem Platz macht, um sein Trainingsziel zu erreichen. Die eigentliche Kunst des Trainings liegt also in den Details und der Feinabstimmung, d. h. in der konkreten Art und Weise wie man es angeht, aufbaut und die einzelnen Inhalte aufeinander abstimmt. Dabei sollte nichts dem Zufall überlassen bleiben! Um diese Kunst zu erlernen bzw. das Fingerspitzengefühl dafür zu entwickeln, werden im folgenden die wichtigsten Grundsätze zur Trainingssteuerung vorgestellt.

Die Grundsätze zur Trainingssteuerung unterteilen sich in zwei Bereiche:

TRAININGSSTEUERUNG	
Die „10 Gebote" (Organisation einer Trainingseinheit)	**Die „Steuerungs-instrumente"** (Dosierung einzelner Trainingsformen)

Die „10 Gebote"

Die folgenden „10 Gebote" fassen die wesentlichen Grundlagen für die Organisation einer Trainingseinheit zusammen. Mit ihrer Anwendung wird die Trainingseinheit strukturiert und die Basis für eine professionelle Durchführung gelegt. Die Einhaltung eines jeden einzelnen Gebots garantiert ein hohes Maß an Qualität bei der praktischen Umsetzung des Trainings.

DIE „10 GEBOTE" zur Organisation einer Trainingseinheit

1. **Zielgerichtete Trainingsplanung:** *„Wohin will ich?"*
2. **Individualität des Spielers:** *„Rafter ist nicht Rios!"*
3. **Matchorientierte Trainingsformen:** *„Tennis ist ein Spiel!"*
4. **Wechselwirkung von Belastung und Erholung:** *„Wie Tag und Nacht!"*
5. **Jeden Schlag mit Qualität:** *„Die Qualität macht's!"*
6. **Das Zuspiel des Trainers / Spielpartners:** *„Die Technik ist vielfältig!"*
7. **Zielflächen:** *„Spielen Sie Schach!"*
8. **Aufschlag / Return:** *„Bei jedem Punkt dabei!"*
9. **Effektivität:** *„Das Maximum herausholen!"*
10. **Psychisch-mentales Anforderungsprofil:** *„Den Kopf mittrainieren!"*

[a]Wohin will ich?

1. ZIELGERICHTETE TRAININGSPLANUNG

Sowohl der Aufbau einer einzelnen Trainingseinheit als auch die mittel- und langfristige Trainingsplanung sind die entscheidenden Grundlagen für eine echte Leistungsverbesserung. Konkrete Trainingsziele zu formulieren und entsprechende Methoden zur Umsetzung dieser Ziele zu benennen, ist der erste Schritt für ein erfolgversprechendes Training.

Eine Kopiervorlage für den Trainingsplan finden Sie im Kapitel CHAMPS COACH SYSTEM

Datum: . . **Uhrzeit:** : **Trainingspartner:**

Trainingseinheitenplan

1. Übergeordnetes Trainingsziel:

2. Trainingsform	3. Individuelle Zielsetzung	4. Bemerkungen	5. Mental Power Spielform	6. Punktwertung

7. Beurteilung der kompletten Trainingseinheit:

Checklisten Trainingsplan Trainingsbaukasten Mental Power Tipps

Erklärungen:

1. Übergeordnetes Trainingsziel:	Auswahl des entsprechenden Bausteins
2. Trainingsform:	Benennung der gewählten Trainingsform
3. Individuelle Zielsetzung:	Woran soll konkret gearbeitet werden?
4. Bemerkungen:	Hilfreiche Hinweise / Korrekturen
5. Wettkampfform:	Nach welcher Mental Power Spielform wird gespielt?
6. Punkte:	Eigene Bewertung von 1 bis 10 (Höher = besser)
7. Beurteilung der Einheit:	Fazit der kompletten Trainingseinheit

„Rafter ist nicht Rios!"

2. INDIVIDUALITÄT DES SPIELERS

Die Trainingsgestaltung hängt eng mit der Individualität des Spielers zusammen. Man sollte sich im Klaren sein, dass bei einem Serve-und-Volley-Spieler wie z. B. Patrick Rafter andere Trainingsinhalte dominieren als bei einem typischen Grundlinienspieler wie z. B. Marcelo Rios. Dabei stehen bei Rafter die Schläge Aufschlag, Return und Volley in eher kurzen Serien im Vordergrund, im Gegensatz zum Trainingsschwerpunkt der Grundlinienschläge bei Rios in eher langen Serien. Auch die Verflechtung der konditionellen Komponenten ist zu berücksichtigen. Rafter benötigt eher Start- und Sprungkraft, wogegen bei Rios Ausdauer und Schnellkraftausdauer maßgeblich sind.

„Tennis ist ein Spiel!"

3. MATCHORIENTIERTE TRAININGSFORMEN

Im Leistungstennis steht das Komplextraining im Vordergrund. Es orientiert sich immer so nah wie möglich am Match. Man studiert hierbei typische Spielsituationen ein und speichert komplette Spielzüge im motorischen Gedächtnis ab. Somit ist man im Match auf alle Situationen bestens vorbereitet und wird sozusagen zum „Meister der Spielsituationen". (Vergleiche Komplextraining)

„Wie Tag und Nacht!"

4. WECHSELWIRKUNG VON BELASTUNG UND ERHOLUNG

Ausgehend vom Prinzip der Superkompensation, ist der Trainingseffekt immer als Folge einer durchdachten Kombination von Belastung und Regeneration zu sehen.

Stehen beispielsweise Passierbälle aus vollem Lauf über die gesamte Länge der Grundlinie an, so sollten davon nicht mehr als 4 – 6 Sprints unmittelbar hintereinander erfolgen. Absolviert man aus Unwissenheit 10 – 12 Sprints ohne Pause, so stellt man spätestens nach dem 6. oder 7. fest, dass man deutlich langsamer wird und gleichzeitig die Qualität der Schläge abnimmt. Die Muskulatur ist bei dieser extrem hohen Intensität überfordert. Gönnt man sich jedoch nach dem 5. oder 6. Sprint eine Pause von ca. 2 – 3 Minuten (in dieser Zeit trainiert der andere Spieler), fühlt man sich nach dieser kurzen Erholung wieder frisch und kraftvoll. Somit hat man keine Mühe, erneut 4 – 6 Sprints zu absolvieren, und zwar erneut in maximalem Lauftempo und auf hohem technischen Niveau. An diesem Beispiel wird verständlich, dass es effektiver ist, 4 x 5 Sprints mit ausreichenden Pausen als 1 x 20 Sprints unmittelbar hintereinander zu trainieren.

„Die Qualität macht's!"
5. JEDEN SCHLAG MIT QUALITÄT

Im Match wird man kaum zum Erfolg kommen, wenn man die Bälle nur „so einigermaßen" über das Netz spielt. Heutzutage kann man es sich nicht mehr leisten, den Ball langsam und unplatziert zu schlagen, ohne die unmittelbare Quittung vom Gegner durch einen offensiven Schlag oder gar einen Winner in Kauf nehmen zu müssen. So gesehen sollte auch im Training ein besonderes Augenmerk auf die Qualität eines jeden einzelnen Schlages gelegt werden. Qualität heißt hierbei saubere technische Ausführung in matchadäquaten Tempo unter Berücksichtigung der taktisch-strategischen Gegebenheiten. Neben Tempo und Platzierung als maßgebliche Steuerungsgrößen, spielen hierbei natürlich auch die Konzentration und die Motivation eine wesentliche Rolle.

Prüfen Sie sich beim nächsten Training selbst, ob Sie diese Ansprüche erfüllen! Vergessen Sie nicht, dass Sie im Match nur das zuverlässig abrufen können, was sie im Training auch wirklich einstudiert haben.

„Die Technik ist vielfältig!"
6. DAS ZUSPIEL DES TRAINERS/SPIELPARTNERS

Auch hier ist oberstes Gesetz, dass das Zuspiel so erfolgt, wie es im Match tatsächlich gefordert wird. So sollte der Trainer z. B. beim Passierballtraining so einspielen, dass der Spieler tatsächlich in extremer Bedrängnis agieren muss. Das Zuspiel stellt einen wichtigen Faktor dar und sollte stets dem Ziel der jeweiligen Trainingsform angepasst sein.

Ist es nicht so, dass man Probleme mit seinem eigenen Rhythmus und der Sicherheit bekommt, wenn der Gegner z. B. abwechselnd zweimal hart, einmal weich und den weichen Ball zusätzlich noch hoch spielt? Solche Gegebenheiten sollten im Training berücksichtigt werden.

Es gibt heutzutage nicht wenige Spieler, die „in angenehmer“ Hüfthöhe nahezu aus jeder Platzposition Winner schlagen können. Aber welche Probleme bereitet man diesen Spielern, wenn man die Treffhöhen systematisch mischt, also wenn man sie bewusst mal flach und mal hoch anspielt? Es ist ein völlig anderer technischer Ansatz ob man einen ankommenden Rückhandslice unter Kniehöhe oder einen hoch abspringenden Topspin auch mal in Schulterhöhe schlagen muss. Mischt man im Match diese Höhen systematisch, so fangen viele Gegner an, sich „unwohl zu fühlen“, d. h. sie treffen die Bälle nicht mehr sauber und beginnen Fehler zu machen. Dies kann eine Folge unzureichenden Trainings sein, d. h. der Spieler trainiert die augenscheinlichen Schwächen seiner an sich starken Grundlinienschläge nicht, nämlich das Treffen unter und über Hüfthöhe. Man erkennt also, dass das Zuspiel durch Trainer oder Sparringspartner einen nicht zu unterschätzenden Faktor darstellt. Neben der Höhe der Flugbahn sind der Winkel des Anspiels, die Härte und die Variabilität (schnell/langsam – flach/hoch – Drall) wichtige Steuergrößen. Nur unter Berücksichtigung dieser Steuergrößen kann die Technik ausreifen und man ist im Match auf alle Varianten vorbereitet.

„Spielen Sie Schach!“

7. ZIELFLÄCHEN

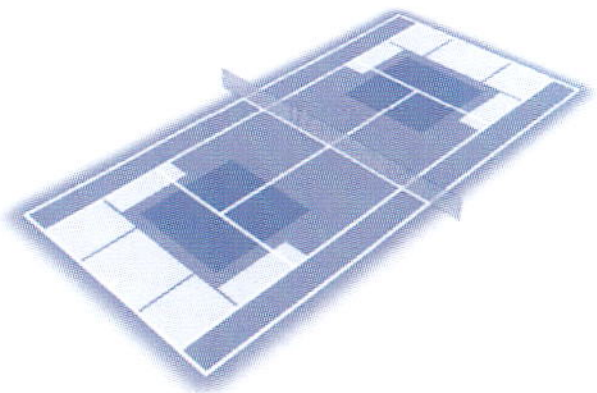

Zielflächen siehe ab Seite 134

Im Training sollte auch Berücksichtigung finden, dass die einzelnen Schläge aus taktisch-strategischer Sicht möglichst durchdacht gespielt werden. Es geht also neben dem „Wie“ um das „Wohin“. Oft beschäftigt sich der Trainingsalltag zu sehr mit der Technik und zu wenig mit der Strategie. Das Training ist unter taktisch-strategischem Aspekt nicht immer auf die tatsächlichen Anforderungen im Match zugeschnitten.

Die Erfahrung zeigt immer wieder, dass im Match gerade im Hinblick auf die räumliche Aufteilung des Platzes Defizite bestehen. Doch besteht gerade in diesem Bereich (Strategie und Raumaufteilung des Platzes), eine sehr gute Möglichkeit, sich von der Konkurrenz abzuheben. Um diese Verbesserungschancen auszuschöpfen, ist die Verwendung von Zielflächen, wie sie im Folgenden beschrieben werden, geradezu ein „Muss“.

Durch das Auflegen von Zielflächen erhält der Platz ein ähnliches Aussehen wie ein Schachbrett, mit dem Unterschied, dass es weniger Felder mit variablen Größen sind. Die Gestaltung bzw. Aufteilung dieser sogenannten Zielflächen ergibt sich zum einen aus der taktischen Komponente, zum anderen aus der Beobachtung von Weltklassespielern. Mit der Verwendung von vorgefertigten, rutschfesten und witterungsbeständigen Markierungslinien (zu beziehen bei: Sport Thieme GmbH: Tel.: 05357/18181) lassen sich die Zielflächen unproblematisch, schnell und gemäß den individuellen Ansprüchen der Spieler im Handumdrehen auf dem Platz auslegen.

Auf Aschenplätzen kann man auch mit einem Linienkehrer die Flächen markieren, auf Hartplatz oder in der Halle kann man auch Klebeband verwenden. Die Größen können somit problemlos dem Niveau der Spieler angepasst werden.

Im Folgenden ist der Platz entsprechend der taktischen Anforderung für alle im Match auftretenden Schläge in Zielflächen aufgegliedert. Diese Aufteilung hat sich im Training 100% bewährt. Bei der Beschreibung der einzelnen Trainingsformen wird jeweils darauf verwiesen, welche Zielflächen für welche Schläge bestimmt sind.

„Bei jedem Punkt dabei!"

8. AUFSCHLAG / RETURN

Die Stiefkinder des Trainings sind Aufschlag und Return. Diese beiden zentralen Schläge gewinnen jedoch mit der zunehmenden Entwicklung des Tempos im modernen Tennis immer noch mehr an Bedeutung.

Aufschlag und Return sind sozusagen die Grundlage, um den Ball überhaupt ins Spiel zu bringen. Man sollte sich deutlich vor Augen führen, dass Aufschlag und Return die einzigen Schläge sind, die bei jedem Punkt dabei sind. Das Training sollte diesem Stellenwert angemessen Rechnung tragen. Man kann gar nicht genügend Trainingsformen mit Aufschlag und Return im Programm haben. Also, Aufschlag und Return bitte nicht vernachlässigen!

„Das Maximum herausholen!"

9. EFFEKTIVITÄT

Die Effektivität beim Training stellt einen maßgeblichen Erfolgsgaranten dar. Effektivität bedeutet, dass in einer Trainingseinheit so intensiv und konzentriert wie nur möglich gearbeitet wird.

Man muss sich immer wieder fragen, ob man am Ende wirklich das Maximum aus einer Trainingseinheit herausgeholt hat. Dazu gehört z. B., dass keine Zeit unnütz verstreicht, was bereits beim Einlaufen beginnt. Die Spieler sollten so „erzogen" sein, dass sie das „warm up" eigenständig und zuverlässig vor dem Trainingsbeginn durchführen. Durch das Einsammeln der Bälle sollte genauso wenig wertvolle Trainingszeit verloren gehen, wie durch irgendwelche nebensächlichen Unterhaltungen.

Die notwendigen Pausen zwischen den einzelnen Übungen können vom Trainer für Korrekturen und Erklärungen genutzt werden. Der Anspruch an die Effektivität gewinnt um so mehr an Bedeutung, wenn man die Entwicklung eines Spielers als langfristigen Prozess ansieht, und der Leistungszuwachs letztendlich nichts anderes ist, als die Summe aller effektiv absolvierten Trainingseinheiten.

„Den Kopf mittrainieren!"

10. PSYCHISCH-MENTALES ANFORDERUNGSPROFIL

Je weiter man in den Ranglisten nach oben klettert, desto mehr gewinnen die psychischen und mentalen Fähigkeiten an Bedeutung. Heutzutage kann man sagen, dass fast alle Top-100-Spieler der Weltrangliste über eine ausgereifte Technik, eine hervorragende Kondition und ausgeprägtes taktisches Verständnis verfügen.

Von Weltranglistenplatz 100 wird kaum jemand unter die Top 10 kommen, nur weil er technisch, taktisch oder konditionell besser als die Konkurrenz ist. Es sind jetzt primär die psychischen und mentalen Fähigkeiten, die darüber entscheiden, ob ein Spieler sich absetzen kann. Diese Fähigkeiten beinhalten eine ganze Palette von Eigenschaften: Mit Konzentrationsfähigkeit, Zielstrebigkeit, Entschlossenheit, Willensstärke, Mut, Selbstbewusstsein, Selbstvertrauen, Umgang mit Niederlagen und Erfolg, Selbstkontrolle, etc. sind nur einige Begriffe genannt, die auf diesem Gebiet den Ausschlag geben.

Sein bestes Tennis zu spielen, wenn die „Big Points“ anstehen, das ist die Kunst. Und Kunst kommt bekanntlich von Können – und Können kann man erlernen bzw. sich aneignen!

Siegertypen werden geboren, sagt man, aber das heißt noch lange nicht, dass man nicht an sich arbeiten kann, um ein mental starker Spieler zu werden. Ein Siegertyp sein, das ist das Ziel! Genau in diese Richtung sollte das Training führen.

Eine außergewöhnlich treffende Beschreibung der Mentalitäten eines Champions vom ehemaligen Wimbledonsieger und australischen Davis-Cup-Kapitän **Neal Frazer**, die ich 1988 von einem Trainersymposium aus Melbourne mitgebracht habe, bringt die entscheidenden mentalen Aspekte auf den Punkt.

CHAMPIONS

- **Champs nützen Chancen.**
- **Champs geben nicht auf.**
- **Champs sind flexibel.**
- **Champs wissen, dass sie nicht perfekt sind.**
- **Champs fallen und stehen wieder auf.**
- **Champs wissen, dass nur sie selbst für sich verantwortlich sind.**
- **Champs respektieren Niederlagen.**
- **Champs denken positiv.**
- **Champs glauben an sich selbst.**
- **Champs haben Geduld.**
- **Champs sind Menschen wie Du und ich!**

Andre Agassi – der erste Spieler, der seit Rod Lavers zweitem Gewinn des Grand Slams (1968) alle vier Grand-Slam-Turniere gewinnen konnte – allerdings nicht in einem Jahr.

Die „Steuerungsinstrumente“
Dosierung und Feinabstimmung der Trainingsformen

Die sogenannten „Steuerungsinstrumente“ beschäftigen sich mit der Feinabstimmung und Regulierung der Trainingsformen. Sie sind maßgeblich für eine ausgewogene Dosierung (Zusammenspiel Belastung/Erholung) und Abstimmung der Trainingsinhalte und geben somit Antwort auf Fragen wie z. B. „Wie oft? – Wie lange? – Wie viele Wiederholungen? etc.“. Die systematische Anwendung dieser Steuerungsinstrumente ist eine der wesentlichen Grundlagen, um aus einer Trainingseinheit ein Maximum herauszuholen.

An verschiedenen Stellen wurde bereits darauf verwiesen, dass sich das Training immer so nah wie möglich am tatsächlichen Matchgeschehen orientieren sollte (Stichwort Komplextraining). Um diesen Anspruch zu erfüllen stehen über den einzelnen Steuerinstrumenten gewissermaßen „übergeordnet“ zwei Hauptprinzipien, von denen sich alle weiteren letztendlich ableiten. Sie ziehen sich wie ein roter Faden durch jede einzelne Trainingseinheit und sind ein Gütesiegel für professionelles Training.

Der durchdachte Einsatz von Belastung und Regeneration ist eines der wichtigsten Instrumente für die Trainingssteuerung.

STEUERUNGSINSTRUMENTE

zur Dosierung einer einzelnen Trainingsform

QUALTIÄT ← **wie im Match** → **INTENSITÄT**

1. **Schlagtempo:**
   „So schnell und sicher wie möglich!"

2. **Schlagintervalle:**
   „Wieviel Zeit liegt zwischen den einzelnen Schlägen?"

3. **Schlagserien:**
   „Die Intensität bestimmt die Anzahl der Schläge pro Serie!"

4. **Schlagmenge:**
   „1000 Wiederholungen bringen nichts!"

5. **Dauer einer einzelnen Übung:**
   „Ohne Fleiß kein Preis!"

6. **Dauer einer Trainingseinheit:**
   „Eine Stunde ist zuwenig!"

7. **Trainingsumfang/Woche:**
   „Zweimal am Tag bringt den Erfolg!"

Qualität

...bedeutet zum einen, dass man sich vor dem Training gedanklich konkret damit auseinandersetzt, was man wie trainieren will. „Was" steht dabei für das Trainingsziel, „Wie" für die Methodik, mit der das Trainingsziel umgesetzt werden soll. Qualität bedeutet außerdem, dass man **jeden einzelnen Schlag mit höchstmöglicher Präzision und Konzentration** ausführt. Man sollte immer bestrebt sein, mit jeder einzelnen Vorhand, Rückhand und jedem einzelnen Volley, Aufschlag oder Return so nah wie möglich an seinem individuellen Limit zu spielen. Die Zielsetzung kann nur lauten, ein Maximum an Technik, Taktik und Tempo aus jedem einzelnen Schlag und somit in der Konsequenz auch aus jeder einzelnen Trainingseinheit herauszuholen.

Intensität

...bedeutet, dass man in jeder Trainingseinheit den tatsächlichen körperlichen und geistigen Anforderungen eines Matchs Rechnung tragen sollte. Die Intervalle, in denen der Ball tatsächlich im Spiel ist (Nettospielzeit), sind bekanntermaßen relativ kurz, jedoch sehr intensiv. Ein Ballwechsel dauert im Durchschnitt auf Asche nur 8 Sekunden und ist in der Regel nach dem 6. oder 7. Schlag beendet. Doch in dieser Zeit ist der Anspruch an

Technik, Kondition (Laufen) und Konzentration ungemein hoch. Diese Anforderung gilt es auch in jede einzelne Trainingseinheit zu übertragen. Es wird einen Spieler nicht weiterbringen, wenn Hunderte von Vorhänden stundenlang aus immer gleichbleibenden Positionen stereotyp übers Netz gehämmert werden, da diese Situation im Match nicht existiert. Somit muss neben der Qualität als zweiter übergeordneter Faktor immer die Intensität nach den tatsächlichen Matchanforderungen ausgerichtet sein. Auf diese Weise wird auch das tennisspezifische, konditionelle Anforderungsprofil gleich mittrainiert, und man schlägt gewissermaßen gleich zwei Fliegen mit einer Klappe.

Die zentrale Frage lautet also immer: „Ist mein Training qualitativ hochwertig und entspricht die Intensität den tatsächlichen Ansprüchen im Match?" Wer diese beiden Fragen nicht mit einem klaren „Ja" beantworten kann, sollte sich die Zeit nehmen, sein Training nochmals zu überdenken.

Neben diesen beiden übergeordneten Grundsätzen sind folgende konkrete „Steuergrößen" für das Training auf dem Platz eine von maßgeblicher Bedeutung:

Steuerungsgrößen für die Trainingsdurchführung

SCHLAGTEMPO

„So schnell und sicher wie möglich!"

Mit dieser Formel sind alle Fragen zum Thema Schlagtempo ganz einfach auf einen Nenner gebracht. Das Tempo, das im Match gefordert wird, ist oberste Maxime. Es macht wenig Sinn im Training sowohl zu langsam, als auch zu schnell zu spielen.

Generell kann man sagen, dass zuerst **Schlaggenauigkeit und Sicherheit** im Vordergrund stehen, und dann im Laufe der Zeit Schritt für Schritt das **Tempo** erhöht werden sollte. Ab einer gewissen Spielstärke lassen sich Fortschritte nur noch über eine Erhöhung des Schlagtempos erreichen. Machen Sie also nicht den Fehler, mit zu langsamen Tempo trainieren. Des Öfteren „vergisst" man einfach, dass man auch schneller und trotzdem kontrolliert spielen kann.

SCHLAGINTERVALLE

„Wieviel Zeit liegt zwischen den einzelnen Schlägen?"

Dabei geht es um die Frage wie viele Schläge man unmittelbar hintereinander ausführen sollte, damit sich der beabsichtigte Trainingseffekt auch einstellen kann. Ein echter Effekt wird nur dann erreicht, wenn zwischen zwei einzelnen Schlägen keine allzu lange Zeitspanne liegt.

Im Klartext heißt das, es sollten immer mehrere Schläge unmittelbar aufeinanderfolgend in **Serienform** ausgeführt werden, um einen bestmöglichen Trainingseffekt zu erzielen. Auch sollte man der Matchgegebenheit Rechnung tragen, dass es eben nur zwischen 2 und 3 Sekunden dauert, bis der geschlagene Ball vom Gegner wieder zurückkommt.

Das zweite Argument, das die Serienmethode begründet, ist die Tatsache, dass das motorische Zentrum im Gehirn vor allem dann technische Bewegungsabläufe zuverlässig und langfristig speichert, wenn diese in relativ schnell aufeinanderfolgenden Intervallen durchgeführt werden. Es bringt also nichts, nach jedem oder jedem zweiten Schlag eine Pause von 10 oder 20 Sekunden zu machen, um zu besprechen, was an dem Schlag gut oder schlecht war. Als Orientierung für die Praxis haben sich Serienzahlen zwischen 8 und 15 herauskristallisiert.

SCHLAGSERIEN

„Die Intensität bestimmt die Anzahl der Schläge pro Serie!"

Die Anzahl der unmittelbar aufeinanderfolgenden Schläge innerhalb einer einzelnen Serie ist abhängig von der Intensität. Wie zuvor erwähnt, hat sich eine Schlaganzahl von 8 – 15 in der Praxis als günstig herauskristallisiert. Die konkrete Anzahl ist nun abhängig von dem Grad der Intensität, d. h. die Serien werden um so kürzer je intensiver die Belastung ist. So hat beispielsweise eine Serie mit dem Schwerpunkt Schnelligkeit, z. B. Passierball aus vollem Lauf, nur 4 – 6 Wiederholungen, wogegen bei einem typischen Schlag- und Rhythmustraining eine Serie durchaus auch mal 15 – 20 Schläge haben kann.

SCHLAGMENGE

„1000 Wiederholungen bringen nichts!"

Auf die Frage wie oft man denn einen Schlag insgesamt wiederholen sollte, damit sich ein Trainingseffekt einstellen kann, kann man als **Richtwert 180 –250** angeben. So oft muss ein einzelner Schlag schon hintereinander trainiert werden, damit man sicher sein kann einen Trainingseffekt zu erzielen. Weniger als 150 Schläge sind in der Regel zu wenig, mehr als 300 im Normalfall zu viel.

DAUER EINER EINZELNEN ÜBUNG

„Ohne Fleiß kein Preis!"

Die Dauer einer einzelnen Trainingsform, d. h. die Länge einer einzelnen Übung, ergibt sich aus der Konsequenz der Anwendung des Serienprinzips und der dazu gehörenden Regenerationspausen. In der Praxis ergeben sich für eine einzelne **Trainingsform ca. 20 – 30 Minuten**, woraus man schließen kann, dass nur maximal vier verschiedene Einheiten/Schwerpunkte innerhalb einer Trainingseinheit durchgeführt werden können.

DAUER EINER TRAININGSEINHEIT

„Eine Stunde ist zu wenig!"

Eine Trainingseinheit sollte mindestens 1,5 Stunden, besser **2 – 2,5 Stunden** dauern. Von einem einstündigen, bzw. noch kürzeren Training kann man keine Fortschritte erwarten.

TRAININGSUMFANG/WOCHE

„Zweimal am Tag bringt den Erfolg!"

Ein Profi sollte am Tag **2 Einheiten zu je 2 Stunden** durchführen und davon bis zu 10 Einheiten pro Woche. Alles andere ist zu wenig. Ein freier Tag zur Regeneration ist allerdings Pflicht. Trainingseffekte können sich bei einem zweimaligen Training am Tag besser einstellen. Allerdings ist darauf zu achten, dass zwischen zwei einzelnen Einheiten am Tag eine Pause von mindestens 3 Stunden liegen sollte. Ein ambitionierter Jugendlicher, der noch zur Schule geht, sollte im Schnitt 5 Einheiten pro Woche zu je 2 Stunden absolvieren. Die Jüngeren etwas weniger, aber ab 14 Jahre sollte man schon mindestens 10 Stunden pro Woche für sein Tennis investieren, wenn man wenigstens auf nationaler Ebene eine Rolle spielen möchte.

Lleyton Hewitt:
Ein tennisfreier Tag pro Woche zur Regeneration ist Pflicht!

CHAMPS COACH SYSTEM

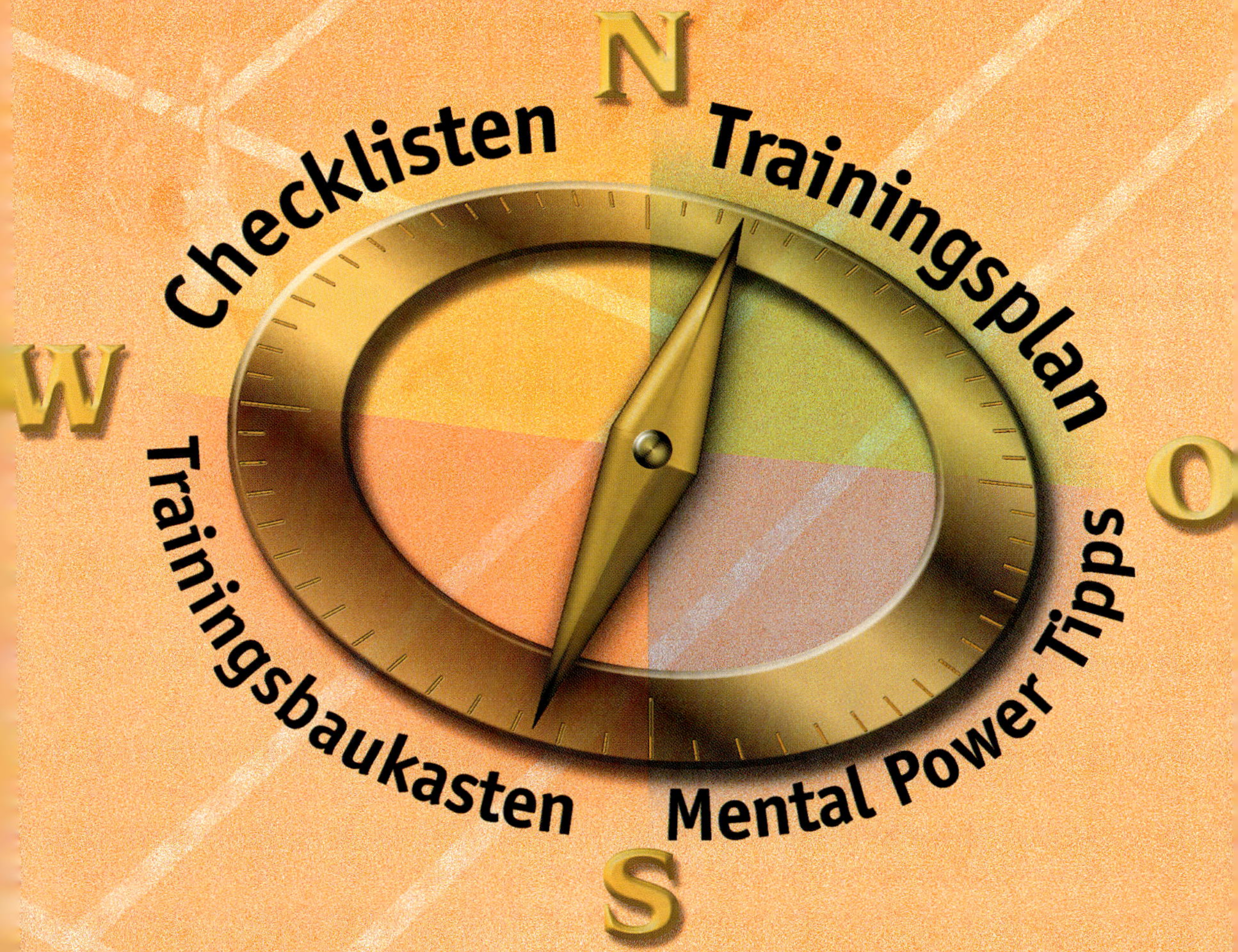

Das intelligente Trainingssystem

CHAMPS COACH SYSTEM, im folgenden „CCS“ genannt, ist ein neuentwickeltes Trainingsorganisationssystem.

Auf Basis von „CCS“ kann man schnell und unkompliziert sein persönliches Trainingsprogramm erstellen. Es handelt sich dabei um ein festgelegtes und geschütztes Konzept, das sich in der Praxis bereits seit Jahren bei ATP- und Bundesligaspielern bewährt hat.

Mit „CCS“ kommt Systematik in die Trainingsplanung und Methodik in die Trainingsdurchführung. Es liefert die praktische Anleitung zum Training und zeigt, wie man die wichtigsten Grundsätze der Trainingsplanung und Trainingssteuerung zielgerichtet und effektiv auf den Tennisplatz überträgt. In Kombination mit entsprechenden Trainingsformen aus dem „CCS-Baukasten“ entsteht so ein leicht zu handhabendes und intelligentes Trainingsorganisationssystem, das für ein hohes Maß an Professionalität bürgt.

CHAMPS COACH SYSTEM ist ein Trainingsorganisationssystem, mit dem die Trainingseinheiten zielsicher geplant und professionell auf dem Platz umgesetzt werden.

Dafür sind zum einen die Trainingsformen inhaltlich und übersichtlich gegliedert, zum anderen werden konkrete Richtlinien zur Umsetzung der Trainingsformen auf dem Trainingsplatz vorgegeben.

Mit anderen Worten: „CHAMPS COACH SYSTEM“ liefert die bewährtesten Trainingsformen aus dem Leistungstennis und zeigt gleichzeitig den Weg, wie diese professionell in die Praxis umgesetzt werden.

Der „CCS“- BAUKASTEN

Im „CCS“-BAUKASTEN befinden sich alle Trainingsformen. Es handelt sich dabei ausschließlich um bewährte Trainingsformen aus dem Leistungstennis, mit denen auch Spieler der ATP- und WTA-Tour trainieren.

Der „CCS“-Baukasten gliedert die Trainingsformen inhaltlich in insgesamt fünf untergeordnete Bausteine, die den unterschiedlichen Trainingsschwerpunkten entsprechen. In den Bausteinen befinden sich die einzelnen Trainingsformen mit einer detaillierten Beschreibung zur Umsetzung auf dem Platz.

So entsteht eine übersichtliche Struktur, und die Auswahl der Trainingsformen ist schnell und unkompliziert möglich. Auf dieser Grundlage lässt sich innerhalb kurzer Zeit ein komplettes Trainingsprogramm zusammenstellen.

Im „CCS"-BAUKASTEN befinden sich, nach Trainingsschwerpunkten gegliedert (Bausteine), die bewährtesten Trainingsformen aus dem Leistungstennis.

Bei der Auswahl der vorgestellten Trainingsformen wurde vor allem Wert auf Qualität und nicht auf Quantität gelegt. Es sind somit nicht Hunderte von Übungen aufgelistet, sondern jede einzeln vorgestellte Trainingsform stellt eine Basisübung dar. Damit bleibt Spielraum für eigene Erweiterungsmöglichkeiten und Kreativität.

Der „CCS"–NAVIGATOR

Der „CCS"-NAVIGATOR gibt die Systematik und Methodik für eine effektive Trainingsdurchführung vor. Es handelt sich um ein klares und leicht zu handhabendes System, mit dem sich die Trainingseinheiten intelligent steuern, und die Trainingsformen ausgewogen dosieren lassen. So entsteht Selbstsicherheit und Professionalität, vor allem wenn in „Eigenregie", also ohne die Anleitung eines Coaches trainiert wird.

Der „CCS"-NAVIGATOR gibt ein klares und einheitliches Konzept zur praktischen Durchführung von Leistungstraining vor.

Die entsprechenden Basisinformationen zur Trainingsdurchführung sind in zwei speziell entwickelten Checklisten, einem Trainingseinheitenplan (TE-Plan), sowie Maßnahmen zur Steigerung des Wettkampfcharakters zusammengefasst, die sich auf die Kernaussagen der Kapitel Trainingsplanung und Trainingssteuerung stützen. Die Checklisten sind ein „Gütesiegel" für professionelles Training.

Datum: 03.06.2001 Uhrzeit: 09 : 00 Trainingspartner: Andre Agassi & Boris Becker

Trainingseinheitenplan

1. Übergeordnetes Trainingsziel:

A) Sicherheit im Grundlinienspiel

B) Vorhandvolley (Technik) und Angriffssituation

2. Trainings-form	3. Individuelle Zielsetzung	4. Bemerkungen	5. Mental Power Spielform	6. Punkt-wertung
3. „Zielflächen" (Baustein 2)	Vorhand Topspin auf Länge	Hohe Flugkurve über das Netz		7
13. „Cross gegen Longline" (Baustein 2)	Treffpunkt bei der Vorhand möglichst nah an der Grundlinie	Versuche möglichst bewusst zu antizipieren	„Plus / Minus"	8
1. „Quick Volleys" (Baustein 3)	Treffpunkt weit vor dem Körper	Splitstep im Moment, wenn Gegner trifft		6
7. „Angriffs-kreisel" (Baustein 3)	Übergangsvolley möglichst nah an der T-Linie treffen	Versuch den tödlichen Volley über Netzkantenhöhe zu treffen	„Absolute Punktzahl"	9

7. Beurteilung der kompletten Trainingseinheit:

– habe mich ziemlich frisch und kraftvoll gefühlt, weil ich am Tag vorher ein Pause gemacht habe.

– musste mich zwingen, während der Ball im Spiel war, keine abweichenden Gedanken zu zulassen (Konzentration!)

– Bei der Vorhand hat es mir geholfen, das Handgelenk beim Ausholen etwas mehr zu öffnen.

Erklärung des Trainingseinheitenplan auf Seite 109.

Datum: . . **Uhrzeit:** : **Trainingspartner:**

Trainingseinheitenplan

1. Übergeordnetes Trainingsziel:

2. Trainingsform	3. Individuelle Zielsetzung	4. Bemerkungen	5. Mental Power Spielform	6. Punkte

7. Beurteilung der kompletten Trainingseinheit:

Checklisten

DIE „10 GEBOTE"
zur Organisation einer Trainingseinheit

1. **Zielgerichtete Trainingsplanung:**
   „Wohin will ich?" ☐
2. **Individualität des Spielers:**
   „Rafter ist nicht Rios!" ☐
3. **Matchorientierte Trainingsformen:**
   „Tennis ist ein Spiel!" ☐
4. **Wechselwirkung von Belastung und Erholung:**
   „Wie Tag und Nacht!" ☐
5. **Jeden Schlag mit Qualität:**
   „Die Qualität macht's!" ☐
6. **Das Zuspiel des Trainers/Spielpartners:**
   „Die Technik ist vielfältig!" ☐
7. **Zielflächen:**
   „Spielen Sie Schach!" ☐
8. **Aufschlag / Return:**
   „Bei jedem Punkt dabei!" ☐
9. **Effektivität:**
   „Das Maximum herausholen!" ☐
10. **Psychisch-mentales Anforderungsprofil:**
    „Den Kopf mittrainieren!" ☐

STEUERUNGSINSTRUMENTE
zur Dosierung einer einzelnen Trainingsform

QUALTIÄT ← **wie im Match** → **INTENSITÄT**

1. **Schlagtempo:**
   „So schnell und sicher wie möglich!" ☐
2. **Schlagintervalle:**
   „Wieviel Zeit liegt zwischen den einzelnen Schlägen?" ☐
3. **Schlagserien:**
   „Die Intensität bestimmt die Anzahl der Schläge pro Serie!" ☐
4. **Schlagmenge:**
   „1000 Wiederholungen bringen nichts!" ☐
5. **Dauer einer einzelnen Übung:**
   „Ohne Fleiß kein Preis!" ☐
6. **Dauer einer Trainingseinheit:**
   „Eine Stunde ist zuwenig!" ☐
7. **Trainingsumfang/Woche:**
   „Zweimal Training pro Tag bringt den Erfolg!" ☐

MENTAL POWER TIPPS

Spielformen

1. Handicap	6. Aufschlagpunkte
2. Mini-Sätze	7. No-Ad-Scoring
3. Plus / Minus	8. Spielstandwahl
4. Big Points	9. Unforced Errors
5. Absolute Punktzahl	10. Maßnahmenkatalog

Mental Power Tipps

Jeder, der Tennis wettkampfmäßig betreibt, weiß, wie hoch der Stellenwert der Psyche in einem Match ist. Wenn zwei gleichwertige Spieler aufeinander treffen, ist es oft die Psyche, die den entscheidenden Ausschlag über Sieg oder Niederlage gibt. Die im Match auftretenden psychischen Prozesse sind bei allen Spielern mehr oder weniger gleich gelagert, egal ob bei Profi- oder Freizeitspieler.

Derjenige, der im Match mit Angst, Frust oder Nervosität umzugehen weiß, wird als mental starker Spieler bezeichnet. Dieses spezielle Gebiet der Psyche ist beim Tennis so vielschichtig und komplex, dass man ganze Bücher damit füllen könnte.

Oft wird gesagt, dass man den Wettkampfcharakter wie im Turnier nicht im Training erzeugen könne, was mit Sicherheit auch nicht falsch ist. Im Training geht es nicht um Ranglistenpunkte, Mannschafts- oder Turniersiege. Falsch wäre allerdings die Schlussfolgerung, dass man im Training nichts in dieser Richtung unternehmen könne, um diese tennisspezifische psychische Anforderung zu schulen.

Die folgenden „Regeln", die in der Rubrik „Mental Power Tipps" aufgeführt sind, sollen den Anforderungs- und Wettkampfcharakter so weit wie möglich ins Training übertragen und somit helfen, auch den viel zitierten „Kopf" mit zu trainieren. Außerdem wird somit die Motivation der Spieler gesteigert, und es gelangt eine Menge Abwechslung ins Training.

Diese kleinen Regeln sind lediglich als Anregung und Hilfestellung zu verstehen und können jederzeit erweitert, ergänzt oder „neu erfunden" werden.

Zu beachten ist, dass für jedes einzelne Spiel ein kleiner Einsatz festgelegt wird. Dadurch bekommen Sieg und Niederlage auch im Training einen gewissen Stellenwert. Dieser Einsatz kann von Liegestützen bis hin zum Platzabziehen oder dem Ausgeben eines Getränkes für den Gewinner führen.

1. Handicap

Spieler mit unterschiedlichen Spielstärken.

Es werden normale Sätze mit gewissen Vorgaben (Handicaps) gespielt. So beginnt ein Spieler jedes Spiel bei 15:30, hat nur einen Aufschlag oder verliert bei einem verschlagenen Return zwei Punkte, etc.

2. Mini-Sätze

Gewöhnung an die entscheidenden Phasen eines Satzes.

Jeder Satz beginnt bei 3:3 und es wird ein Best-of-Five-Match gespielt.

3. Plus / Minus

Bedeutung von jedem Punkt ist gleich.

Regel: Numerische Zählweise, d. h. 1, 2, 3, etc. Gezählt werden nur die Punkte eines einzelnen Spielers. Gewinnt der Spieler einen Punkt, wird dieser zu seinen vorhandenen Punkten addiert, verliert er ihn, wird ein Punkt abgezogen. Verliert man mehrere Punkte hintereinander, kann man somit auch in den negativen Bereich kommen. Gespielt wird nach Zeit, beispielsweise 10 Minuten pro Spiel.

4. Big Points

Konzentration auf Punktserien.

Ziel ist es, drei Punkte in unmittelbarer Folge zu erzielen. Gelingt dies einem Spieler, so hat er einen Big Point.

5. Absolute Punktzahl

Bedeutung der einzelnen Punkte steigt.

Gespielt werden 5 Sätze bis 7 (numerische Zählweise). Gewonnen hat der Spieler, der nach den 5 Sätzen die meisten Punkte in den einzelnen Sätzen erzielt hat.

6. Aufschlagpunkte

Bedeutung von Aufschlag und Return steigt.

Nur der aufschlagende Spieler kann Punkte erzielen. Verliert der Aufschläger den Punkt, wechselt das Aufschlagrecht (numerische Zählweise).

7. No-Ad-Scoring

Konzentration auf entscheidenden Punkt.

Bei Einstand entscheidet der nächste Punkt über den Spielgewinn (die Zählweise „Vorteil" entfällt).

8. Spielstandwahl

Mentale Anpassungsfähigkeit.

Vor jedem Spiel wird ausgelost, ob ein Spieler mit 30:0 oder 0:30 beginnt.

9. Unforced Errors

Konzentration auf jeden einzelnen Schlag.

Leichte Fehler aus unbedrängten Situationen werden mit doppeltem Punktgewinn für den Gegenspieler geahndet.

10. Maßnahmenkatalog

Professionelles Benehmen.

Strafpunkte für unprofessionelles Verhalten wie zum Beispiel Fluchen, Schlägerwerfen, etc..

Anwendung des CHAMPS COACH SYSTEM

Nachdem „BAUKASTEN“ und „NAVIGATOR“ bekannt sind, ist es ein Kinderspiel, sich an die Umsetzung der Trainingsformen in die Praxis zu machen. Ist das Trainingsziel benannt, schlägt man die „Bausteinseiten“ dieses Buches auf, auf denen sich die Inhalte für das ausgewählte Trainingsziel befinden. Innerhalb des entsprechenden Bausteins erhält man eine erhebliche Auswahl an verschiedenen Trainingsformen zu den einzelnen Trainingsschwerpunkten.

Nach der Auswahl schreibt man sich die einzelnen Trainingsformen kurz auf den beigelegten TE-Plan. Der zeitliche Ablauf der Übungen sollte dann in der Praxis so geregelt sein, dass die im Kapitel „Trainingsplanung“ beschriebene Reihenfolge der zu trainierenden Faktoren (Koordination, Schnelligkeit, Kraft, Ausdauer) eingehalten wird.

Die Anwendung dieses Trainingseinheitenplans bringt Übersichtlichkeit und Planungssicherheit. Gleichzeitig lassen sich durch das Sammeln der einzelnen TE-Pläne auf einfache Weise längere Zeiträume problemlos dokumentieren. Man kann zurückblickend aufzeichnen, mit welchen Trainingsformen welcher Fortschritt erreicht wurde.

Zu jedem einzelnen Baustein werden in der Rubrik „Trainingsdurchführung im Kurzüberblick“ nochmals die wichtigsten Grundsätze für die erfolgreiche Umsetzung der einzelnen Übungen erläutert. Die Verwendung der vorangegangenen Checklisten garantieren ein hohes Maß an Professionalität.

TRAININGSPRAXIS

Grundlinienzielflächen

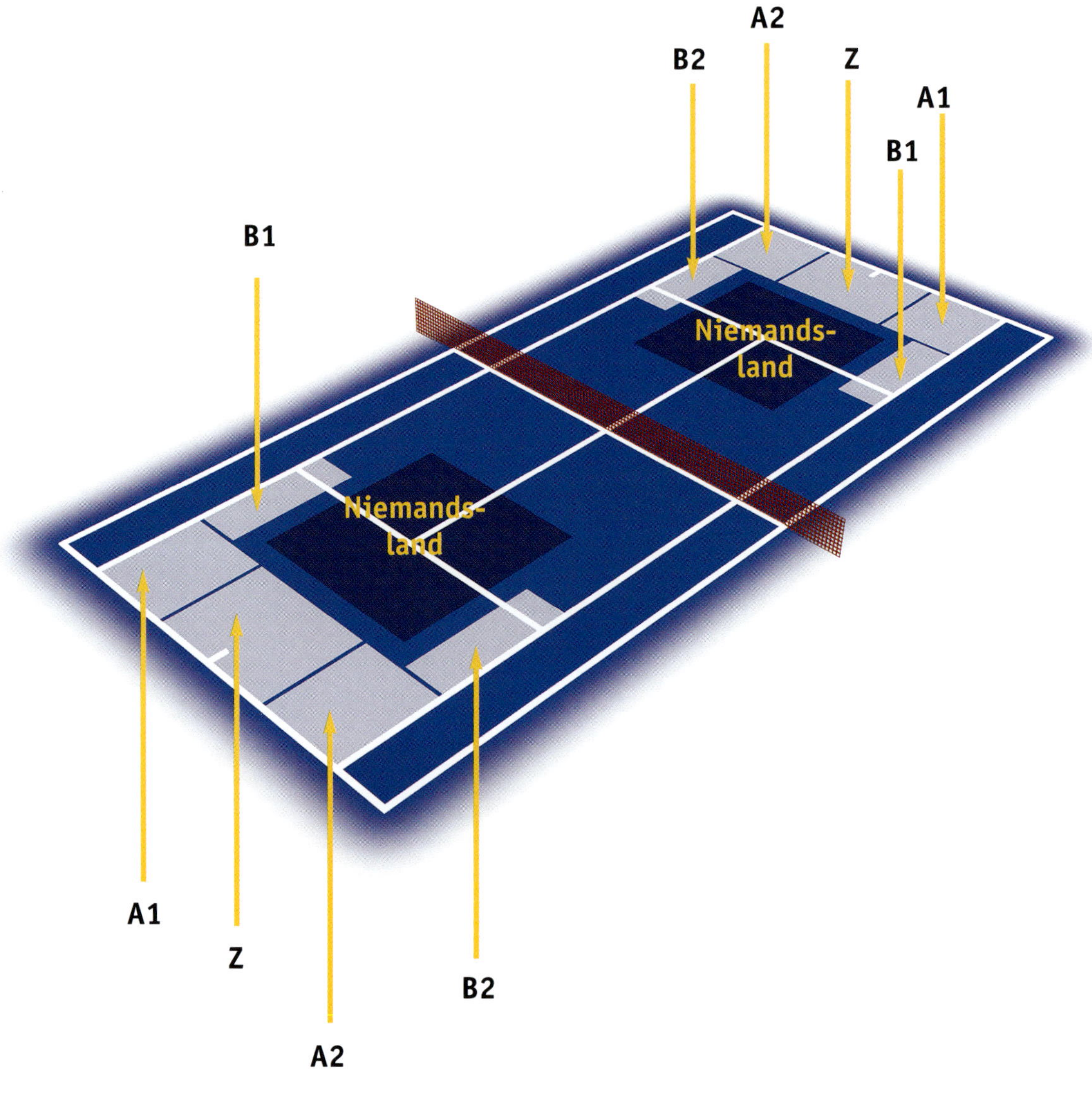

Zielflächen Netzspiel

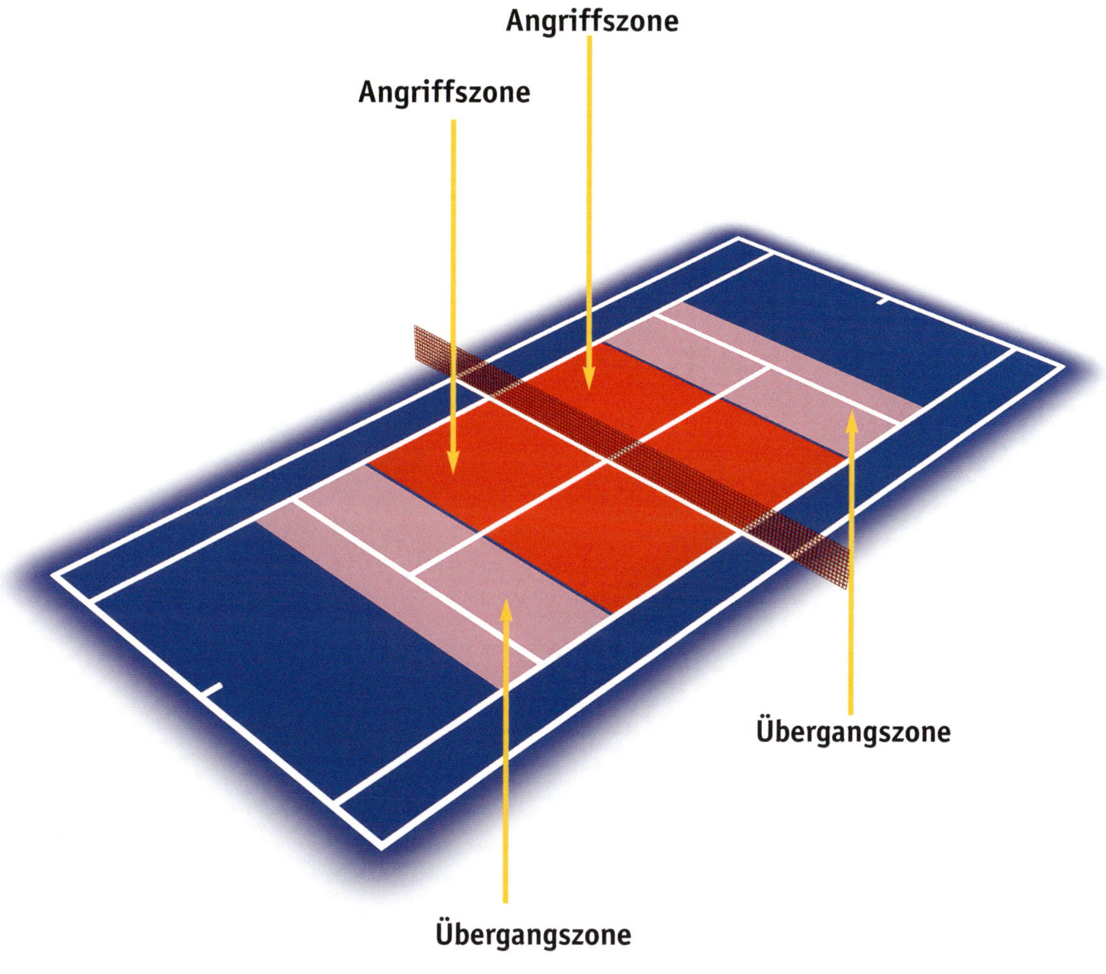

Aufschlagzielflächen

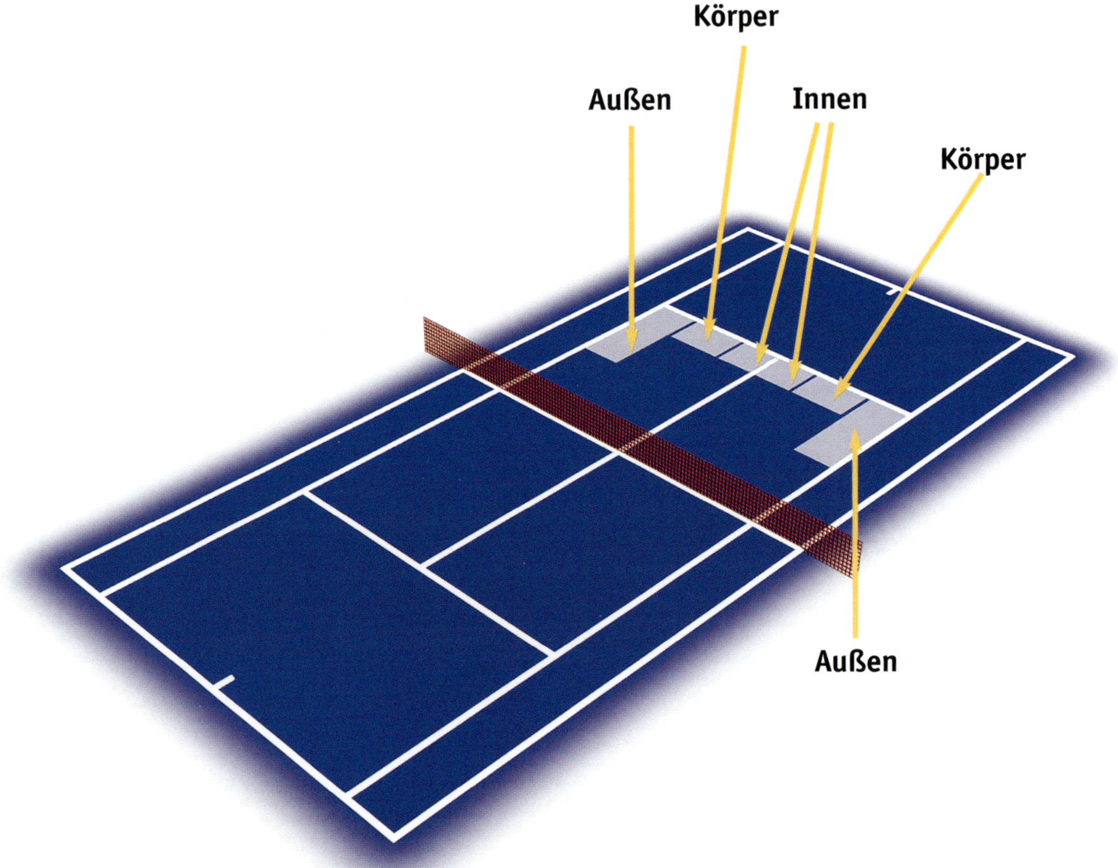

Baustein A – Techniktraining

Neuer Ball

1. Serien-Touch

→ Vor und Zurück

2. Schlagpräzision

3. Running-Drill

→ Viereck

→ Stern-Touch

Ballwechsel

4. Courtquarters

→ Courtquarters
Trainer vorne

5. Baseline kompakt

→ Baseline
kompakt
Trainer vorne

ISOLIERTES TECHNIKTRAINING

...bedeutet, dass jeder Schlag für sich, also herausgelöst aus dem Ballwechsel, trainiert wird.

Das Wort **„isoliert“** ist schon der Hinweis darauf, dass bei dieser Trainingsart jeweils ein einzelner Schlag im Mittelpunkt steht. Im Unterschied zu dem im Kapitel „Trainingslehre“ besprochenem Komplextraining, geht es beim isoliertem Techniktraining darum, einen einzelnen Schlag entweder komplett neu zu erlernen (Technikerwerbstraining/Anfänger), oder einen bereits erlernten Schlag in einer entsprechenden Spielsituation zu verbessern, zu automatisieren oder zu stabilisieren (Technikanwendungstraining). Hierbei wird ein bestimmter Schlag also viele Male hintereinander wiederholt und somit zuverlässig im motorischen Gedächtnis „eingeschliffen“.

Im Leistungstraining zielt das isolierte Techniktraining darauf ab, die Technik in bestimmten Situationen zu verbessern (z. B. Vorhand-longline aus dem Lauf; Rückhand-Return-cross; Übergangsvolley etc.) oder die Schläge in gewissen Spielsituationen zu automatisieren. Der Grundgedanke des Rückschlagspiels wird bei dieser Trainingsart nicht berücksichtigt, da es wirklich nur um das monotone Üben eines einzelnen Schlages in einer einzelnen Situation geht.

Typisches Merkmal dieser Trainingsart ist, dass für jeden einzelnen Schlag ein neuer Ball ins Spiel gebracht wird. Dies bringt den Vorteil, dass die gewünschte Spielsituation jeweils bestens simuliert und gesteuert werden kann. Man benötigt also einen Ballkorb mit mindestens 60 bis 80 Bällen. Durch eine durchdachte Steuerung des Zuspiels (Tempo, Winkel, Frequenz, Drall) kann man somit einen einzelnen Schlag beliebig oft wiederholen. Dauer einer einzelnen Serie und die dazu gehörende Regenerationszeit werden durch die Intensität bestimmt. (vgl. Kapitel „Trainingslehre“)

Ein weiterer wesentlicher Vorteil besteht darin, dass sich durch das Zuspiel aus dem Ballkorb das Training sehr zielgerichtet und individuell auf den einzelnen Spieler ausrichten lässt. Trainieren 2 oder 3 Spieler in einer Gruppe, so kann man die Schwerpunkte für jeden einzelnen Spieler durch adäquates Zuspiel neu dosieren. Dadurch ist kein Spieler über- oder unterfordert.

INHALT

- Automatisierung („Einschleifen") spezieller Schläge in matchadäquaten Situationen
- Konditionstraining auf dem Tennisplatz

DURCHFÜHRUNG

- für jeden einzelnen Schlag wird ein neuer Ball verwendet
- Zuspiel wie im Match → Tempo, Winkel, Drall, Höhe, Position des Zuspielers
- Laufweg „zum" und „nach" dem Schlag
- Zielflächen

INTENSITÄTSSTEUERUNG

- Serien 8 – 15 Schläge
- je intensiver die Belastung (lange und schnelle Laufwege), desto kürzer die Serien und umgekehrt
- Verhältnis Belastung / Erholung 1:1 bis 1:2

...kann auf dem Tennisplatz am besten durch das isolierte Techniktraining erworben werden.

Neben der Stabilisierung der Schläge eignet sich diese Trainingsart auch ideal für das **Konditionstraining** auf dem Tennisplatz. Bestimmte Trainingsziele, wie z. B. Schmetterball im Sprung, Volleys in schwierigen Situationen, Gewinnschläge auf langsam und hoch zugespielte Bälle lassen sich durch diese Methode bestens trainieren.

Allerdings muss an dieser Stelle ganz klar darauf hingewiesen werden, dass das Isolierte Techniktraining im Leistungstennis als Ergänzung zum Komplextraining anzusehen ist und nicht als Alternative oder Ersatz.

1. Serien-Touch

Ziel
Technisch anspruchsvolle Schläge in schwierigen, matchadäquaten Situationen (z. B. VH-cross aus dem Lauf)

Ablauf
- Trainer spielt den Ball (A2) mit entsprechendem Winkel, Drall und Tempo
- **Grün** spielt VH-cross (A2)
- Nach dieser VH bewegt sich **Grün** so schnell wie möglich zur Platzmitte und berührt die Markierungslinie („Touch")

Variationen
- Schlagrichtungen (Cross / Longline / Mitte).
- Abwechselnde Zielflächen (Kurz-Cross, Lang-Cross)

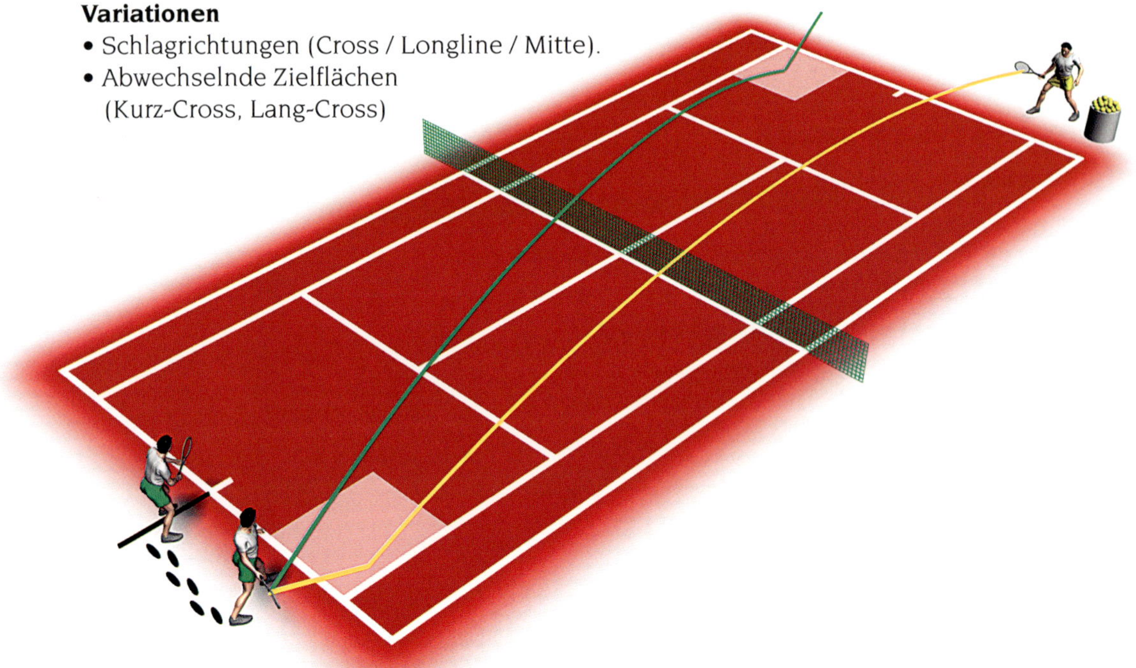

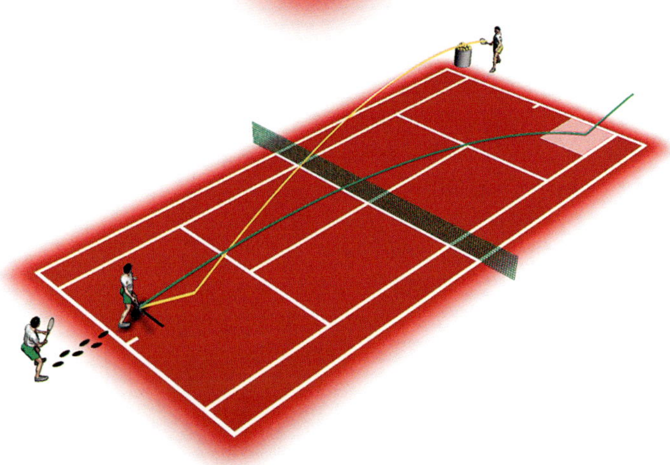

Variante:
Vor und Zurück
- Trainer spielt den Ball (Zentrum) mit entsprechendem Winkel, Drall und Tempo
- **Grün** spielt VH (A1) und berührt die Markierungslinie nach jedem Schlag

2. Schlagpräzision

Ziel
Schlagpräzision auf systematisch wechselnde Zielflächen

Ablauf
- **Grün** spielt VH in (A2)
- Trainer spielt abwechselnd (A2) (Zentrum), wodurch der Laufweg von **Grün** bestimmt wird

Variationen
- Abwechselnde Schläge (nur VH, nur RH oder VH / RH abwechselnd)
- Abwechselnde Schlagrichtungen

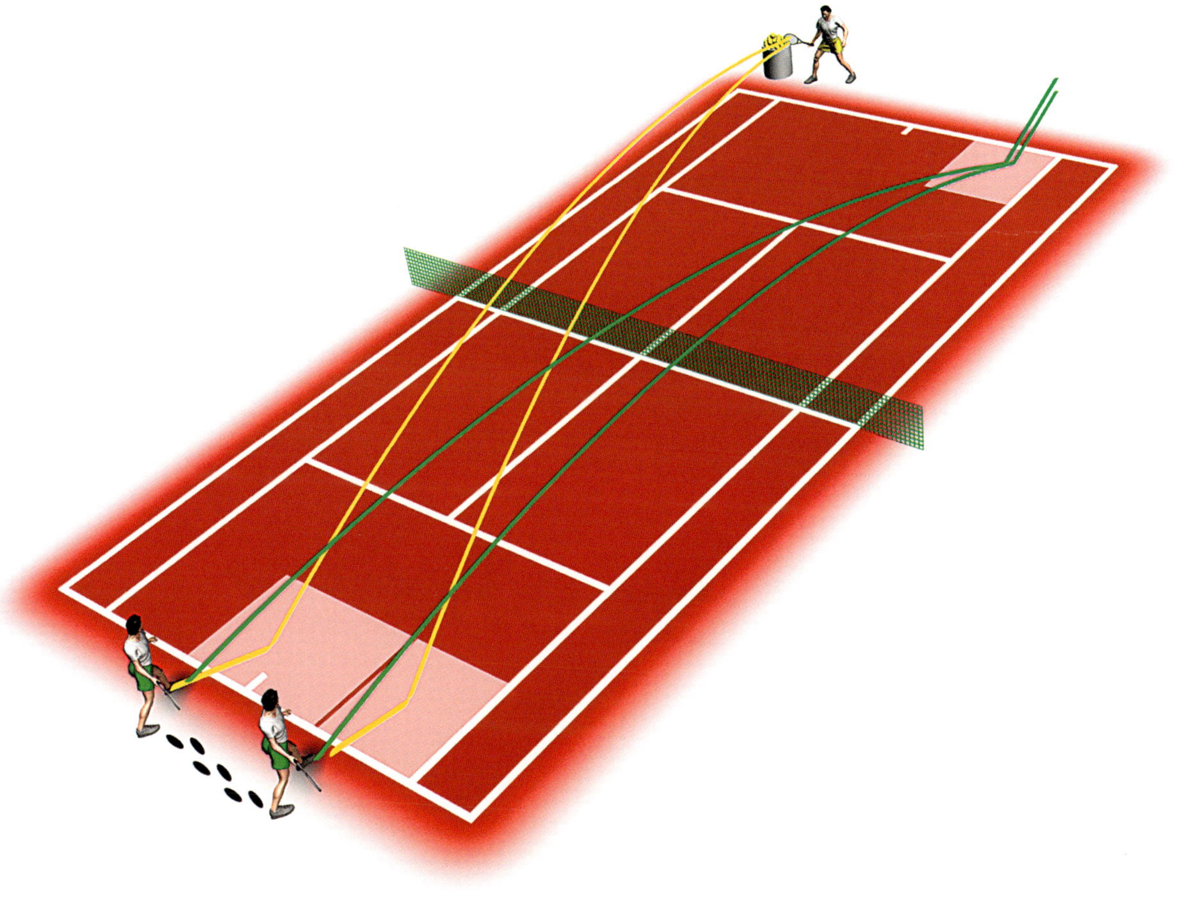

3. Running-Drill

Ziel
Grundlinienschläge in allen möglichen Laufrichtungen (Vorwärts, Seitwärts, Rückwärts, Diagonal)

Ablauf
- Der Trainer spielt abwechselnd einen kurzen Ball ins T-Feld, anschließend den nächsten Ball (A2) jeweils auf die VH-Seite
- **Grün** spielt VH abwechselnd in der Vorwärts- und in der Rückwärts-Bewegung

Variationen
- Höhe, Tempo, Richtung und Frequenz des Zuspiels

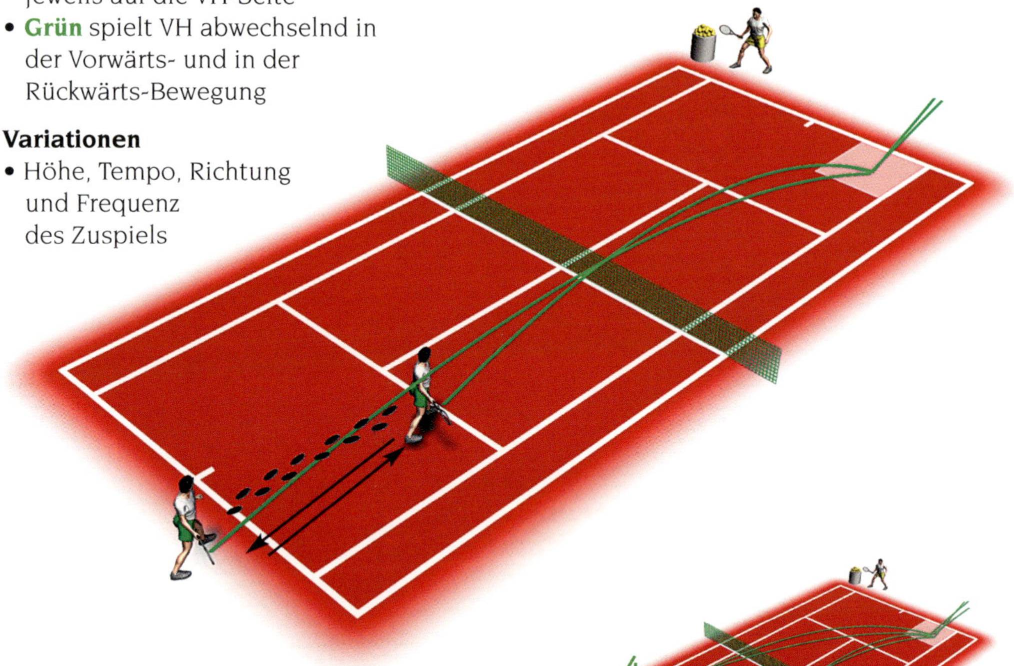

Variante 1: **Viereck**
- Trainer spielt den ersten Ball (A2), den zweiten Ball auf die VH ins rechte T-Feld, den dritten Ball (A1), den vierten Ball ins linke T-Feld
- **Grün** spielt alle vier Bälle mit der VH (A1)

Variante 2: **Stern-Touch**
- Einen Meter hinter der T-Linie steht ein Kegel, hinter dem **Grün** in Position steht
- Trainer spielt jeweils eine Serie von vier Bällen zu, von denen der erste auf die VH ins rechte T-Feld kommt, der zweite (A2), der dritte (A1) und der vierte ins linke T-Feld
- **Grün** schlägt jeden Ball (A2) und berührt nach jedem Schlag mit der linken Hand den Kegel

4. Courtquarters

Ziel
Schlagkontrolle und Rhythmus aus einem vorgegebenen „Viertel" des Platzes. Aufgabe sind lange, fehlerfreie Schlagserien.

Ablauf
- Trainer steht in (B2) ca. einen Meter vor T-Linie und volliert jeden Ball in Viertel II
- **Grün** spielt nur VH mit gleichmäßigem kontrolliertem Tempo zum Trainer (Serien zu mindestens 10 fehlerfreien Schlägen)

Variationen
- **Grün** spielt (B2) aus den Vierteln I, III , IV
- **Grün** spielt (B1) aus den Vierteln I, III , IV

Variante:

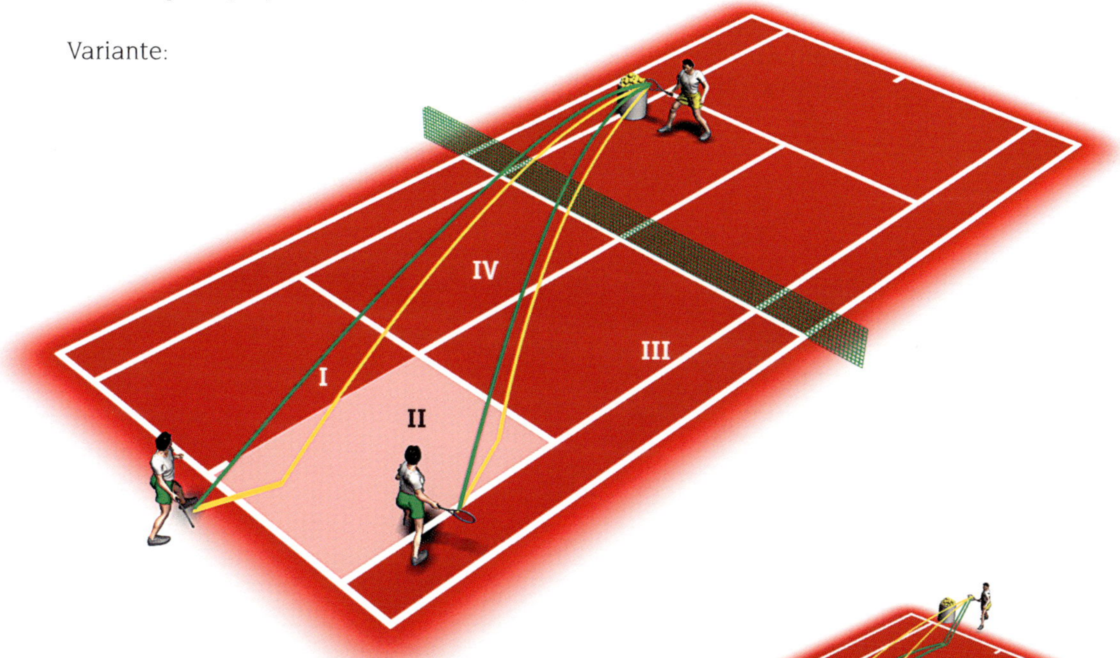

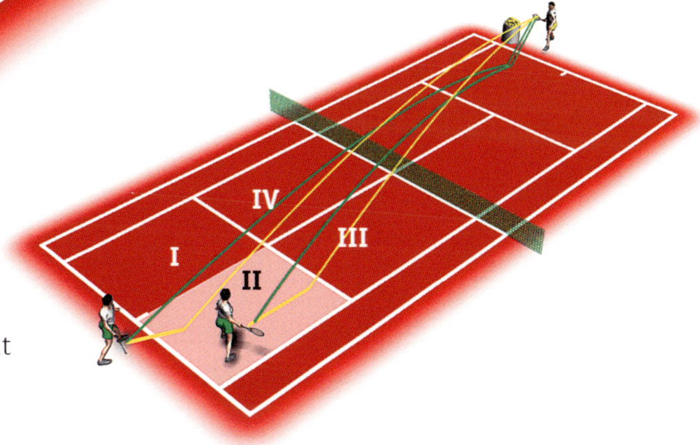

Courtquarters – Trainer hinten
- Gleicher Ablauf wie oben, allerdings steht der Trainer nicht am Netz, sondern an der Grundlinie

5. Baseline kompakt

Ziel

Kontrollierte Grundlinienschläge in Form von sogenannten Steigerungsserien. Der letzte Schlag einer Serie ist ein Winner.

Ablauf

- Trainer spielt in (A2)
- **Grün** spielt eine VH-longline (A1) und einen VH-cross (A2) als Winner
- In der nächsten Serie spielt **Grün** 2x VH-longline und den dritten Schlag VH-longline als Winner (A2), usw. bis **Grün** bei 10 Schlägen pro Serie angelangt ist
- **Grün** soll den ersten Schlag langsam beginnen und das Tempo mit jedem einzelnen Schlag langsam steigern

Variationen

- Der letzte Schlag einer Serie ist ein Spezial-Schlag (z. B. Stop)
- Der letzte Schlag wird aus einem anderen Viertel geschlagen

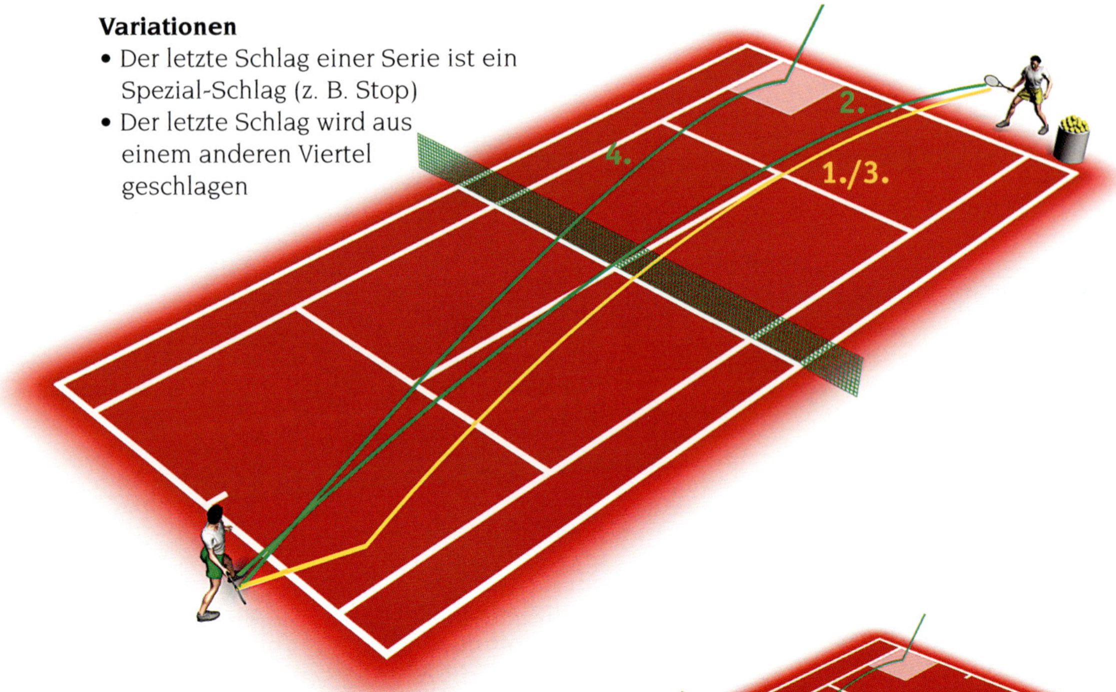

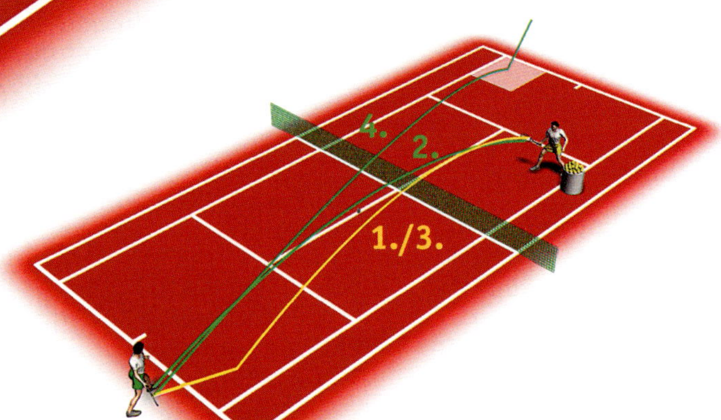

Variante:

Baseline kompakt – Trainer vorne

- Gleicher Ablauf wie oben, allerdings steht der Trainer nicht an der Grundlinie, sondern am Netz

Baustein B – Grundlinienspiel

Übungsformen

1. Fehlerfrei
2. … im Aufsteigen
→ Baseline touch
3. Zielflächen
→ Zentrum
4. Ausweichen
→ 1 Platzhälfte / nur VH
5. Hosenträger
→ Mobiles Dreieck

Spielformen

verabredete Situationen

6. VH-Eröffnung
7. Cross-Eröffnung
8. Mitte gegen Diagonal
9. Longline-Eröffnung
10. Auf RH halten!

Zonentennis

11. Zielflächen-Bonuspunkte
12. Niemandsland
13. cross gegen longline
14. cross gegen freies Spiel
15. VH-Dominator

GRUNDLINIENSPIEL / RHYTHMUSTRAINING

Ziel dieser Trainingsformen sind Schlagsicherheit, Rhythmus, Timing und Kontrolle.

Typisches Kennzeichen ist, dass mit einem einzigen Ball fehlerlos so lange wie möglich gespielt wird. Die Spieler spielen also „mit"- und nicht „gegeneinander".

Rhythmus entsteht, wenn die Schläge mit gleichbleibender Geschwindigkeit und konstanter Flugkurve gespielt werden.

Da die Spieler beim **Rhythmustraining**, im Unterschied zum Match, wissen wohin der Ball kommt, haben sie ausreichend Zeit sich gewissenhaft auf den Schlag vorzubereiten und können diesen ohne Zeitdruck durchführen. Sie können sich „voll und ganz" auf die technische Ausführung konzentrieren. Jeden einzelnen Schlag mit höchstmöglicher Präzision und Kontrolle durchzuführen, ist die oberste Maxime dieser Trainingsformen.

Um wieder den Anspruch „matchgetreues Training" zu erfüllen, ist es von enormer Bedeutung, dass die Spieler von frühster Jugend an lernen, aus der Bewegung und nicht „aus dem Stand" zu spielen.

Das Berühren einer bestimmten Markierung nach jedem Schlag trainiert gleichzeitig die matchtypische Beinarbeit.

Die Übungen sollten deshalb so gestaltet sein, dass man gewissermaßen zur Beinarbeit „gezwungen" wird. Dazu muss der Laufweg zum und nach dem Schlag vorgegeben sein. Dies erreicht man, indem man die Spieler z. B. nach jedem einzelnen Schlag eine bestimmte **Markierung** (Linien, Markierungskegel etc.) mit dem Fuß berühren lässt. Somit macht der Spieler automatisch „... die Platzmitte zu" und verharrt nicht fortwährend auf der gleichen Stelle, so wie es leider oft beim sogenannten Schlagtraining zu beobachten ist. Nur so trainiert man wirklich „matchgetreu", und beim Spieler automatisiert sich nicht nur die Technik, sondern auch die dazugehörige Beinarbeit.

Bei der Ausführung jedes einzelnen Schlages, ist gesondertes Augenmerk auf Qualität zu richten. Diese wird durch entsprechende Zielflächen gewährleistet, die für den Spieler sofort eine ideale Eigenkontrolle ermöglichen. Indem man die Laufwege (Markierungen) und die Schlagrichtung (Zielflächen) exakt vorgibt, bringt man die Qualität des Schlag- oder Rhythmustrainings auf ein höchstmögliches Niveau.

INHALT

- **Schlagrhythmus/Schlagsicherheit**
- **„kontrolliertes“ Tempo**
- **lange, fehlerfreie Schlagserien von Grundlinie zu Grundlinie mit einem einzigen Ball**
- **Spieler hat ausreichend Zeit, um sich auf die perfekte Schlagausführung zu konzentrieren**

DURCHFÜHRUNG

- **„miteinander“, nicht „gegeneinander“ spielen**
- **Qualitätssteuerung über Zielflächen**
- **Beinarbeit „zum“ und „nach“ dem Schlag (Orientierungspunkte)**

INTENSITÄTSSTEUERUNG

- **Serien 15 – 30 Schläge**
- **Verhältnis Belastung/Pause: 1:1 oder kürzer**
- **Übungen sind „bewegungs-„ nicht laufintensiv**
- **Intensität steigt, je näher man an der Grundlinie spielt**

1. Fehlerfrei

Ziel
Fehlerfreie Grundlinienschläge mit einem einzigen Ball über einen bestimmten Zeitraum, z. B. 5 Minuten.

Ablauf
- **Rot** und **Gelb** spielen in kontrolliertem Tempo
- Lange, sichere Grundlinienschläge. Es darf nur zwischen Grundlinie und T-Linie gespielt werden.

Variationen
- Schlagrichtungen (cross / longline)
- Trainer gibt per Zuruf vor, ob VH / RH oder cross/longline gespielt werden soll

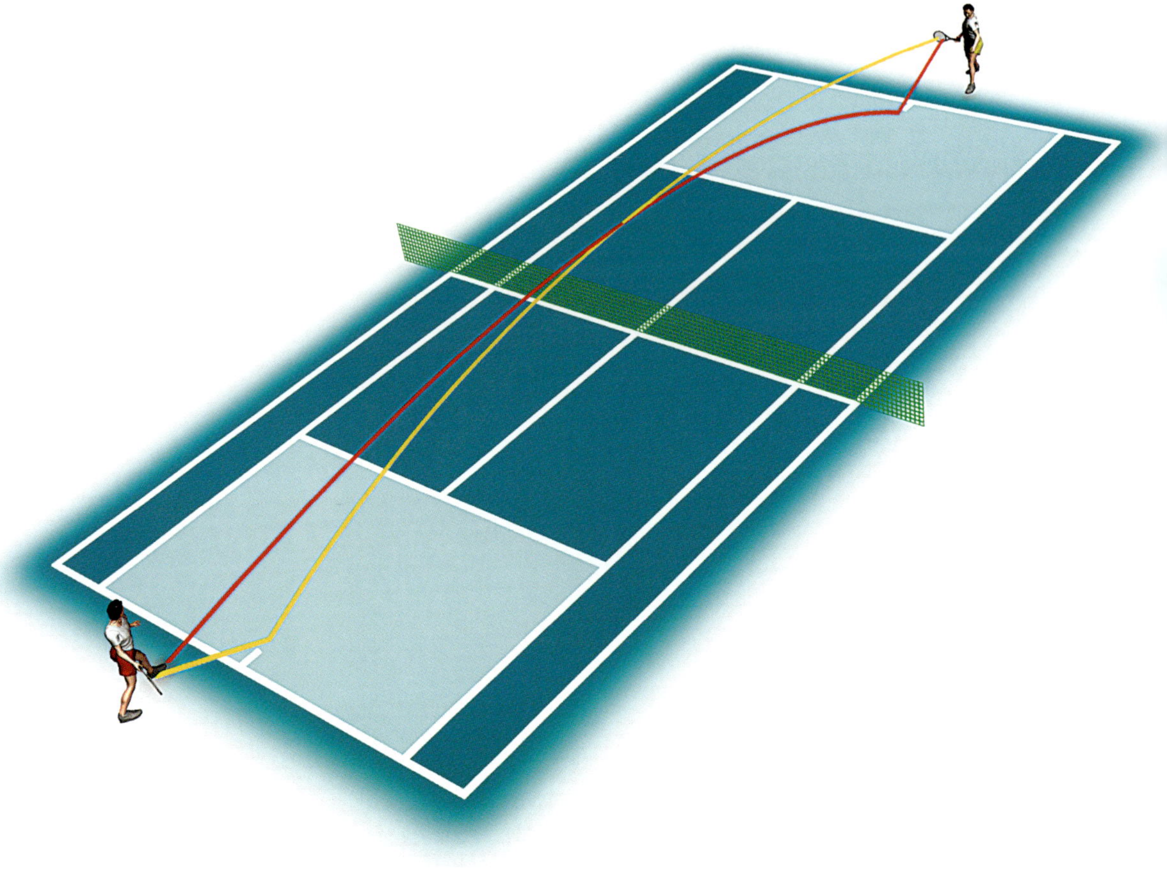

2. … im Aufsteigen

Ziel
- lange, sichere Schlagserien mit dem Ziel, jeden Ball um den **Kulminationspunkt** zu schlagen.

Der Kulminationspunkt ist der Punkt, bei dem der Ball nach dem Absprung den höchsten Punkt erreicht hat.

Ablauf
- **Rot** und **Gelb** spielen normale Grundlinienschläge.

Dabei versucht jeder, bei mittlerem Tempo die Bälle im Bereich des Kulminationspunktes zu treffen.

Variationen
- abwechselnde Drallarten (**Rot** spielt 1x Topspin und einmal Slice)
- unterschiedliche Höhen (**Rot** spielt 1x hoch / 1x flach)
- vorgegebene Richtungen, z. B. VH-cross.

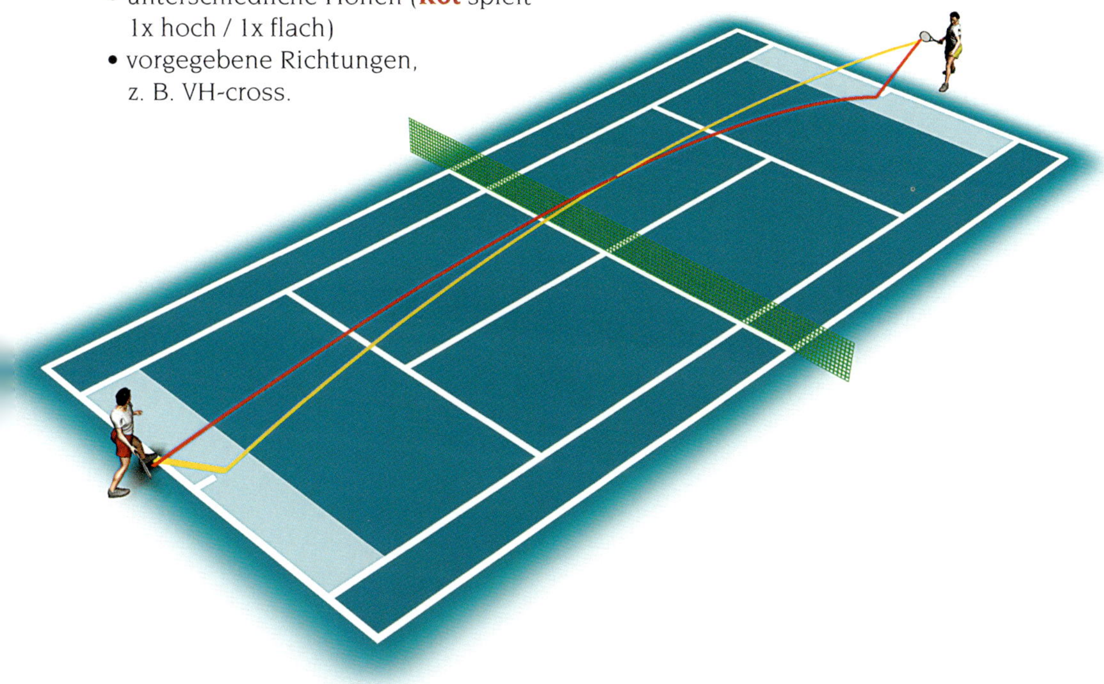

Variante:
Baseline-Touch
- **Rot** und **Gelb** spielen in einer vorgegebenen Richtung, **Rot** berührt nach jeder VH mit dem Fuß die Grundlinie.

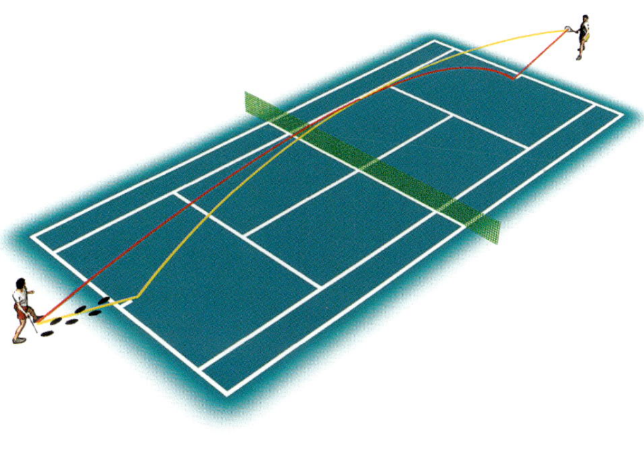

3. Zielflächen

Ziel
Winkelspiel in den Grundlinienschlägen bei größtmöglicher Kontrolle

Ablauf
- **Rot** spielt abwechselnd VH (A2) (B2)
- **Gelb** spielt nur VH in A2

Variationen
- **Rot** und **Gelb** spielen abwechselnd jeweils in A2

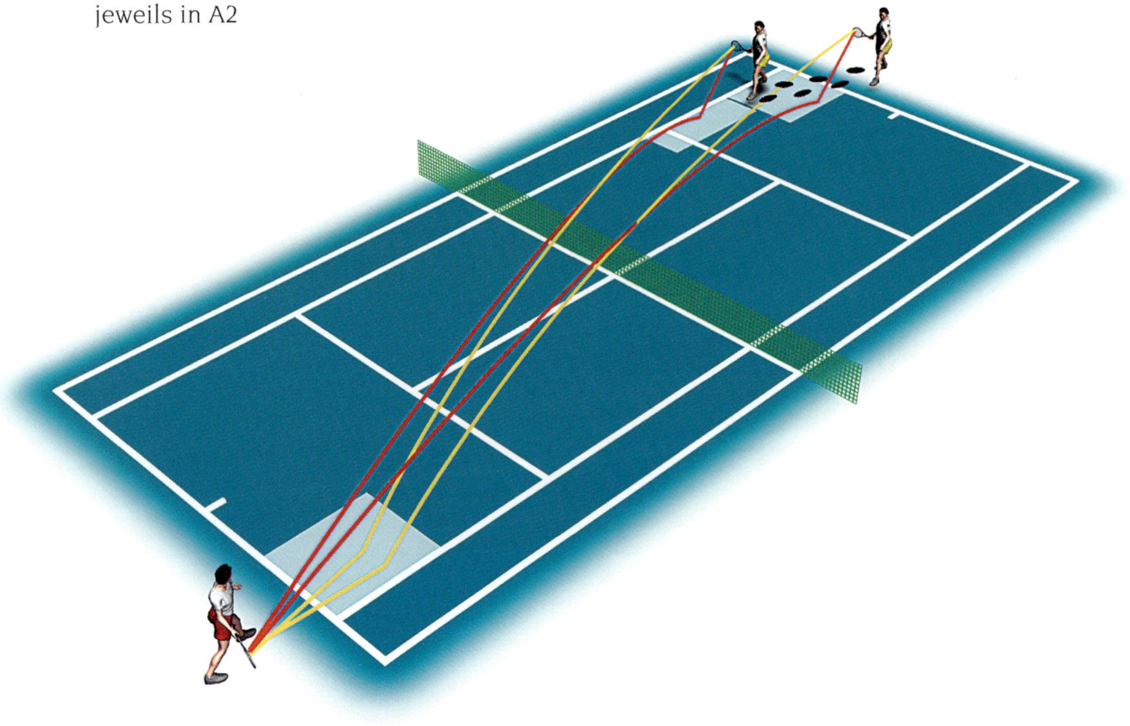

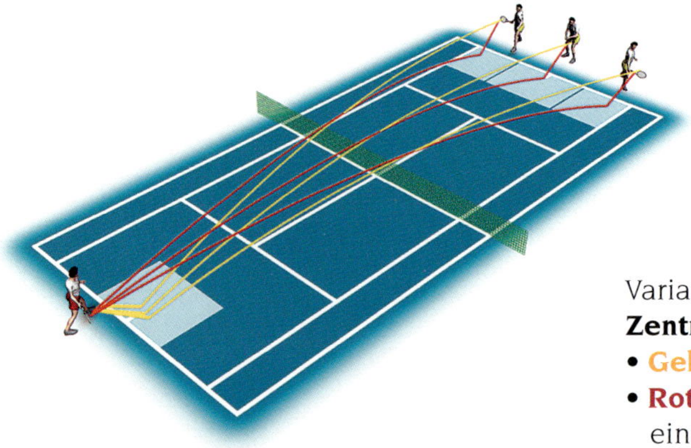

Variante:
Zentrum
- **Gelb** spielt jeden Ball (Zentrum)
- **Rot** spielt einen Ball in (A2), einen in (Z) und einen in (A1)

4. Ausweichen

Ziel

Kontrollierte Grundlinienschläge unter dem Aspekt, sich perfekt am Ball zu bewegen (vgl. Aktionsradius!).
Hoher Anspruch an Beinarbeit und Abstandsgefühl zum ankommenden Ball.

Ablauf

- **Rot** und **Gelb** spielen jeweils VH-cross (A2)
- Der Ball soll nun weiterhin cross gespielt werden, wobei beide Spieler jeweils abwechselnd VH und RH spielen müssen, d. h. es darf nie 2x hintereinander VH oder RH geschlagen werden.

Variationen

- Richtung (cross / longline)
- Nur **Rot** spielt abwechselnd VH / RH; **Gelb** nur VH

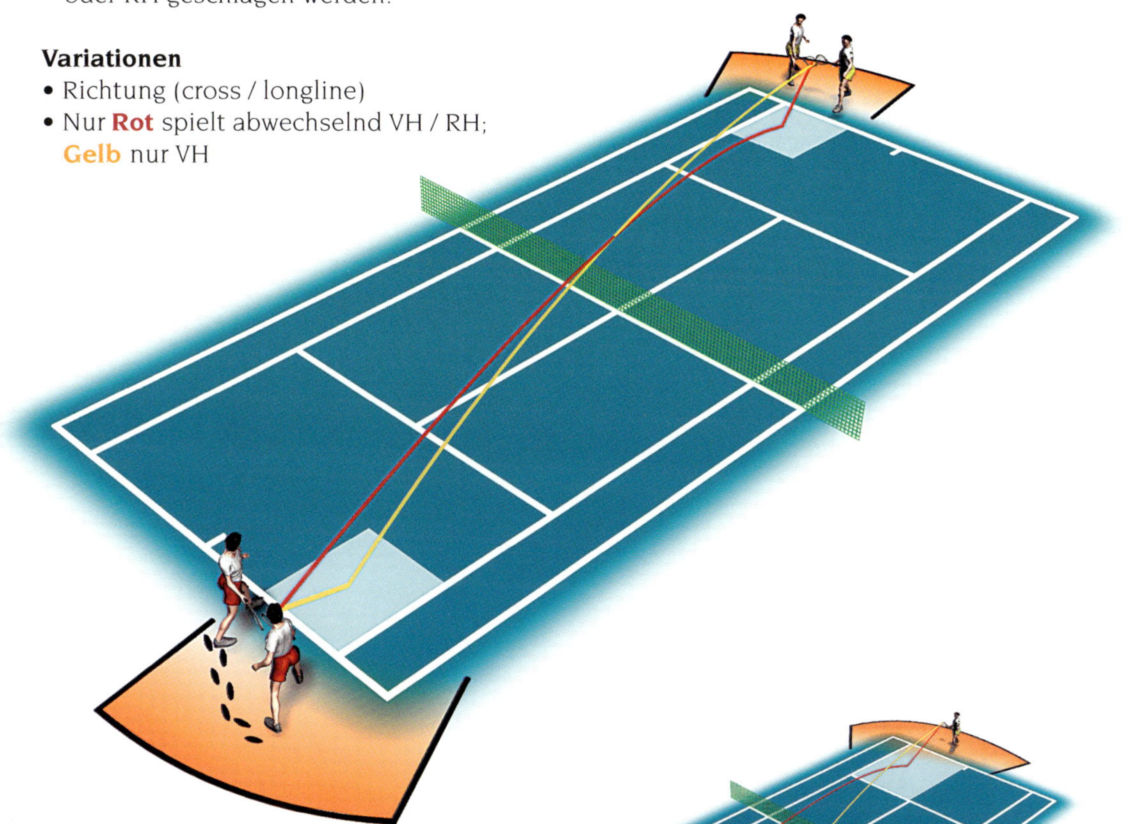

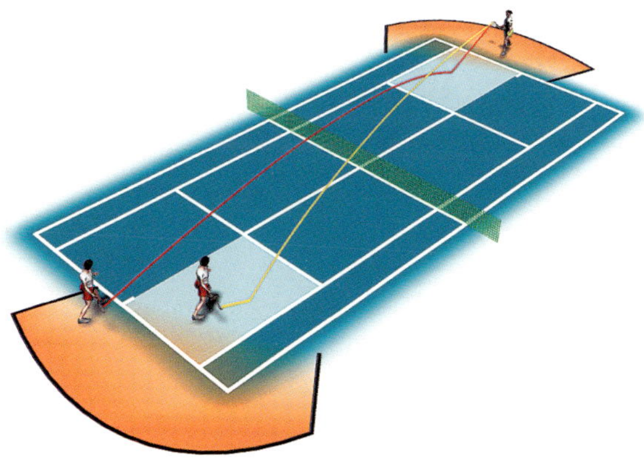

Variante: **1 Platzhälfte / nur VH**

- **Rot** und **Gelb** spielen über die Diagonalhälfte des Platzes VH-cross ausschließlich im Bereich zwischen T- und Grundlinie
- Dabei müssen sich die Spieler so gut bewegen, dass sie jeden Ball mit der VH schlagen können. Durch geschicktes Platzieren versucht jeder Spieler den anderen zur RH zu zwingen.

5. „Hosenträger“

Ziel
Kontrollierte Grundlinienschläge VH und RH jeweils cross und longline aus dem Laufen

Ablauf
- **Gelb** spielt abwechselnd VH- und RH-cross
- **Rot** entsprechend VH-und RH-longline.

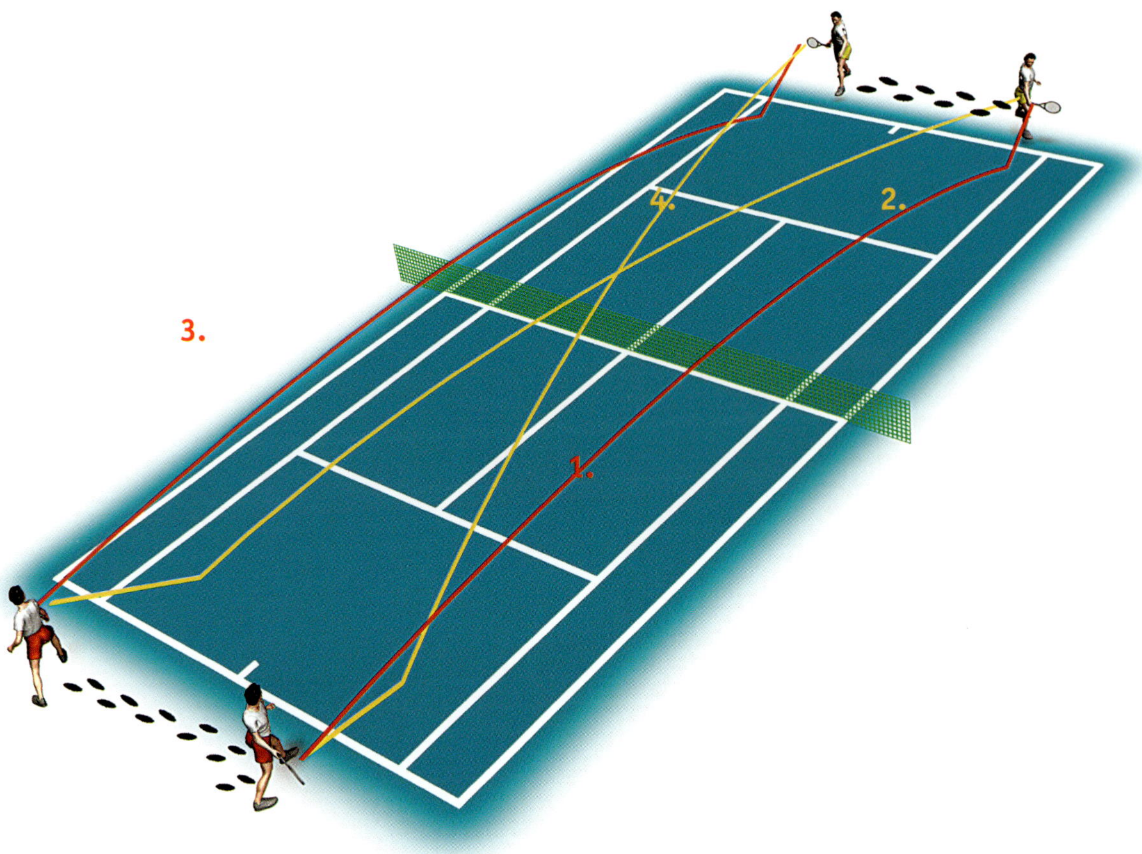

6. VH-Eröffnung

Ziel

Rot spielt zwei technisch schwierige VH, bevor der Punkt freigegeben ist

Ablauf

- **Rot** spielt den 1. Ball VH-inside/out (A1) von der RH-Seite
- **Gelb** spielt RH-longline Slice (A2)
- **Rot** spielt VH-cross (A2)

  ⁂ *Punkt frei*

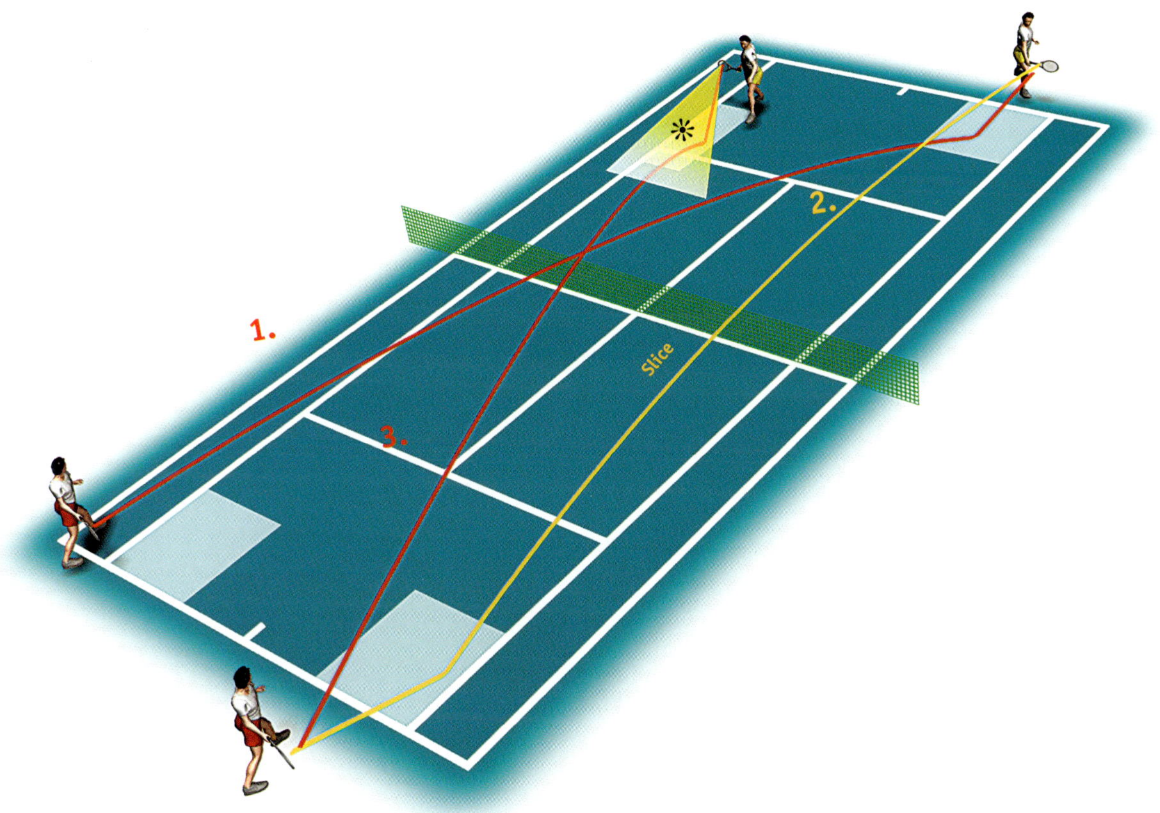

7. Cross-Eröffnung

Ziel
Öffnen des Platzes durch effektives Winkelspiel

Ablauf
- **Rot** spielt VH-cross (A2)
- **Gelb** spielt VH-longline (A1)
- **Rot** spielt RH-cross (A1)
- **Gelb** spielt RH-longline (A2)
- **Rot** spielt VH-cross (A2)

    ⁂ *Punkt frei*

Variationen
- Analog zur Cross-Eröffnung, nur sind die ersten 3 Schläge von **Rot** jeweils longline

    ⁂ *Punkt frei*

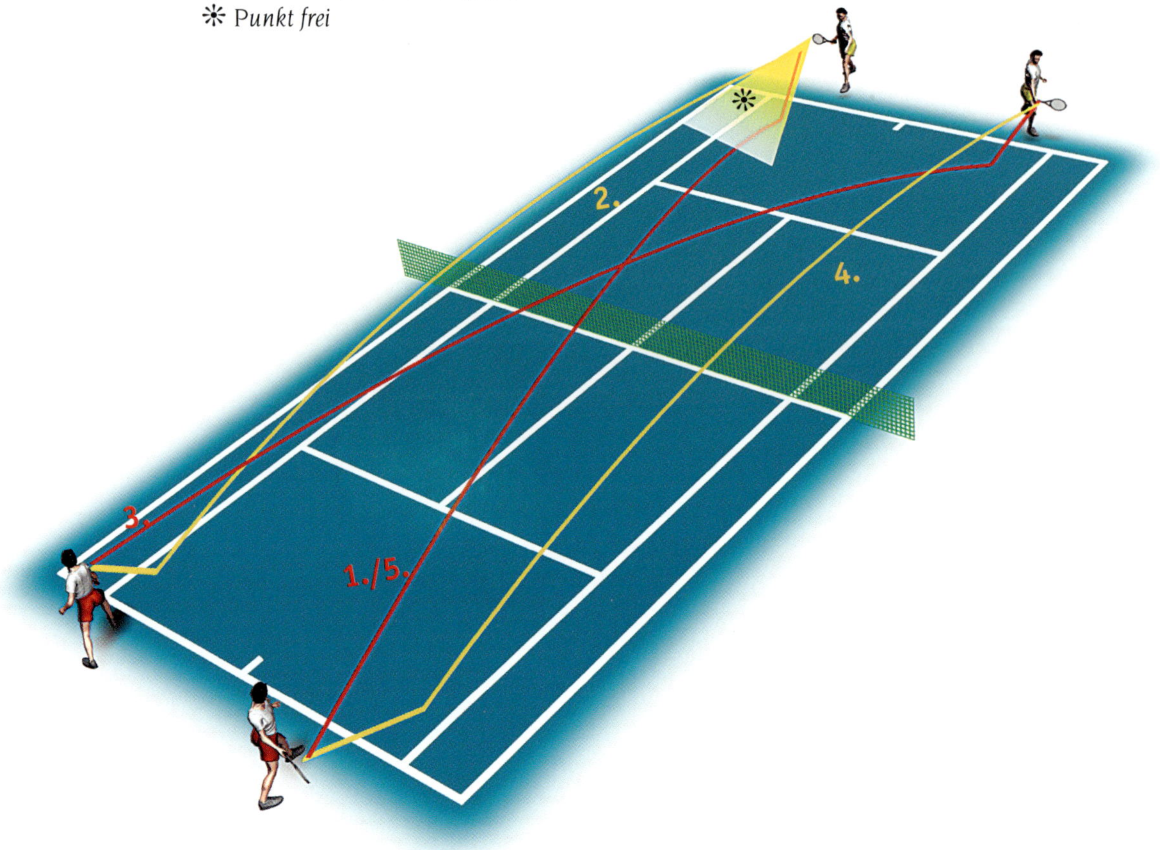

8. Mitte gegen Diagonal

Ziel
Platziertes Spiel aus dem Zentrum unter ungünstigen Winkelverhältnissen

Ablauf
- **Gelb** spielt VH aus dem Zentrum jeweils zweimal (A1) und (A2)
- **Rot** spielt jeweils 2x VH und 2x RH (Zentrum)
  Nach dem 4. Schlag von **Rot**
  ⁜ *Punkt frei*

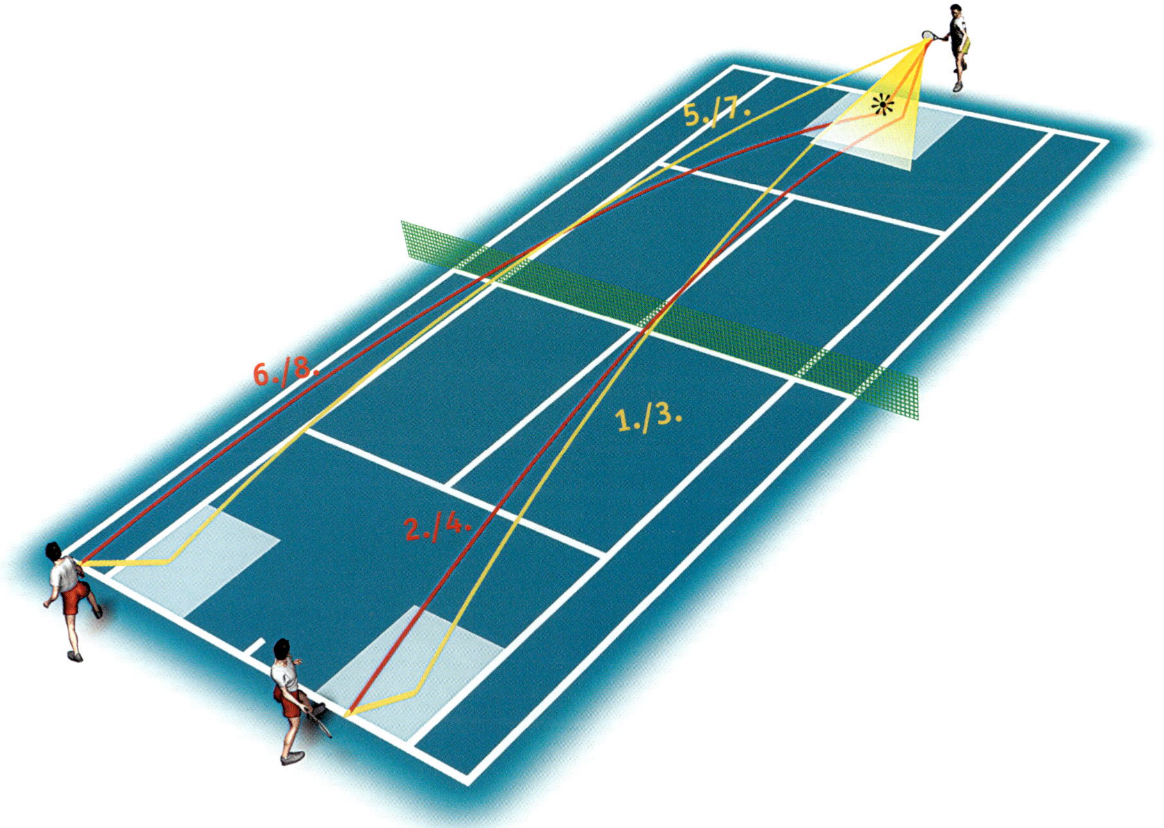

9. Longline-Eröffnung

Ziel

Wechsel von Cross auf Longline in einem typischen Cross-Cross-Grundlinienduell

Ablauf

- **Gelb** und **Rot** spielen RH-cross (A1)
- **Gelb** spielt irgendwann RH-longline (A2)
  ⁜ *Punkt frei*

Variationen

- **Rot** spielt 3x cross und den vierten Schlag longline
  ⁜ *Punkt frei*

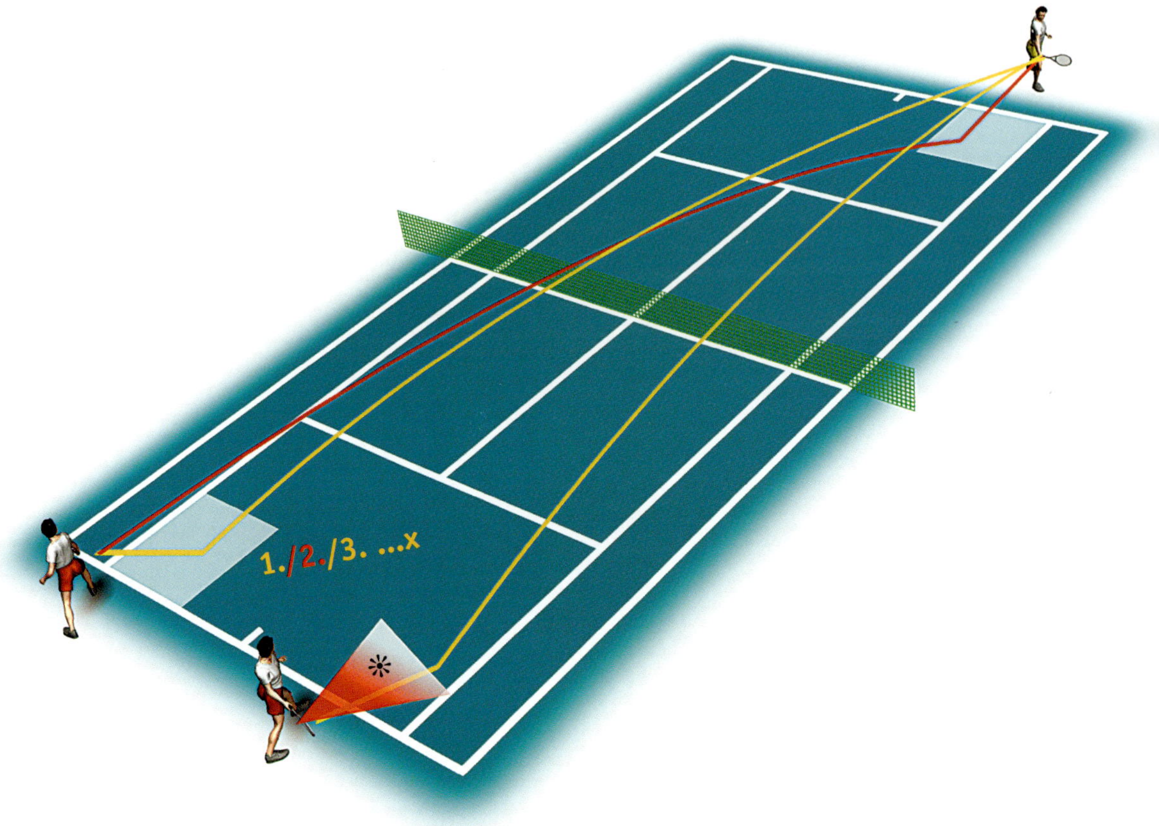

10. Auf RH halten!

Ziel
Systematischer Grundlinienspielaufbau über die Rückhandseite des Gegners

Ablauf

- **Rot** spielt während der Grundlinien-Rallye zu Beginn mindestens 3x auf die RH von **Gelb**, wobei **Gelb** die RH nicht umlaufen darf. Mit dem 4. Schlag von **Rot**
  ❊ *Punkt frei*

  Als Begrenzungslinie für die Cross-Longline-Zielflächen gilt die Verlängerung der Mittellinie

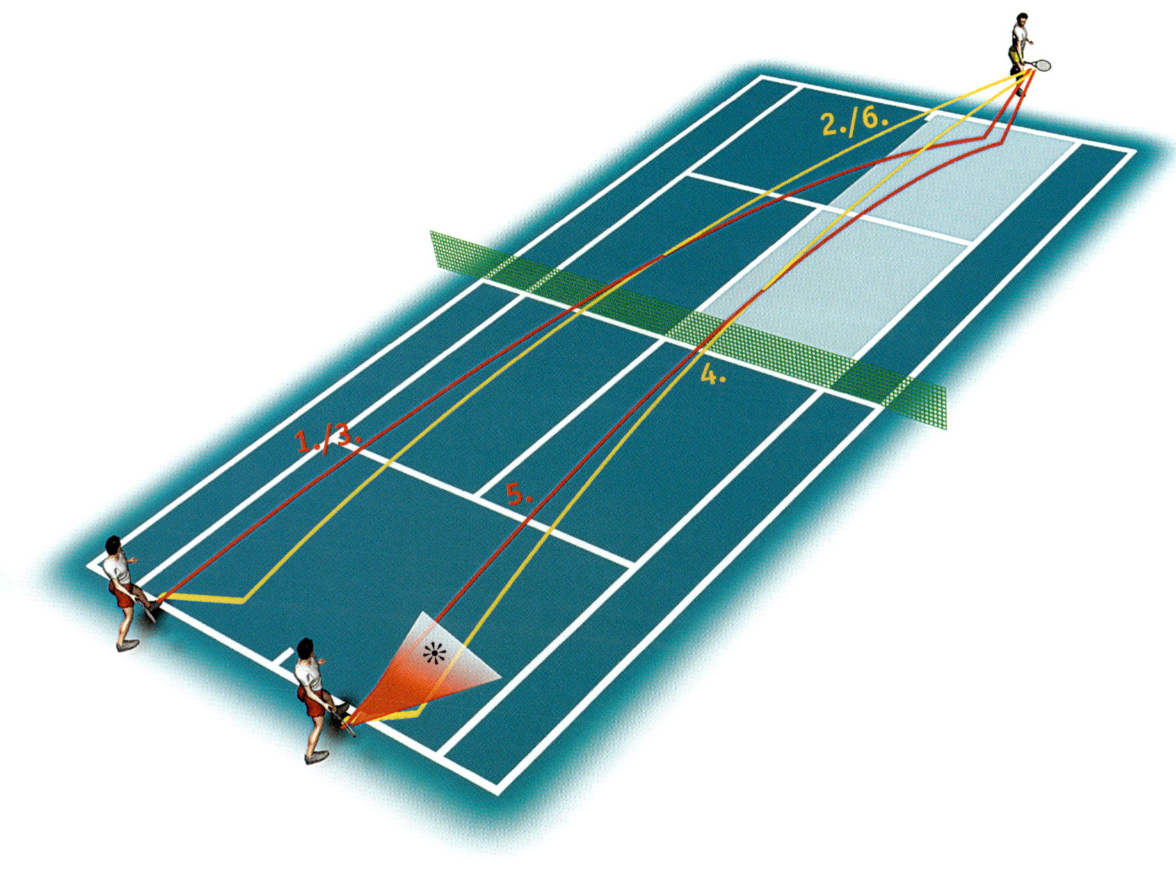

11. Zielflächen-Bonuspunkte

Ziel
Schlagpräzision und Platzaufteilung im Grundlinienspiel

Ablauf
- **Rot** und **Gelb** spielen Grundlinienrallyes, bei denen weder Stopps noch Netzangriffe erlaubt sind.
- Spielt ein Spieler während der Rallye unmittelbar 2x hintereinander in die vorgegebene Zielfläche, erhält er einen sogenannten Bonuspunkt. Gewinnt er die Rallye, geht er also sofort mit 2:0 in Führung.

Punkt frei

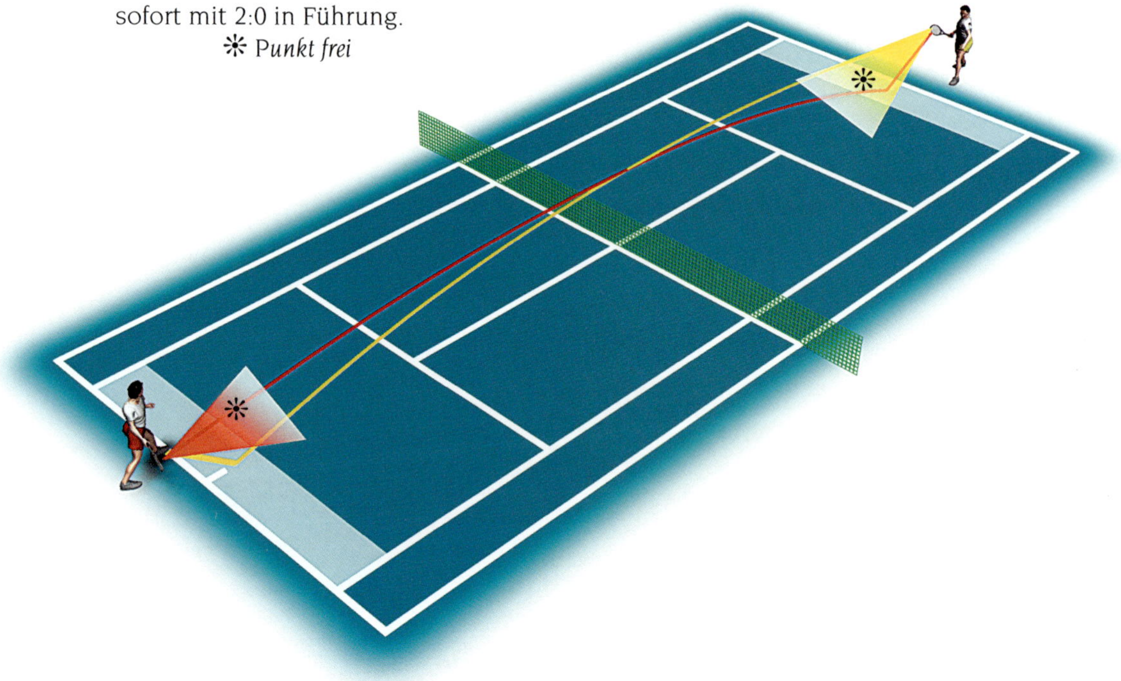

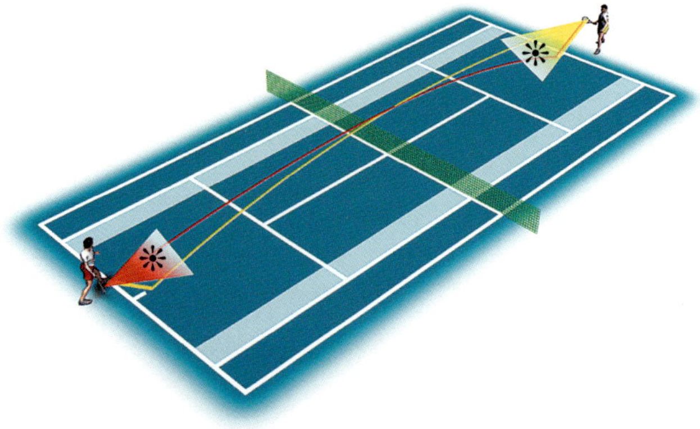

Variante:
Seitliche Zielflächen
- In den Seitenstreifen (ca. 1m) können Bonuspunkte erzielt werden

Punkt frei

12. Niemandsland

Ziel
Schlagpräzision und Platzaufteilung im Grundlinienspiel

Ablauf
- **Rot** und **Gelb** spielen Grundlinienrallyes, bei denen weder Stopps noch Netzangriffe erlaubt sind
- Spielt ein Spieler während der Rallye ins Niemandsland, verliert er den Punkt direkt und der Ballwechsel wird abgebrochen.

  ❊ *Punkt frei*

Variationen
- Spielt einer ins Niemandsland, verliert er den Punkt, doch die Rallye geht weiter.

  ❊ *Punkt frei*

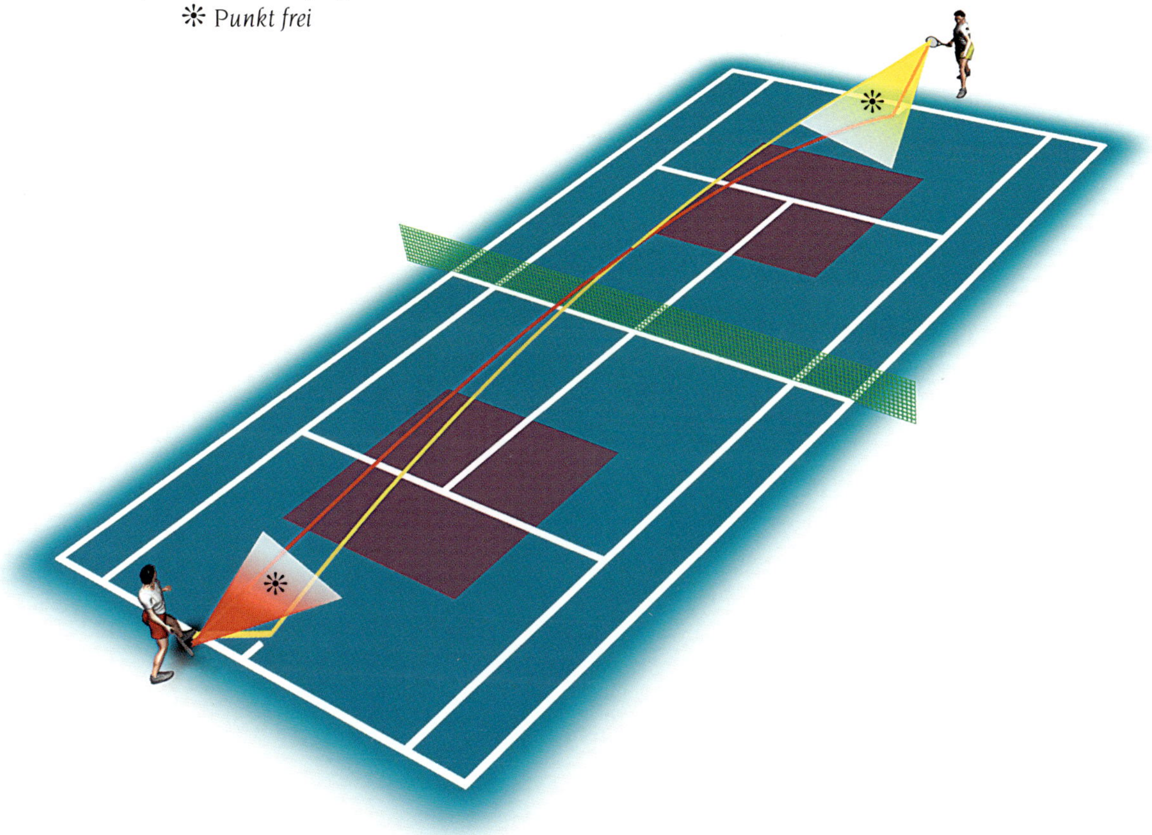

13. Cross gegen longline

Ziel
Spielaufbau durch platzierte Longline- und Cross-Grundlinienschläge

Ablauf
- **Rot** spielt VH-cross
- **Gelb** spielt VH-longline
- **Rot** spielt RH-cross
- **Gelb** spielt RH-longline

Nun ist der Punkt frei, es darf allerdings nur nach dem Cross-Longline-Prinzip (A nur cross / B nur longline) weitergespielt werden. Als Trennlinie für die Zielflächen dient die Verlängerung der Mittellinie

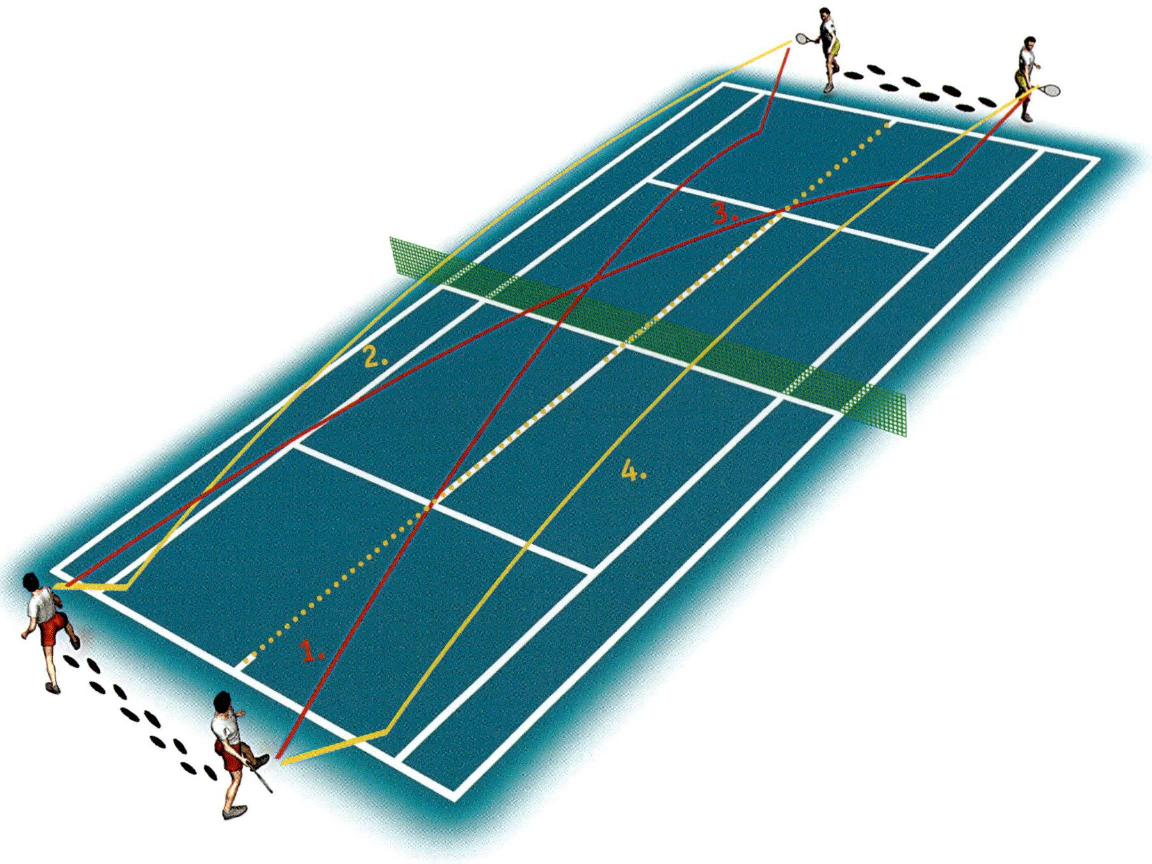

14. Cross gegen freies Spiel

Ziel
Gezieltes Winkelspiel von der Grundlinie

Ablauf
- **Rot** muss jeden Ball cross spielen
- **Gelb** kann völlig frei spielen, d. h. ohne Vorgaben
- Als Trennlinie für die Cross-Longline-Zielflächen dient die Verlängerung der Mittellinie
- Spielt **Rot** einen Ball longline, verliert er den Punkt

  ⁂ *Punkt frei*

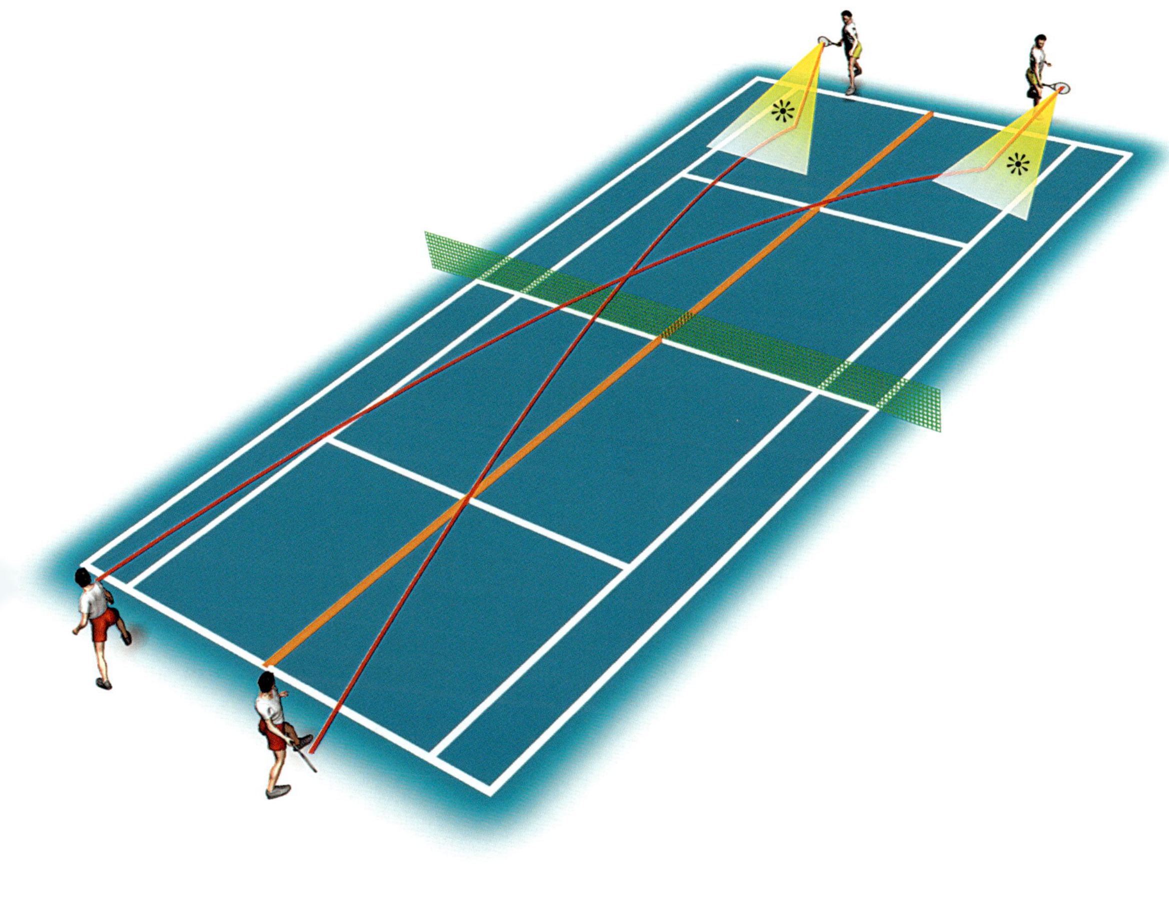

15. VH-Dominator

Ziel
Grundlinien-Spielaufbau überwiegend mit der VH

Ablauf
- **Rot** spielt nur auf 2/3 des Feldes, allerdings muss er jeden Ball mit der VH spielen
- **Gelb** versucht durch platziertes Spiel **Rot** innerhalb seines Spielfeldes zur RH zu zwingen
- Kann **Rot** den Ball nicht mehr mit der VH spielen, hat er den Punkt direkt verloren.

※ *Punkt frei*

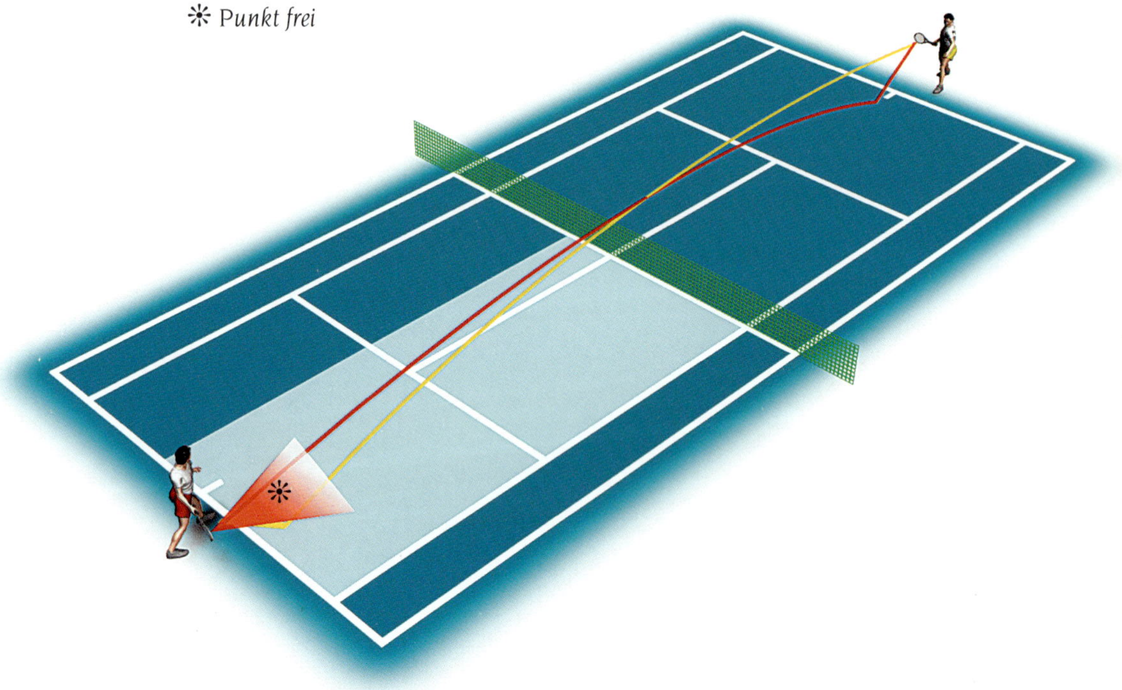

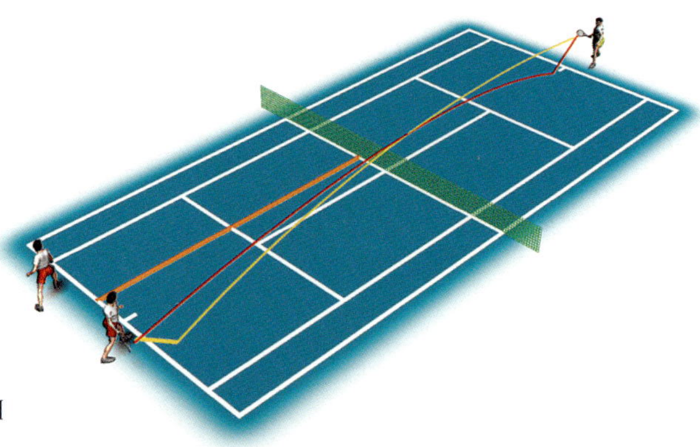

Variante:
Zwei Drittel VH – ein Drittel RH
Ablauf
- **Rot** spielt auf 2/3 des Feldes nur VH und auf dem anderen Drittel RH

Baustein C
Netzspiel

Technik

1. **Quick Volleys**
   → Quick Volleys cross
2. **Übergangs Volley**

Angriffssituation

3. **Angriffsball-Volley-Kombination**
   → Angriffsball-Volley-Kombination 2

4. **Smash-Volley-Kombination**
5. **Übergangs- und tödlicher Volley**

Spielformen

6. **Quick Volleys**
   → Quick Volleys cross
7. **Angriffskreisel**
8. **Cross volley – longline Passierball**
9. **Smash-Volley-Kombination**
10. **Flotter Dreier**

NETZSPIEL „OFFENSIV / DEFENSIV"

Beim Training des Netzspiels sind im landläufigen Trainingsalltag die größten Abweichungen zur tatsächlichen Anforderung im Match zu beobachten. Daher muss auf folgende Grundüberlegungen nochmals etwas detaillierter eingegangen werden.

Übergangsposition zwischen Angriffsball und idealer Netzposition.

Entscheidend für einen erfolgreichen Netzangriff ist die Beherrschung der sogenannten **Drehscheibenposition**. Egal mit welchem Schlag man den Netzangriff einleitet (Angriffsball, Aufschlag, Return), wird man nur relativ selten in die Lage kommen, den ersten Volley – also den Volley unmittelbar nach dem Angriffsschlag – in einer erfolgversprechenden Entfernung von ca. 1 – 1,5 m (ideale Netzposition) vom Netz zu spielen.

In der Praxis ist man normalerweise gezwungen, den ersten Volley ca. 1 m vor der T-Linie zu spielen, da es allein zeitlich gesehen nicht möglich ist, die Entfernung zwischen dem Punkt des Angriffsschlages und der sogenannten „idealen Netzposition" mit einem einzigen Sprint zurückzulegen. Dazu müßte der Angriffsschlag schon sehr nah am Netz geschlagen werden und der Gegner seinen Passierball relativ langsam spielen. Beide Gegebenheiten sind im Leistungstennis eher die Ausnahme. In der Praxis schafft man es in den meisten Fällen nur bis in die sogenannte Drehscheibenposition.

Aus dieser kann man den Volley in der Regel jedoch nicht als Winner (tödlicher Volley) spielen, da der Treffpunkt des Balles meist unter Netzkantenhöhe liegt und die Entfernung zum Netz und zur gegnerischen Grundlinie relativ weit ist. Daher kann man diesen Volley als sogenannten **Übergangsvolley** bezeichnen, da er aus taktisch-strategischer Sicht den Übergang von der Grundlinie in die **ideale Netzposition** darstellt. Der Übergangsvolley wird in der Regel weit an die gegnerische Grundlinie zurückgespielt. Dadurch gewinnt man Zeit, aus der Drehscheibenposition in die ideale Netzposition aufzurücken, die sich ca. 1 – 1,5 m vom Netz entfernt befindet. Von hier aus bieten sich die besten Möglichkeiten, den Volley als Winner zu spielen, da man ihn über der Netzkantenhöhe schlagen kann und die Entfernung zum Netz gering ist.

Man kann sagen, dass die Beherrschung der Drehscheibenposition die Voraussetzung ist, um überhaupt in die optimale Netzposition zu gelangen, in der die bestmöglichen Chancen für einen tödlichen Volley liegen. Die Drehscheibenposition stellt somit eine Art „Durchlaufstation" auf dem Weg von der Grundlinie zum Netz dar. Also gibt es im Prinzip zwei verschiedene Arten des Volleys, nämlich den sogenannten Übergangsvolley und den tödlichen Volley. Diese Unterscheidung, sowohl technisch als auch taktisch, stellt ein wesentliches Kriterium für das Training dar.

Von einem professionellen Volley-Training kann nur dann die Rede sein, wenn Volley und Angriffsschlag als Einheit gesehen und trainiert werden. Nur in Kombination mit dem Angriffsschlag wird gewährleistet, dass der Volley im Sinne des Komplextrainings in der **kompletten Angriffssituation trainiert**, und somit auch matchgetreu im Gehirn abgespeichert wird.

Nur so kann auch der hohe Anspruch an das Auge und an das Tempo der Bewegungsausführung (Auge-Hand-Koordination), sowie die Anforderung an Timing und Antizipation entsprechend mittrainiert werden. Des Weiteren muss man sich darüber im Klaren sein, dass beim Netzspiel die konditionellen Faktoren **Beweglichkeit, Gewandtheit, Reaktion und Sprungkraft** dominieren. Diese fördert und trainiert man nur richtig, wenn das Netzspiel in seiner gesamten Situation trainiert wird. Falsch ist es, den Spieler einfach in die ideale Netzposition zu stellen und ihm dabei die Bälle wie „auf dem Tablett" zu servieren

Was für einen Spieler die Angriffssituation ist, stellt für den anderen logischerweise die Verteidigungssituation dar. Man kann also zwei verschiedene Spielsituationen mit ein und der selben Übungsform trainieren. Während Spieler A das Netzspiel trainiert, ist Spieler B mit der Defensive beschäftigt. Daher heißt dieses Kapitel auch „Offensiv / Defensiv".

An dieser Stelle noch ein Wort zum Schmetterball. Wie beim Volley gilt es auch beim Schmetterball, die wirklich geforderte Situation wie im Match herzustellen. Der Smash sollte somit immer in bedrängter Situation, das heißt in Zeitnot und im Zurücklaufen trainiert werden, am Besten nach einem vorausgegangenen dicht am Netz gespielten Volley. Denn im Match wird der Gegner kaum einen Lob ansetzen, wenn der Angriffsspieler an der T-Linie steht.

INHALT

- **Automatisierung der kompletten Angriffssituation (Angriffsball + Volley als Einheit trainieren)**
- **Optimierung der netztypischen, konditionellen Faktoren (Reaktion, Schnellkraft, Beweglichkeit etc.)**

DURCHFÜHRUNG

- **überwiegend in der Drehscheibenposition trainieren**
- **Unterschied zwischen „Drehscheibenposition" und optimaler Netzposition herauskristallisieren**
- **Perfektionierung des Splitsteps (Körperschwerpunkt tief)**

- **situationsangemessenes Zuspiel (schnell; extremer Zeitdruck)**

INTENSITÄTSSTEUERUNG

- **kurze, intensive Trainingselemente (2 - 4 Schläge)**
- **Verhältnis Pause/Belastung: 1:1**

1. Quick-Volleys

Ziel
Schnelle Volleyserien, bei denen der Ball nicht den Boden berühren darf

Ablauf
- **Rot** und **Blau** stehen sich am Netz, in der Höhe der T-Linie gegenüber.
- Beide vollieren sich den Ball gegenseitig zu, ohne dass dieser den Boden berührt. Sie spielen „miteinander", nicht „gegeneinander".
- Mit zunehmender Spieldauer wird das Tempo gesteigert

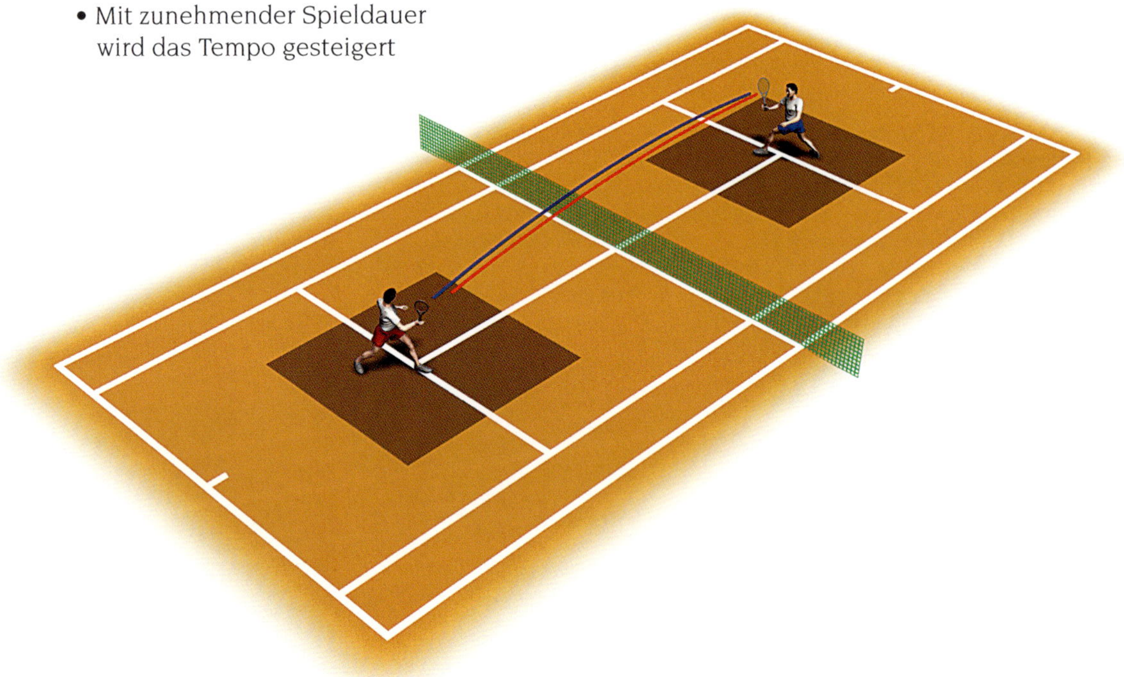

Variante:
Quick-Volleys-cross
- **Rot** und **Blau** spielen VH-Volley-cross (B2)
- **Rot** und **Blau** spielen RH-Volley-cross (B1)

2. Übergangsvolley

Ziel
Tiefe Volleys aus der „Drehscheibenposition"

Ablauf
- **Rot** steht an der T-Linie und volliert jeweils eine Serie Volleys (A1 / Zentrum / A2)
- **Blau** steht an der Grundlinie und spielt **Rot** jeweils „vor die Füße" ins Niemandsland

Variationen
- **Rot** volliert in verabredeten Kombinationen auf die Zielflächen (z. B. 2x A1 / 1x Zentrum)

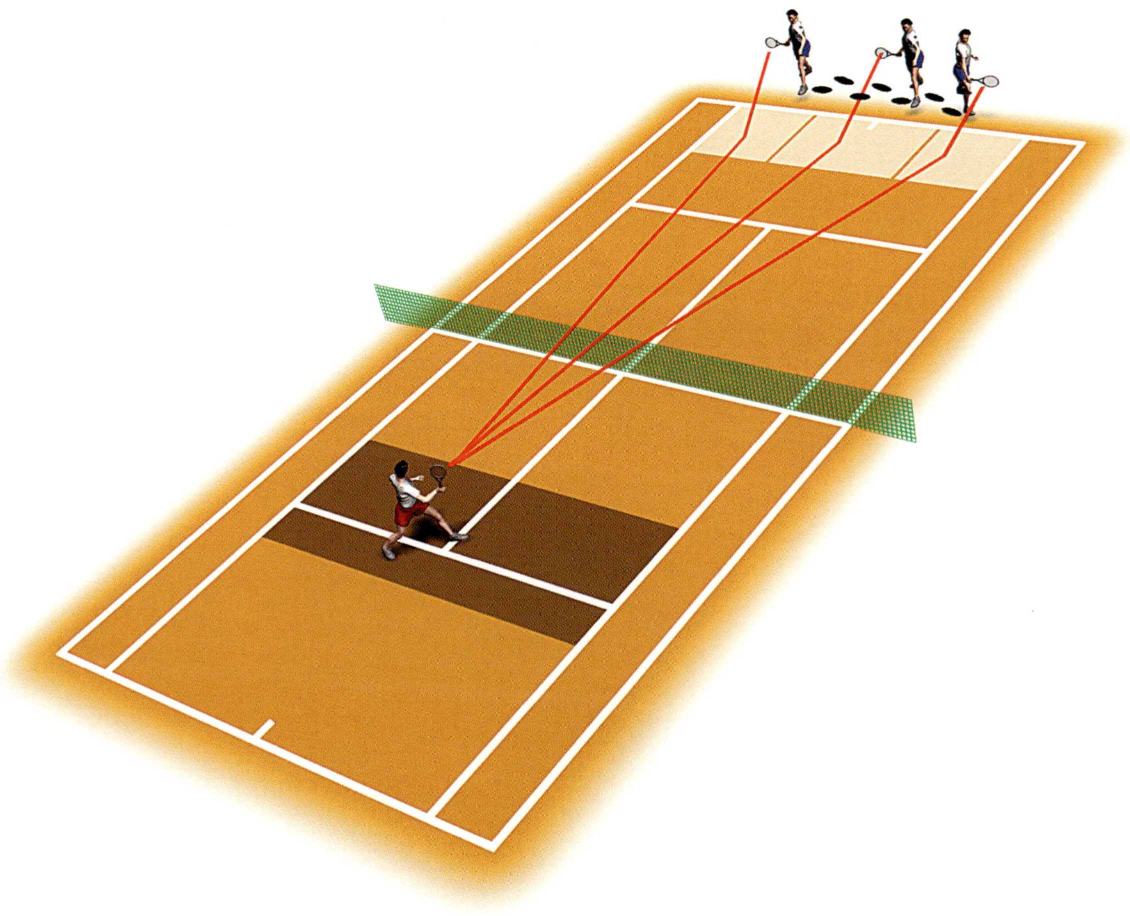

3. Angriffsball-Volley-Kombination

Ziel

Trainieren der typischen Angriffssituation im Match.

Ablauf

- **Rot** spielt einen Angriffsball mit der VH (A2)
- **Blau** steht am Netz und volliert cross (B1)
- **Rot** volliert RH-cross zu **Blau** (B1)

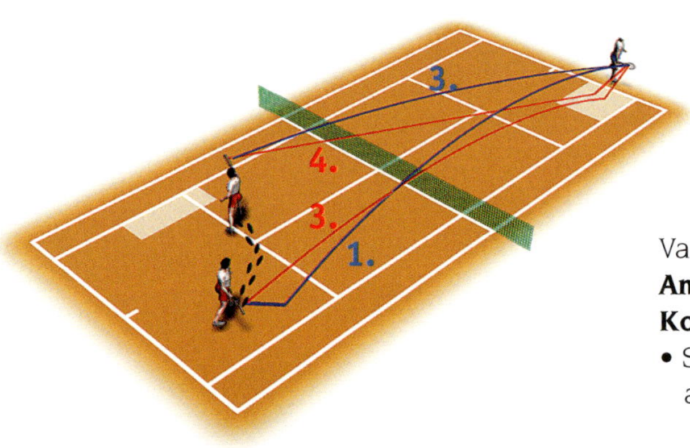

Variante:
Angriffsball – Volley – Kombination 2

- So wie oben, jedoch steht **Blau** an der Grundlinie

4. Schmetterball und Volley

Ziel

Kombination von tiefen Volleys und Schmetterbällen

Ablauf

- **Rot** steht an der T-Linie und spielt jeweils einen VH-Volley und einen Schmetterball cross zu **Blau**
- **Blau** steht an der Grundlinie und spielt immer einen flachen Ball und einen Lob cross zu **Rot**

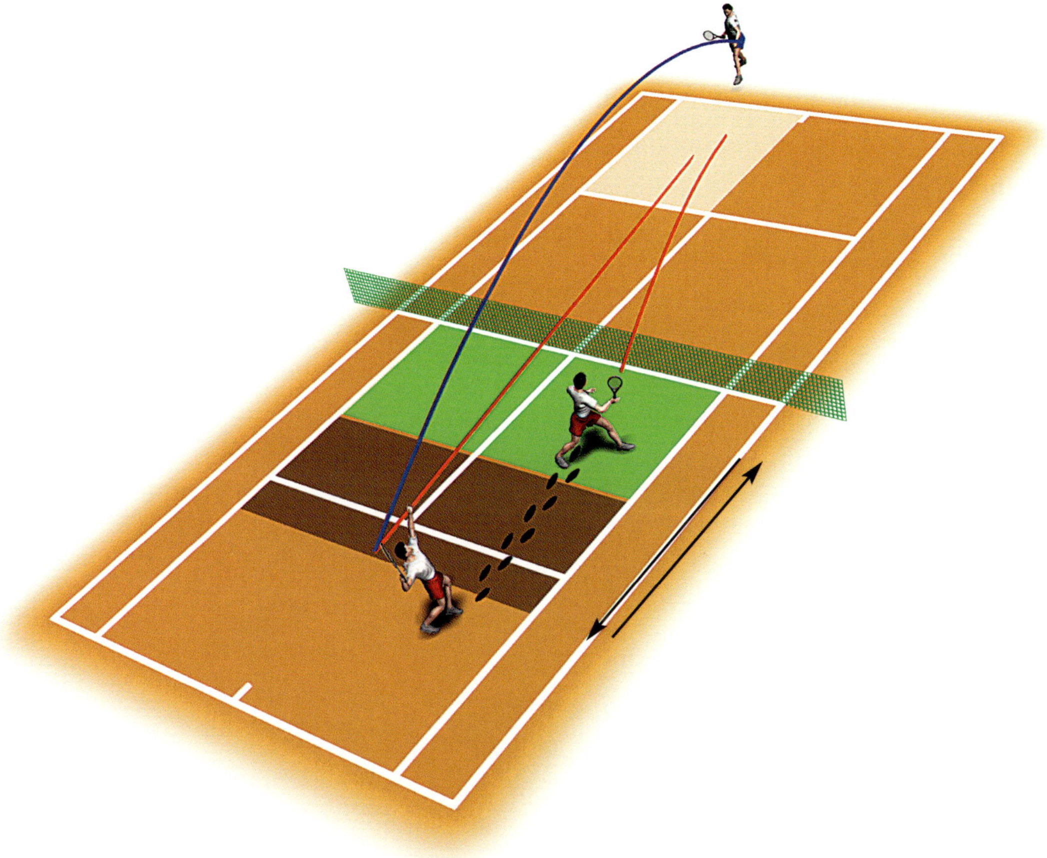

5. Übergangs- und tödlicher Volley

Ziel

Typische Angriffssituationen mit vorausgehendem Übergangs- und anschließendem tödlichen Volley

Ablauf

- **Rot** startet an der T-Linie und spielt einen tiefen Volley (A2)
- **Blau** spielt VH-longline Passierball (B1)
- **Rot** rückt dicht ans Netz auf und spielt RH-Volley (B1) (tödlicher Volley)

Variationen

- **Rot** spielt zuerst vor dem Übergangsvolley einen Angriffsball

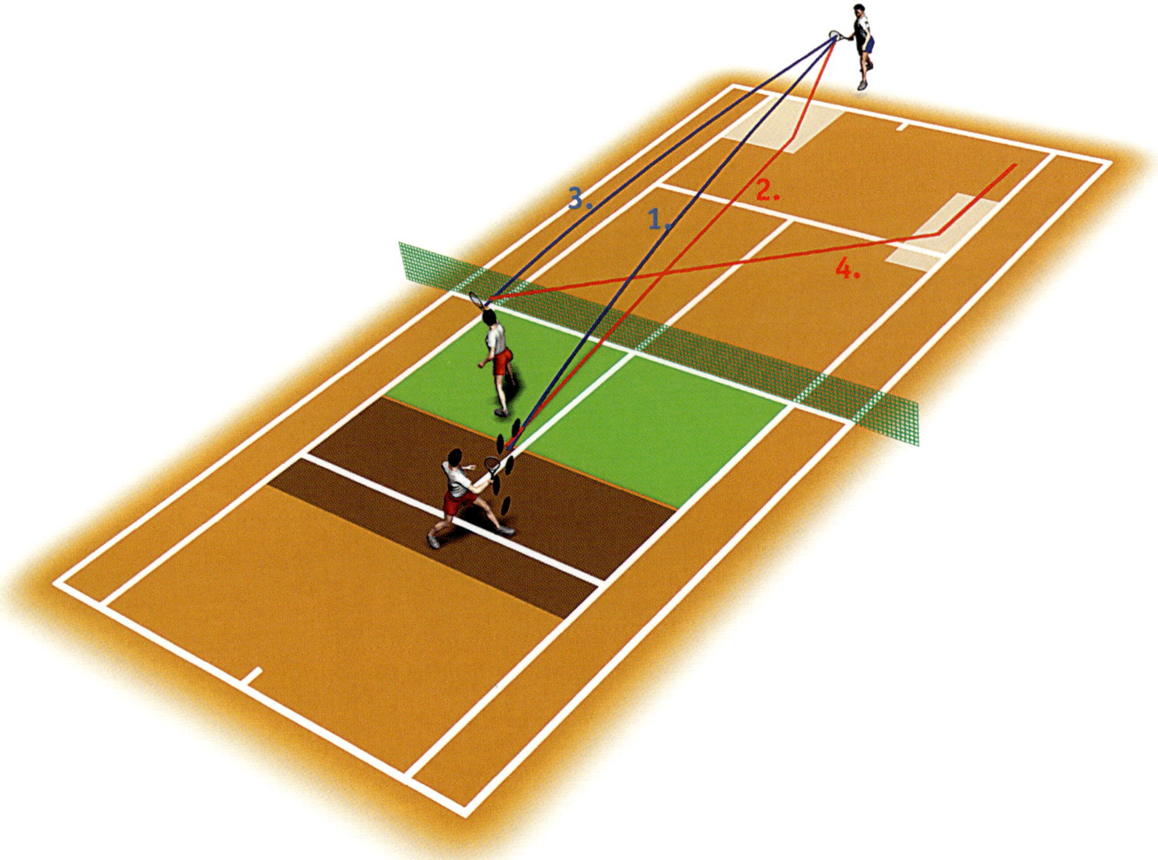

6. Quick-Hands

Ziel
Schnelle Volleyserien, wobei beide Spieler am Netz spielen.

Ablauf
- **Rot** und **Blau** spielen schnelle Volleyserien in einem reduzierten Einzelfeld
- Beide beginnen hinter der T-Linie und rücken Volley für Volley näher ans Netz auf
- Es dürfen keine Lobs gespielt werden

Variationen
- In der Longline-Hälfte

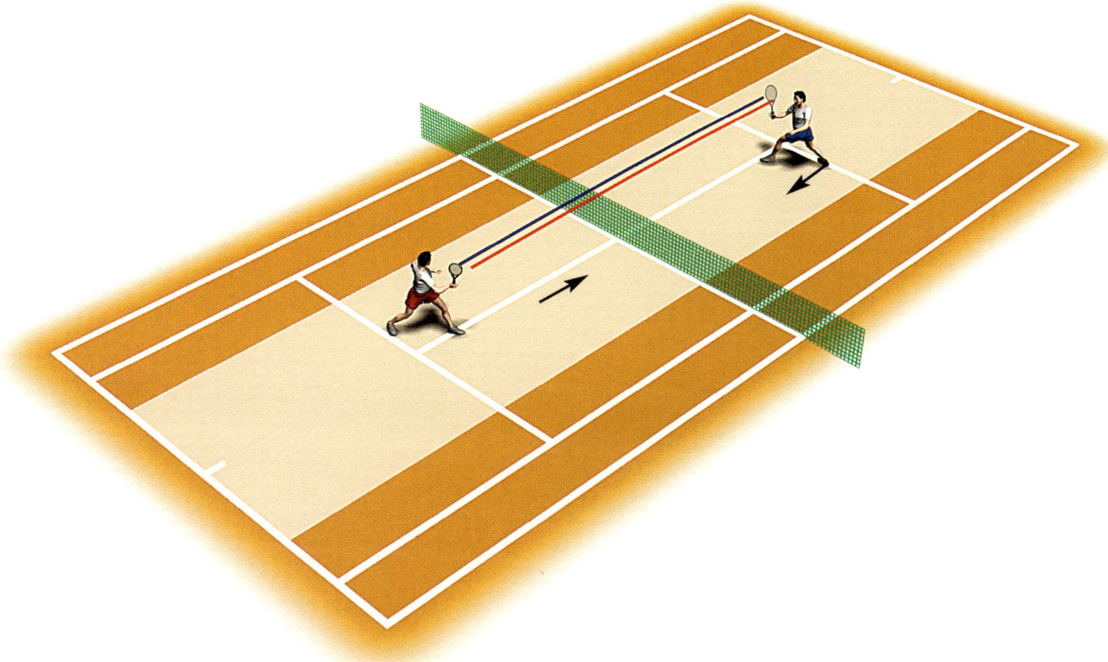

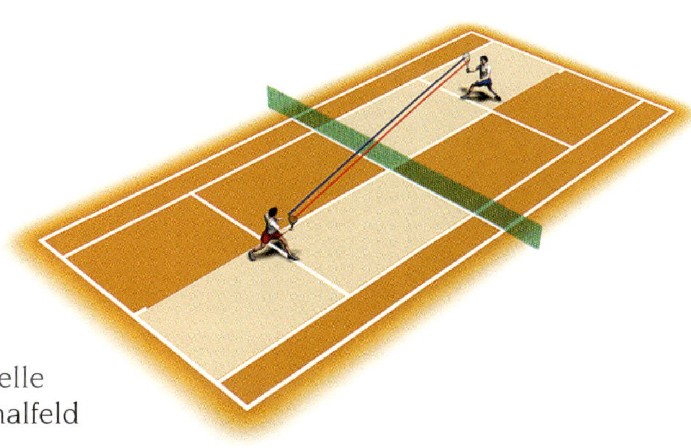

Variante:
Quick-Hands-cross
- **Rot** und **Blau** spielen schnelle Volleyserien im VH–Diagonalfeld

7. Angriffskreisel

Ziel
Spieltypische Angriffssituation mit Übergangs- und tödlichem Volley

Ablauf
- **Rot** spielt einen VH-longline-Angriffsball (A1)
- **Blau** spielt RH-cross (B1)
- **Rot** volliert RH (A2)

  ❋ *Punkt frei*

Variationen
- Angriffsballrichtung
- Passierballrichtung
- Angriffsball RH-Slice

  ❋ *Punkt frei*

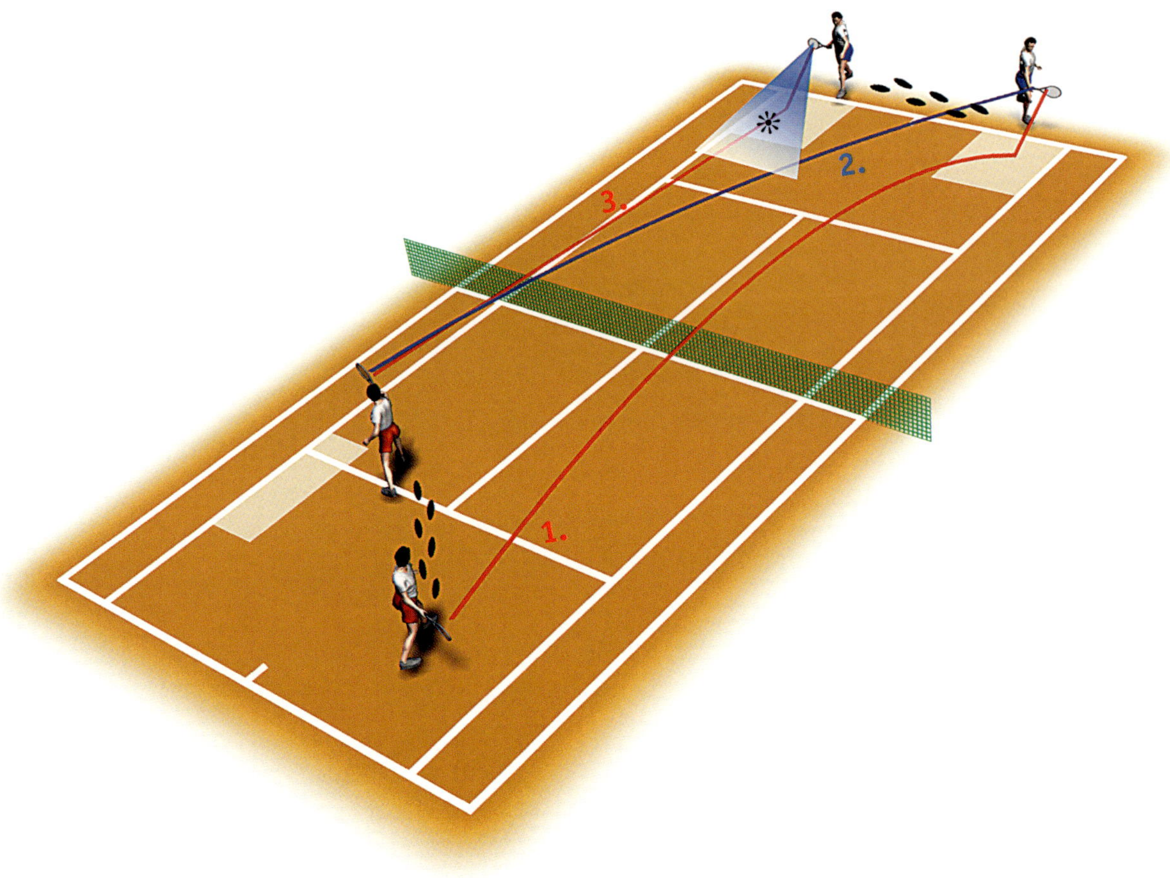

8. Cross Volley – longline Passierball

Ziel
Spieltypische Angriffs- und Verteidigungssituation

Ablauf
- **Blau** spielt VH-longline-Passierball (A1)
- **Rot** spielt RH-Volley-cross hinter die T-Linie
- **Blau** spielt RH-longline-Passierball (A2)
- **Rot** spielt VH-Volley-cross hinter die T-Linie

  ✳ *Punkt frei*

Variationen
- „Cross-Passing / Longline-Volley“
- **Blau** entscheidet beim Passierball selbststän ob cross oder longline

  ✳ *Punkt frei*

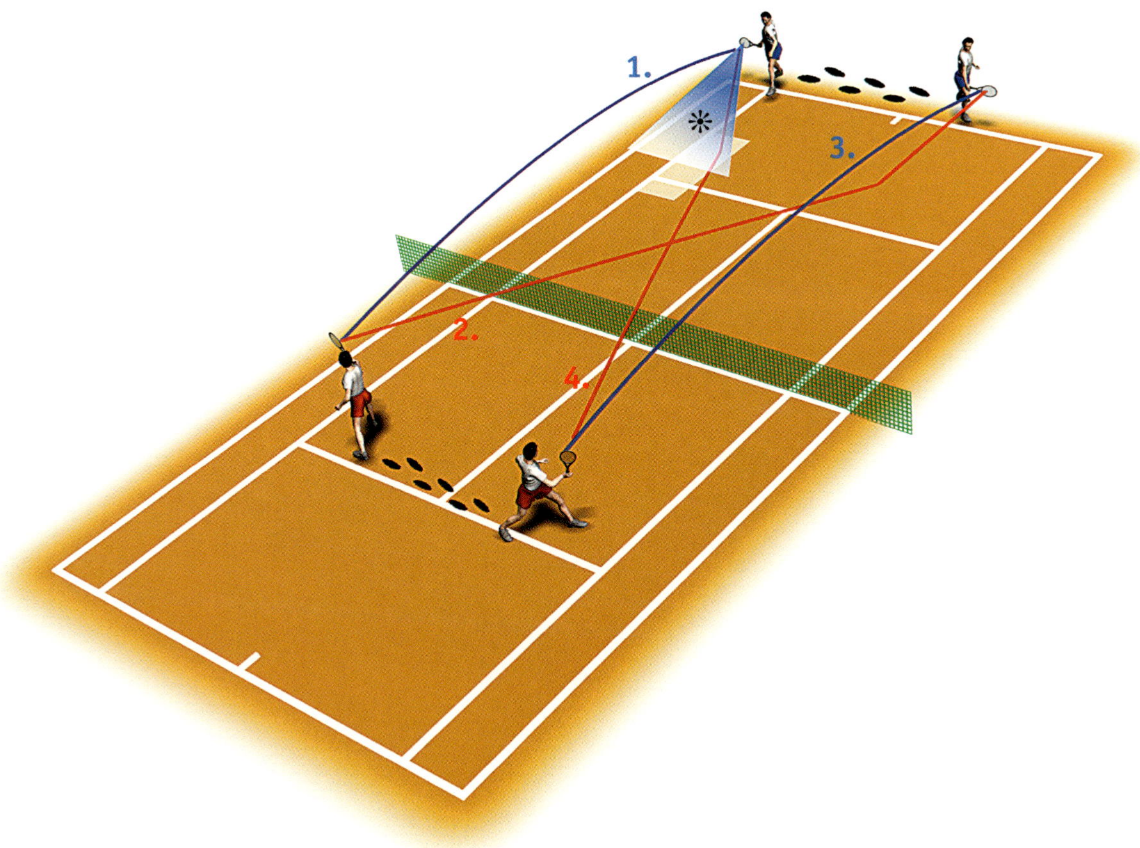

9. Smash-Volley-Kombination

Ziel
Tiefe Volleys in der Vorwärts- und Smashs in der Rückwärtsbewegung

Ablauf
- Gespielt wird nur im Einzeldiagonalfeld
- **Rot** spielt Übergangs-Volley nahe an die Grundlinie
- **Blau** spielt einen Lob
- **Rot** spielt einen Smash im Rückwärtslauf hinter die gegnerische T-Linie
- **Blau** spielt den ankommenden Smash wieder vor die Füße von **Rot**
- **Rot** spielt erneut einen Übergangsvolley
  nach diesem Schema werden die Punkte ausgespielt

Variationen
- **Rot** spielt jeweils zwei Volleys vor einem Smash.
- Nach dem Smash kann der Punkt „frei" ausgespielt werden

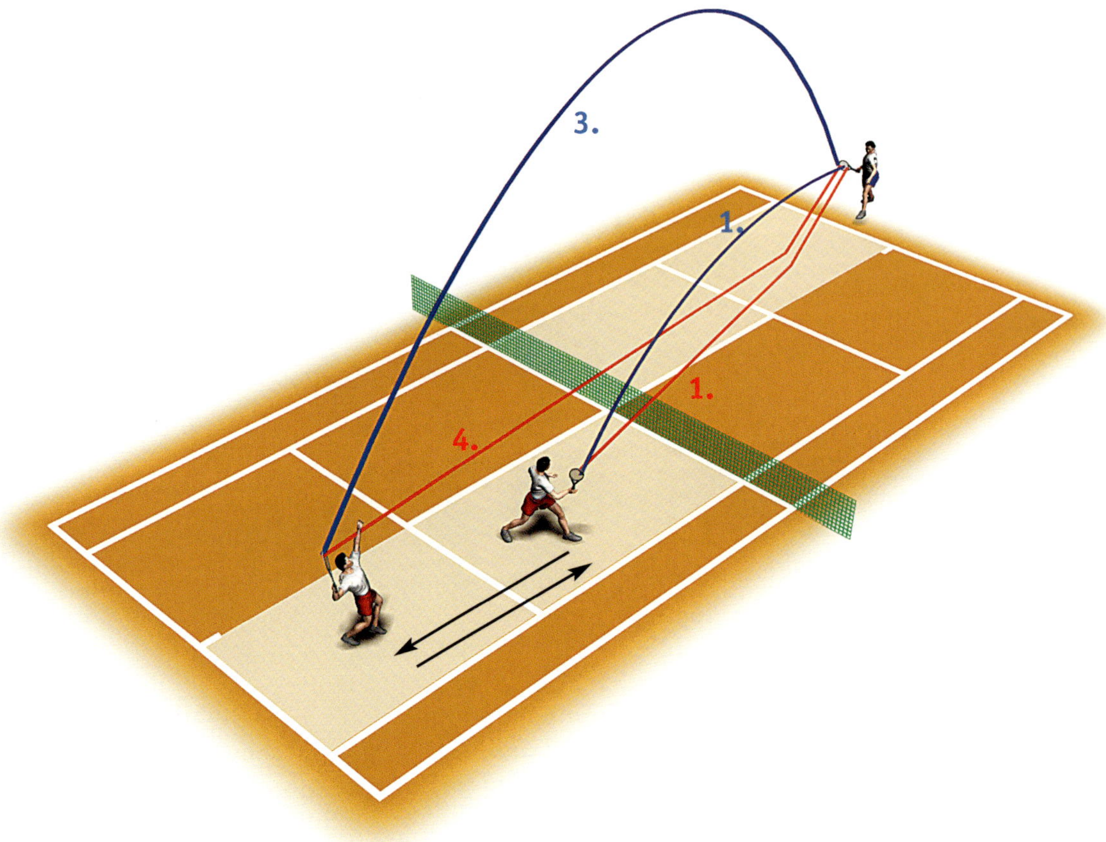

10. Flotter Dreier

Ziel
Netzspiel in schwierigen Situationen gegen zwei Gegner

Ablauf::
- **Rot** spielt gegen **Blau** und **Grün** im Einzelfeld. **Blau** und **Grün** bilden ein Team.
- **Rot** berührt in der Ausgangssituation mit dem Schläger die Netzmitte und schmettert einen vom Trainer angespielten Lob
- **Blau** und **Grün** versuchen diesen Schmetterball abzuwehren, bzw. **Rot** zu passieren
  Im Anschluss ist der Punkt frei

Variationen
- **Rot** muss immer abwechselnd einmal zu **Blau** und einmal zu **Grün** schmettern. **Blau** und **Grün** müssen den ankommenden Smash **Rot** vor die Füße spielen
  Im Anschluss ist der Punkt frei

- **Rot** spielt einen Übergangsvolley, welchen **Blau** und **Grün** als Lob spielen müssen
  Im Anschluss ist der Punkt frei

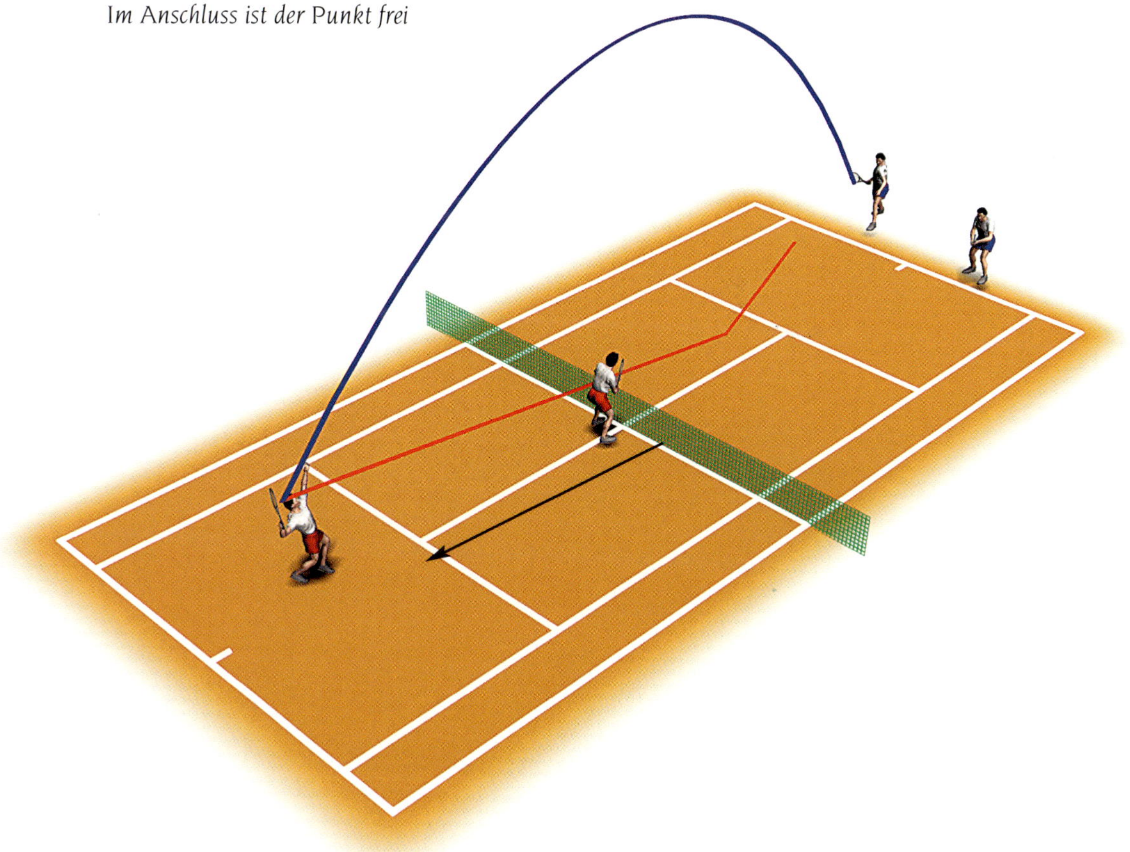

Kapitel D
Aufschlag / Return

AUFSCHLAG UND RETURN

Aufschlag und Return sind im Leistungstennis die beiden wichtigsten Schläge. Ohne einen sehr guten Aufschlag hat man kaum eine Chance, internationales Niveau zu erreichen, genauso wenig wie dies ohne einem überdurchschnittlichen Return der Fall ist.

Wenn man bedenkt, dass auf Hartplätzen und in der Halle ein Ballwechsel im Durchschnitt nur 6 Schläge (3 Schläge pro Spieler) dauert, wird schon rein rechnerisch klar, dass Aufschlag und Return ein Drittel der Gesamtzahl aller Schläge in einem Match für sich beanspruchen. Außerdem sind Aufschlag und Return die einzigen Schläge, die bei jedem Ballwechsel vorkommen – außer, der Aufschläger serviert ein As.

Obwohl der enorme Stellenwert dieser beiden zentralen Schläge kein Geheimnis ist, erhalten sie im täglichen Training meist nicht den angemessenen Stellenwert. Die Vernachlässigung dieser beiden Schläge im Training grenzt geradezu an Fahrlässigkeit.

Vom Grundgedanken des Tennisspiels ausgehend, sollte man sich einfach vor Augen führen, dass es ohne Aufschlag und Return kein Tennis im Sinne des Spiels geben kann, da der Ball ohne diese beiden „Eröffnungsschläge" nicht ins Spiel gelangen würde. Sie sind also gewissermaßen die Voraussetzung, um überhaupt Tennis „spielen" zu können. Bedenken sollte man auch, dass der Aufschlag der einzige Schlag ist, den der Gegner nicht beeinflussen kann und der einzige, den man auch alleine üben kann!

So gesehen müssten Aufschlag und Return wenigstens ein Drittel der Trainingszeit beanspruchen, bzw. in der Hälfte aller Trainingsformen integriert sein. Leider trifft man im Trainingsalltag ein zielgerichtetes Aufschlag- und Returntraining vergleichsweise selten an.

In der Praxis sollte das Training von Aufschlag und Return, zeitlich gesehen, im ersten Drittel der Trainingseinheit platziert sein, da beide Schläge eine hohe koordinative Anforderung haben. Es sollte auch immer ausreichend Zeit zur Verfügung stehen, denn die persönliche Vorbereitung spielt eine wichtige Rolle. Den Spielern sollte immer die notwendige Zeit gegeben werden, um ihre **persönlichen Rituale** mit einzubeziehen.

... sind die typischen Angewohnheiten, mit denen sich der Spieler auf den Aufschlag oder Return vorbereitet.

Bei beiden Schlägen steht die **Qualität** und nicht die Quantität im Vordergrund. Es macht keinen Sinn, 500 Aufschläge hintereinander zu machen. Mit genügend

Zeit, innerer Ruhe und entsprechender Konzentration sind 60 – 80 Aufschläge mit bestmöglicher Qualität, als separate Trainingseinheit, ausreichend. Mit zunehmender Spielstärke sollte man dazu übergehen, den **1. und 2. Aufschlag als zusammengehörige Einheit** zu sehen und sie im Training auch so behandeln. Gemeint ist, dass unmittelbar nach dem 1. immer der 2. Aufschlag absolviert werden sollte. Auch hier gilt es, sich wieder möglichst nah am realen Matchgeschehen zu orientieren.

Trainiert man seinen Aufschlag mit einem Partner, bietet es sich an, den ersten Schlag nach dem Aufschlag – also die unmittelbare Antwort auf den zurückgespielten Return – in die Trainingsform mit einzubeziehen. Denn die Voraussetzung für die „Verwertung“ dieses Schlages ist die unmittelbare Folge eines effektiven 1. Aufschlags. Durch einen guten 1. Aufschlag entsteht sozusagen die Chance für einen anschließenden offensiven Schlag. Des besseren Verständnisses wegen kann man diesen Schlag auch **„first shot“** nennen. So gesehen übt man also Aufschlag plus „first shot“ als Kombination.

… ist der folgende Schlag auf den Return des Gegners.

INHALT

- **Aufschlag und Return als separate Einheit trainieren**
- **in möglichst vielen Spielformen integrieren**

DURCHFÜHRUNG

- **Aufschlag im ersten Drittel der Trainingseinheit**
- **1. und 2. Aufschlag als Einheit trainieren**
- **„Qualität vor Quantität“ (Zielflächen!)**
- **Return aus verschiedenen Positionen**
- **„persönliche Rituale“ integrieren**
- **Aufschlag in Kombination mit „first shot“**

INTENSITÄTSSTEUERUNG

- **nicht mehr als 60 – 80 Aufschläge pro Einheit**
- **Pausen zwischen 1. und 2. Aufschlag wie im Match („Rituale“)**
- **Pausen zwischen einzelnen Aufschlägen (1.+2. Aufschlag) ca. 10 Sekunden**
- **20 – 30 Minuten als separate Einheit**

1. Aufschlag-Serien

Ziel
Training verschiedener Aufschlag-Varianten

Ablauf
- **Rot** serviert einen 1. Aufschlag (Innen)

Variationen
- Zielfläche
- Aufschlag-Art (Kick, Slice, etc.)

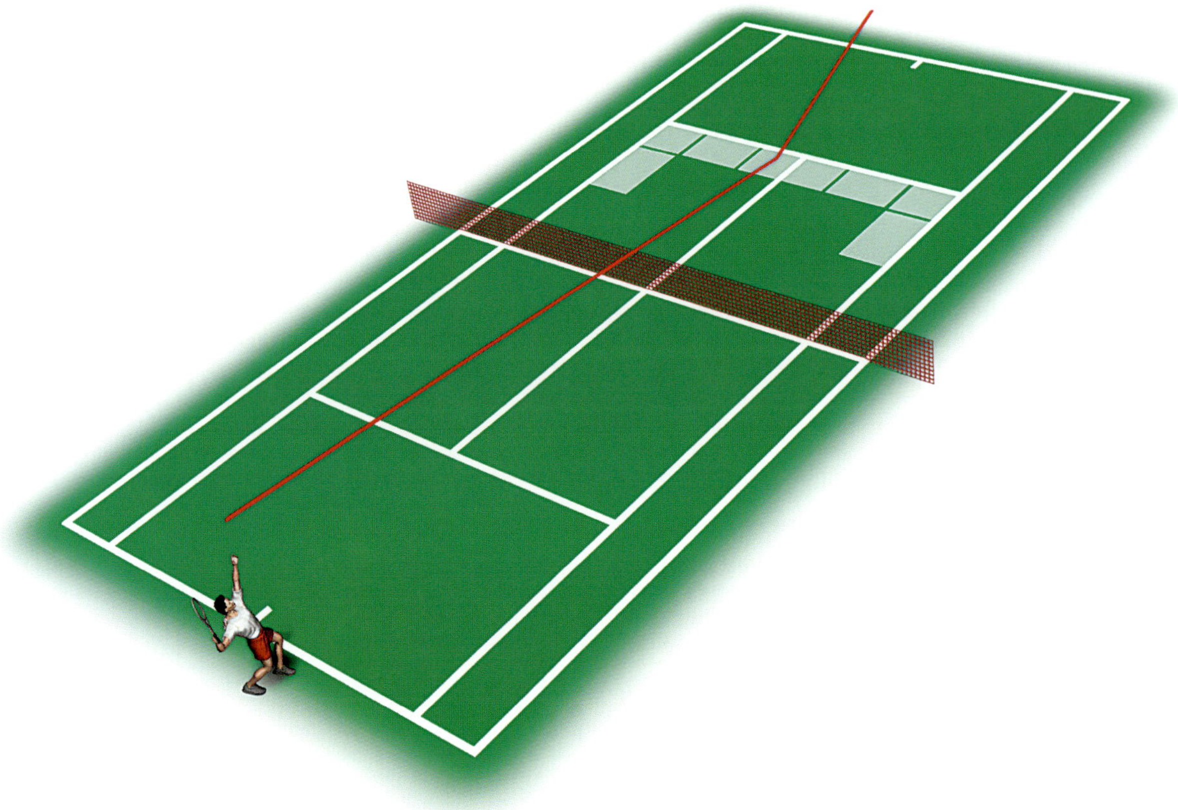

2. Erster und zweiter Aufschlag als Einheit

Ziel
Platzierter Aufschlag mit vorgegebener Returnrichtung
Es werden jeweils isoliert nur 1. oder 2. Aufschläge trainiert

Ablauf
- **Rot** serviert 1. Aufschlag (Innen) und danach einen 2. Aufschlag (Außen)

Variationen
- Aufschlagrichtungen
- Returnrichtungen
- Aufschlagart

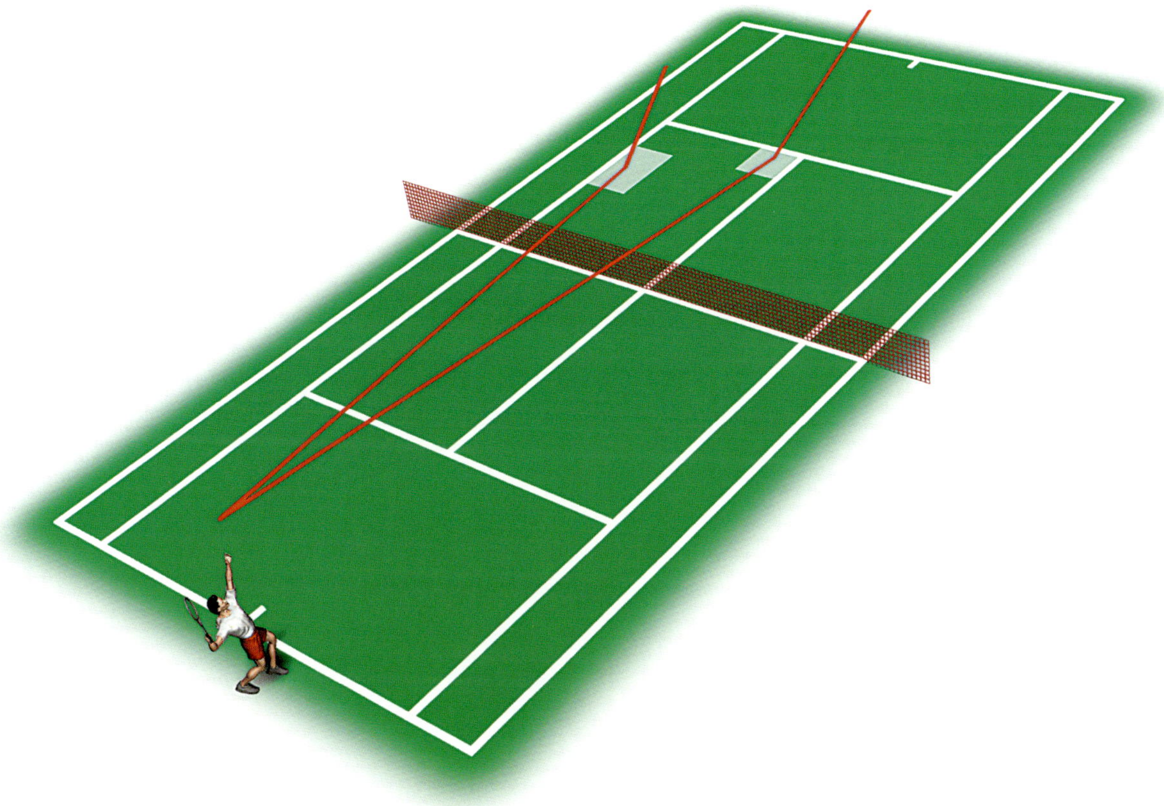

3. Aufschlag und first shot

Ziel
Ausnutzen eines durch den 1. Aufschlag gewonnen Vorteils. Der Aufschläger antwortet auf den Return mit einem aggressivem Grundlinienschlag („first shot") und übernimmt somit die Initiative für den Ballwechsel.

Ablauf
- **Rot** serviert (Außen)
- **Blau** spielt einen sicheren Return auf die VH-Seite von **Rot** (keinen Return-Winner)
- **Rot** versucht, mit VH-Longline (A1) **Blau** unter Druck zu setzen
  Im Anschluss ist der Punkt frei

Variationen
- Aufschlagrichtungen
- Returnrichtungen
- Aufschlagart

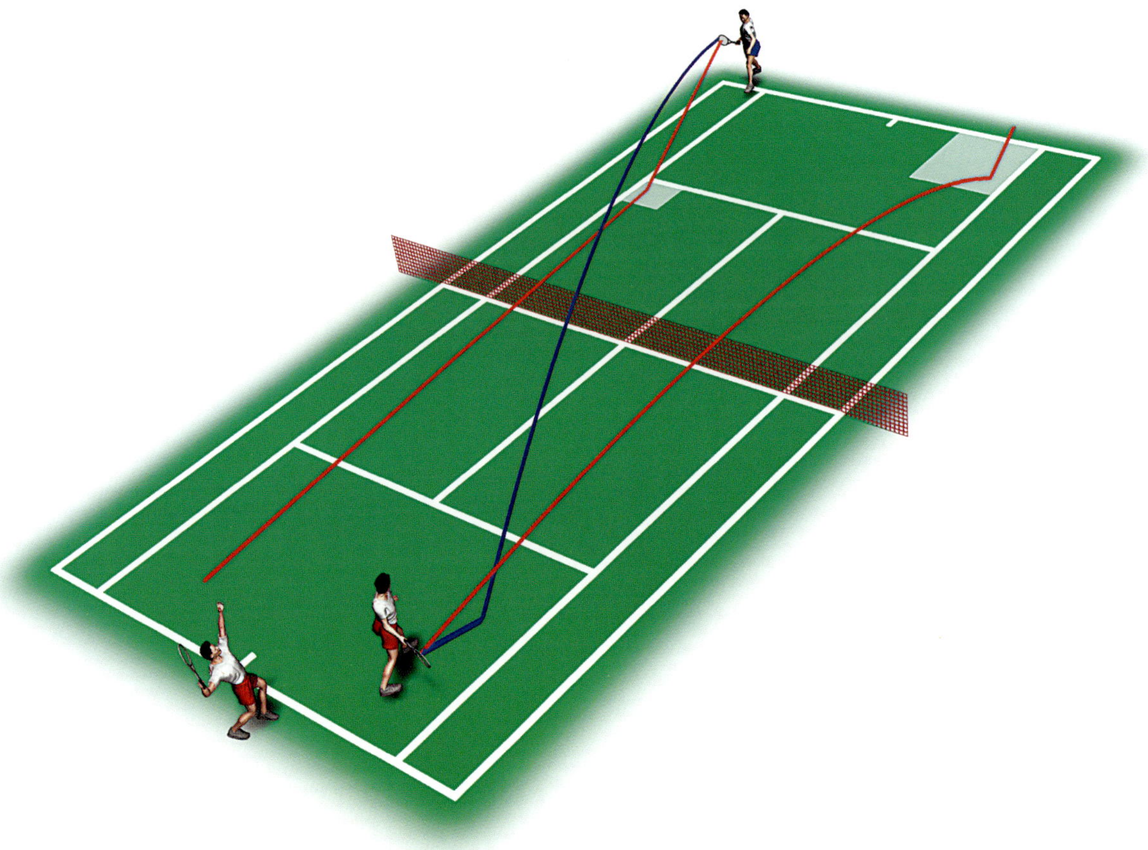

4. Return-Positionen

Ziel
Return aus verschiedenen Positionen

Ablauf
- **Rot** serviert 1. Aufschlag
- **Blau** steht hinter der Grundlinie und returniert

Variationen
- Aufschlagrichtungen
- **Blau** steht auf oder vor der Grundlinie

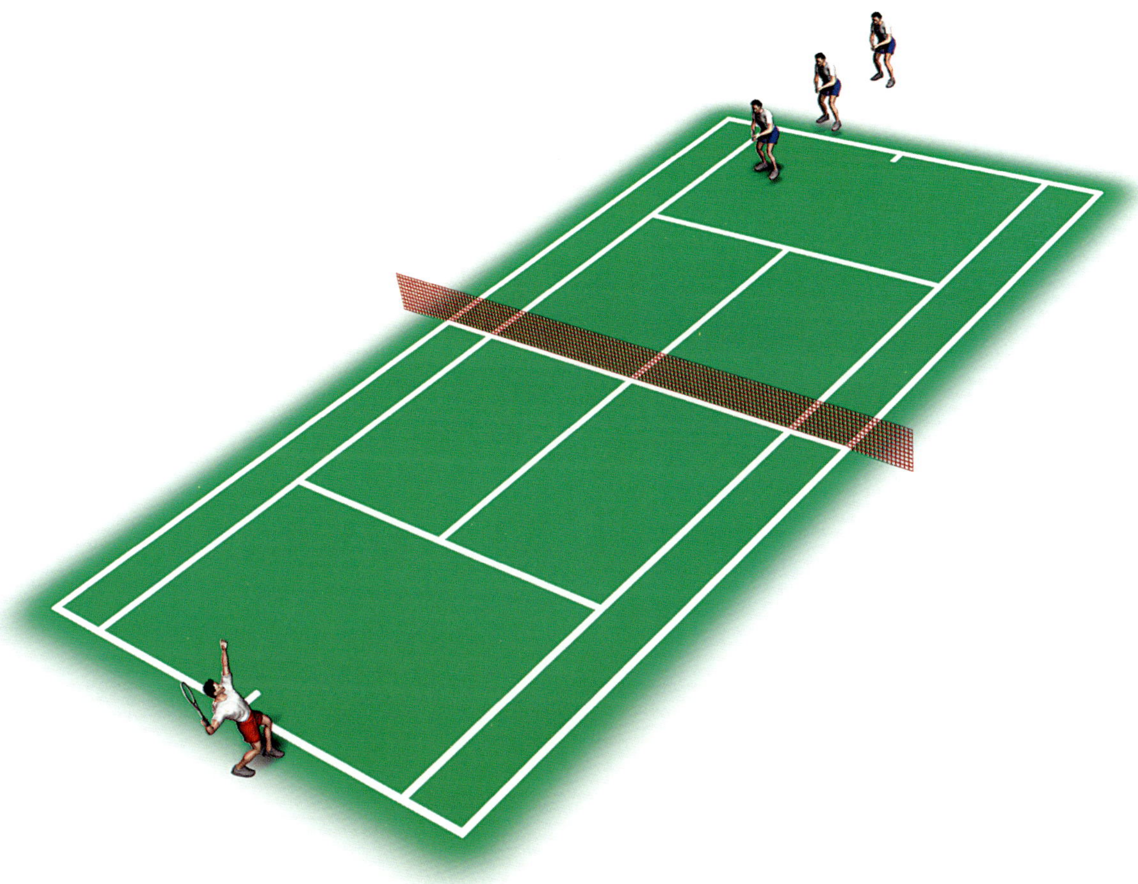

5. Return

Ziel
Return auf 1. und 2. Aufschlag

Ablauf
- **Rot** serviert 1. (Innen) und 2. Aufschläge (Außen)
- **Blau** returniert (A1)

Variationen
- Aufschlagrichtungen
- Returnrichtungen
- Aufschlagart

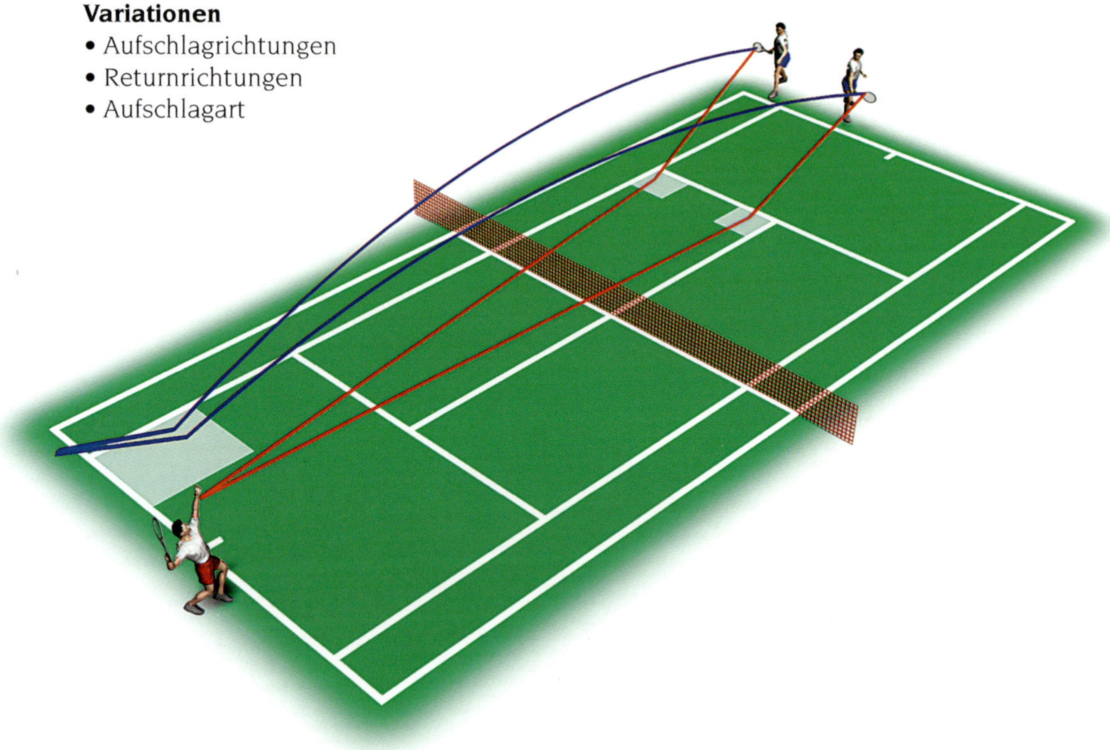

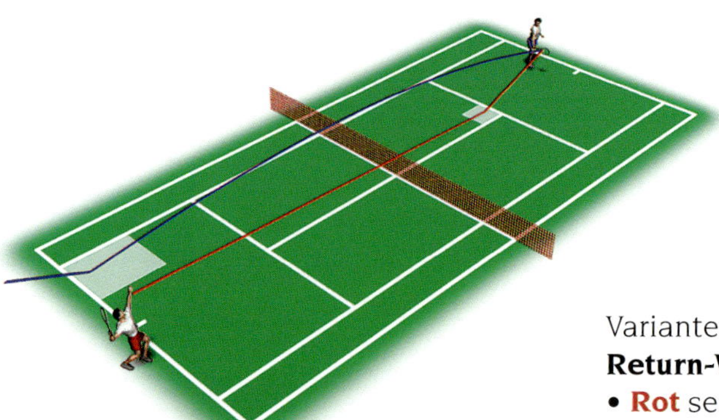

Variante:
Return-Winner
- **Rot** serviert (Innen)
- **Blau** nimmt den Aufschlag möglichst früh und spielt ihn als RH-Winner (A1)

6. Aufschlag und first shot

Ziel
Übernahme der Initiative für den Ballwechsel durch den 1. Aufschlag

Ablauf
- **Rot** serviert einen 1. Aufschlag (Außen)
- **Blau** returniert (keinen Winner)
- **Rot** spielt systematisch auf die andere Platzhälfte

  ✻ Punkt frei

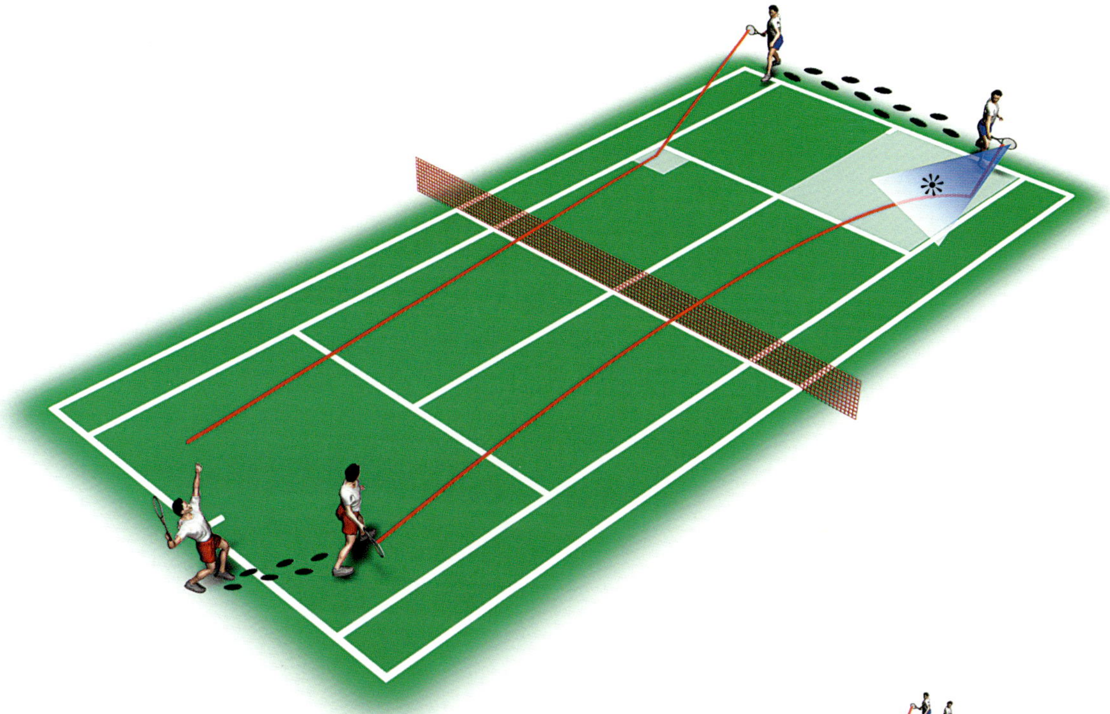

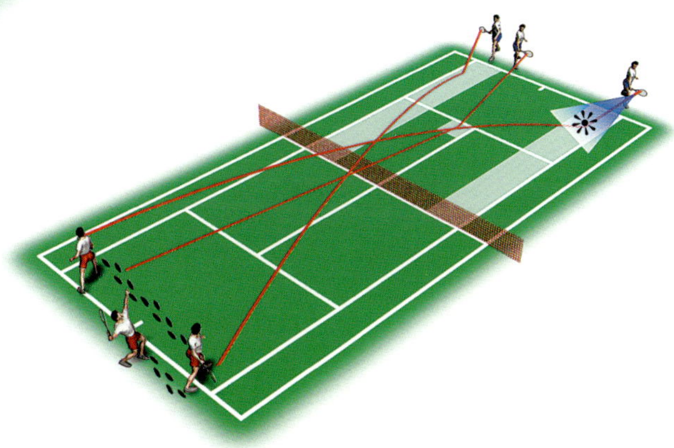

Variante:
Zwei Mal außen
- **Rot** serviert (Innen)
- **Blau** returniert
- **Rot** spielt nun einen Ball an die Seitenlinie (cross oder longline) und den nächsten Schlag auf die andere Platzhälfte.

  ✻ Punkt frei

7. Serve and Volley

Ziel
Systematik im Serve-and-Volley-Spiel

Ablauf
- **Rot** serviert einen 1. Aufschlag (Außen) und rückt ans Netz auf (Übergangszone)
- **Blau** returniert in die Mitte
  ✱ Punkt frei

Variationen
- Aufschlagrichtungen
- Returnrichtungen
- Aufschlagart

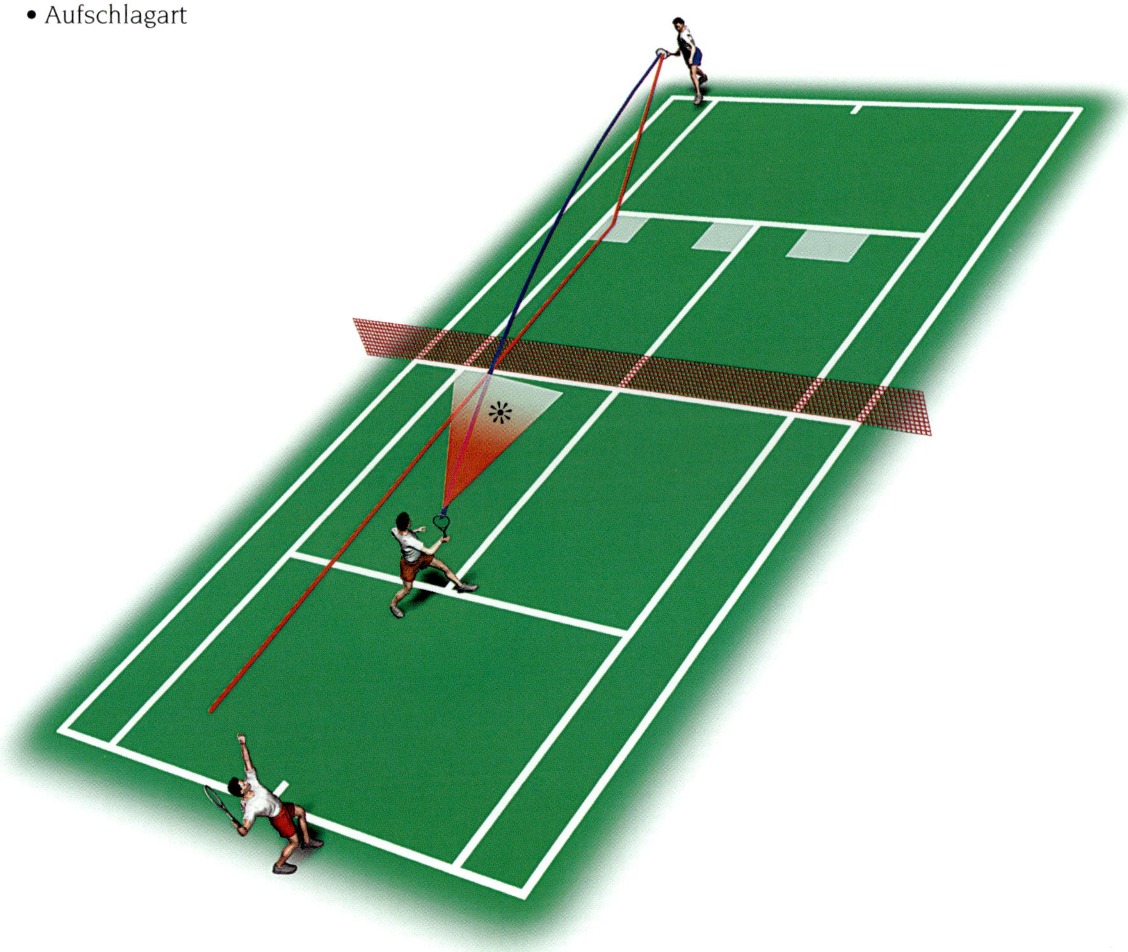

8. Aufschlag-Eröffnung

Ziel
Aufbau des folgenden Ballwechsels nach dem Aufschlag

Ablauf
- **Blau** serviert 1. Aufschlag (Außen)
- **Rot** spielt als Return VH-cross
- **Blau** spielt VH-longline
- **Rot** spielt RH-cross
  ✻ Punkt frei

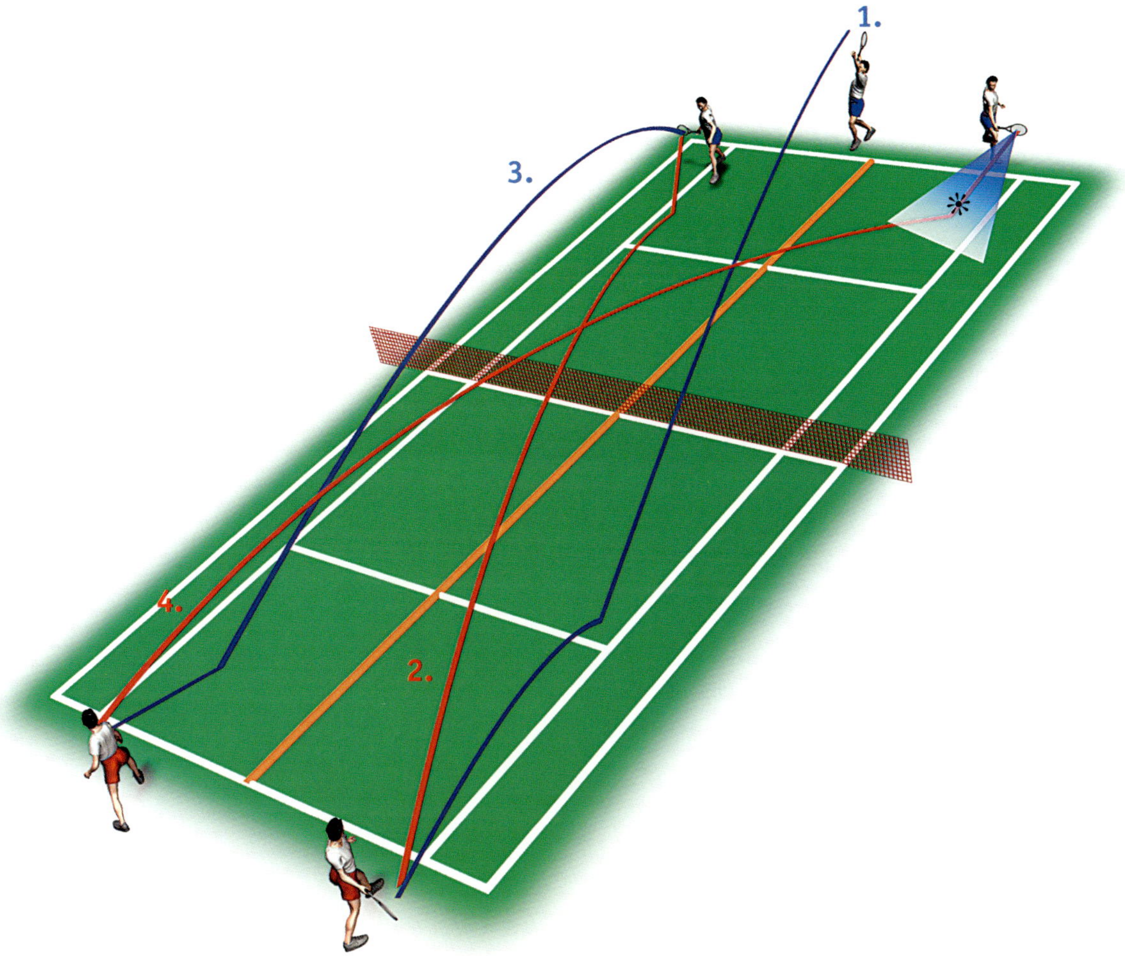

9. Chip and Charge

Ziel
Return als Angriffsball

Ablauf
- **Blau** serviert 1. Aufschlag (Mitte)
- **Rot** spielt als Return VH-longline und rückt ans Netz
- **Blau** spielt eine RH aus dem Lauf in die Mitte
- **Rot** spielt einen Übergangsvolley

  ✱ Punkt frei

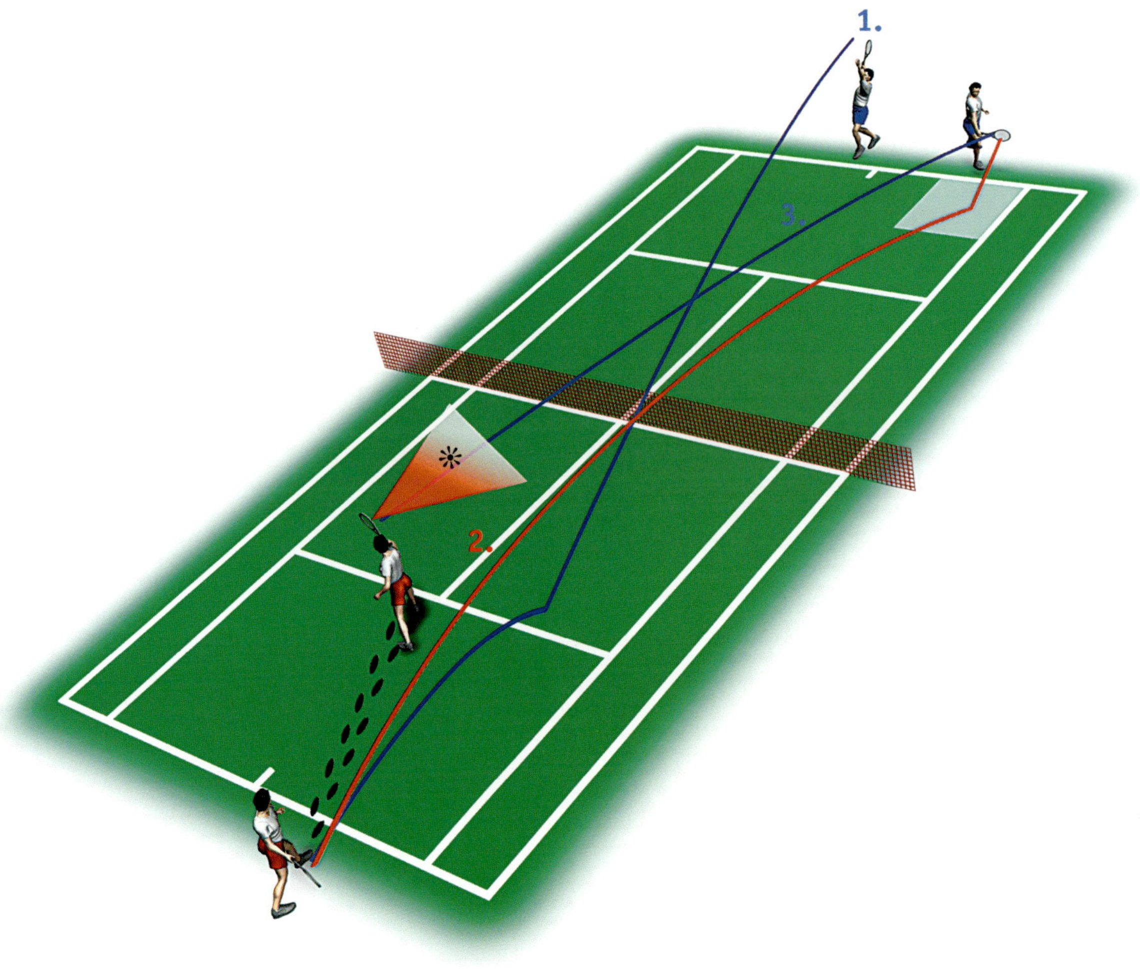

10. Safety first

Ziel
Sicherheit beim Aufschlag, Return und dem „first shot"

Ablauf
- Es werden normale Punkte ausgespielt, jedoch werden Doppel- oder Returnfehler, sowie das Verschlagen des first shot mit Punktabzug geahndet.

  ✻ Punkt ist von Beginn an frei

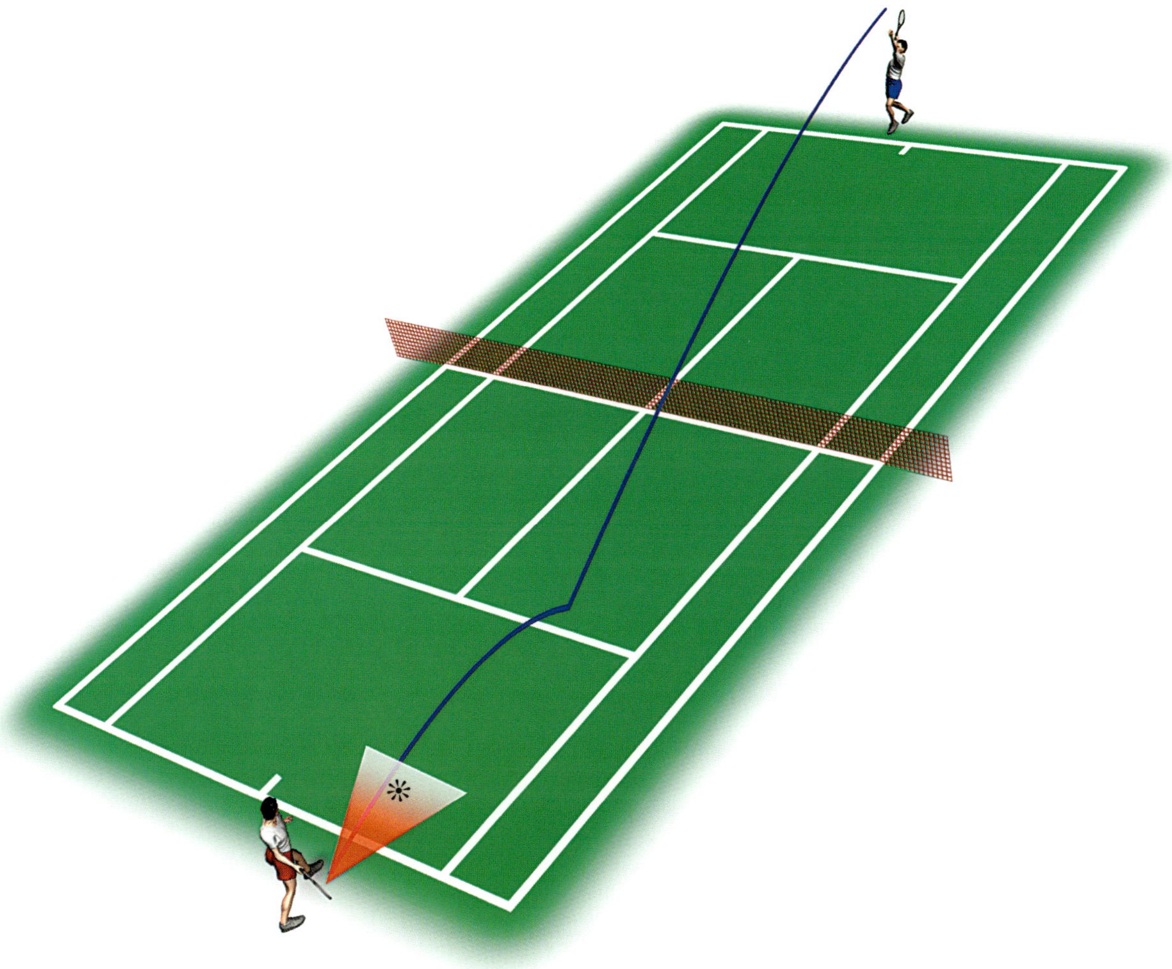

Persönliche (Trainings-)Notizen

Persönliche (Trainings-)Notizen

Impressum

Herausgeber und Gesamtproduktion:
powerplay Verlag GmbH
Bartningallee 27 · 10557 Berlin
Tel: 030 / 39 00 29 0

Autor:
Markus Hornig
Redaktionsassistenz:
Marius Jubin
Schlussredaktion:
Ralf Grengel

Layout und Satz:
Connye Wolff
3D-Ansichten:
Christian Wolff

Fotos:
Paul Zimmer, Stuttgart; mit Ausnahme von: S. 12, 13, 16 oben, 31, 35 unten, 38 unten, 39, 40 oben, 41, 42, 75, 85, 91 ganz oben u. unten, 93 unten, 94, 97 obere Reihe (imago, Berlin), S. 2, 7 oben u. 87 (Andreas Springer, Berlin)

Druck:
Bonifatius GmbH, Paderborn

Copyright:
Markus Hornig u. powerplay Verlag.
Ein Nachdruck, auch auszugsweise, darf nur mit vorheriger Genehmigung des Herausgebers erfolgen.

Die Deutsche Bibliothek – CIP-Einheitsaufnahme:
Champions Coach : dein privater Tennistrainer / Markus Hornig.
- Berlin : powerplay-Verl., 2001
ISBN 3-980461 1-2-2

0101 deutsche buecherei